久保みねヒャダこじらせ雑談

カウンセリングする つもりじゃなかった

はじめに

フジテレビで2013年から放送中の『久保みねヒャダ こじらせナイト』。久保ミツロウ、能町みね子、ヒャダインの3人が、持ち前の批評眼や妄想力でトークを繰り広げる深夜番組です。2017年にレギュラー放送が終了したのち、観客を入れたトークイベント『久保みねヒャダ こじらせライブ』として復活しました（その後、放送も復活）。

その本番終了後の楽屋トークを収録した連載「久保みねヒャダ こじらせブロス」が、雑誌『TV Bros.』にてスタートしたのが2018年。

テーマ設定はなし、トーク内容は完全にアドリブ。その場で好きなように雑談しているうちに、3人それぞれの関心や気がかりがあらわになり、ぼんやりとテーマが浮かび上がってくる……という展開になっていくのが、今でも不思議に思います。

本書『カウンセリングするつもりじゃなかった～久保みねヒャダこじらせ雑談～』はその連載を一冊にまとめたものです。

楽しく話して終わる回もあれば、不安を思わぬ形で吐露する回もあり、雑談を繰り広げることで、意図せずしてカウンセリングめいた展開になることがたびたびありました。タイトルには、そのニュアンスを込めています。コロナ禍に突入して、人と会う機会が激減した時期もあっただけに、雑談の大切さを再確認した連載でした。

時に爆笑したり、時に泣いたり、時に小芝居したり、時に取っ組み合いしたり……にぎやかな雑談を、誌面で楽しんでもらえるとうれしいです。

＊各回の日付は、連載の公開時期を表しています。

目次

久保みねヒャダ
こじらせ
ナイト

TALK-01

依存症はありますか？

［2018年5月掲載］

ちょうどこの時期、山口達也さんの未成年に対する強制わいせつ容疑をきっかけに、彼のアルコール依存症が話題になっていました。その話から依存症や人間の見栄について話が転がっていきます。

遅れる時間、正直に言える？

——山口達也さんの事件をきっかけに、アルコール依存症について考える機運が高まっていますね。

ヒャダ　今回の報道に関して言うと、あまりにアルコール依存症に対しての理解がなさすぎて、「心の弱さ」という部分ばかりがクローズアップされていると感じるんですよ。薬物と違って、酒は身近にあるものだから「俺だって酒を我慢するときはあるのに」みたいに軽く考えられているフシがある。僕は「まんが王国」なんかでそういうマンガを読んでいるんですけど、あれって10年20年我慢していようが、一滴でもアルコールを飲んじゃうと、それで崩れちゃうんですよね。

能町　精神障害関係の記事は、どれだけ読んでも読み足りることはないですよね。本当に役立つ。「Dr林のこころと脳の相談室」というサイトをよく読んでいるんですけれど、アルコール依存症の話もよく出てきて。ざっくり言うと「父がどうしようもないアルコール依存症で、何回も入院しては戻ってきて、また飲むということを繰り返しているのですが、どうしたらいいでしょうか」みたいな相談があって、それに対する答えが「見捨ててください」だったんですよ。「もうそれ以外には助かる方法はありません」って。見捨てたおかげで、本人が自覚を取り戻して復活した例もなくはないから、それに賭けるか見捨てるか、どっちかしかない……という回答を読んで、かなり衝撃を受けましたね。そういうものなのかと思って。

ヒャダ　それくらい根深いということですよね。お酒って僕たちが日常的に飲むものだから、依存症に対するリアリティが欠けているのかもしれない。

能町　あとパチンコ依存症の話も好きで、読んじゃうんですよ。

ヒャダ　僕も「まんが王国」でよく読みます。あ、言っときますけど、漫画村と違って「まんが王国」は合法ですからね。僕、毎月課金してますから。

能町　私もそれで読んで初めて知ったんですけど、同じビルにいろんな消費者金融が入っているのって、借り換えのためなんですよね。一つの会社で限度額まで借りると、それを返すために別の会社で借りて、それを返すためにまた別の会社で……となっていくから、同じビルにまとまってるっていう。

——競合じゃなく連携。

久保　コンタクトレンズ屋と眼科が一緒のところにあるみたいな感じかー。

能町　あと、これは金融関係の人から聞いたんですけど、こっそり借金を重ねちゃう人が、親とかにバレて、いよいよ観念して白状するときに、借金額を実際よりもちょっと少なく言うらしいんですよ。500万借りているのを400万とか。

ヒャダ　見栄を張ってるわけですね。

能町　今さら400万も500万も変わらないのに、どうしようもない見栄ですよね。だから聞く側は、ものすごーくしつこく「本当にもうないのか？」と確かめないといけないと。確かめても言わないパターンが多いらしいですけど。絶対にちょっと少なく言うんですって。これは超あるあるらしい。

久保　でもそれ、わかるかも。私、締切を破る側だから。

能町　「水曜日にあがる」って言いながら、本当は「木曜日になるだろうな」って思ってたりするんですよね。

ヒャダ　遅刻するときも、確実にこれ！

久保　そう！　遅刻しているときの相手への申告が、最短時間を言うか、最長時間を言うかっていうので。「最悪だと何分くらいかかっちゃうけど」と言うのが本当は一番正しいんだけれど……。

能町　本当はそうなんだよ。

久保　だけど最短時間のほうを言っちゃうんだよね。

ヒャダ　俺、最短どころか、あり得ない数字を言いますよ。最短でも確実に20分はかかるのに、「すいません、10分遅れます」って。10分じゃ100％無理なのに。

能町　私もわりとそっちですね。

久保　ヒャッくん、締切は守れるのに、なんでそこはそんななの？

ヒャダ　締切は守れるからこそ、見栄っ張りになっちゃうんですかね。「規律的でありたい」という自分がいるんでしょうね。

久保　体重を量るのも、お腹いっぱいのときには絶対に乗らない、いろいろ出し切った後にしか絶対乗らないとか。体重なんて自分だけにしか見せないのに、そういうことをやっちゃう自分が、見栄っパリジェンヌだなーって思う。

能町　見栄っパリジェンヌ（笑）。いい言葉ですね。

ヒャダ　男だと見栄っパリジャン。

久保　あ、オリジナルは松本人志ね。昔言ってたの(*)。

――でもみんな少しは見栄っパリジェンヌなところがあるわけだし、依存症の話だって、そんなに人ごとじゃないなと。

ヒャダ　ゲームとか、平気で5時間やっちゃいますもん。「仕事の合間にちょっと」みたいな気持ちなんですけど、ちょっとじゃ済まない。

能町　私も「仕事やらなきゃいけないけど、外出する用事はない」という日に、朝9時に起きて、10時半まで布団の中でツイッター見たりしますからね、気がついたら携帯の充電が56%くらいになってる。

久保　今、一番社会が蝕まれているのは、スマホ依存症だなって思う。

能町　でもエゴサーチ依存は、完全に脱しましたよ。前はもう冗談抜きで「指が勝手にエゴサーチする」みたいな状態だったんですよ。チェーンスモーカーみたいな。

ヒャダ　それは明らかに依存ですね。

能町　もともと検索枠に「能町さん」というワードを登録してたんですよ。でも最近相撲の話題で荒れて、（呼び捨てではなく）「さん付け」のワードでもバッシングが出てきて、わりと嫌になっちゃって。それでいったんやめたんですよ。でもリストをいじったりしていると、手が勝手に検索ボタンを押しそうになったり。

久保　「気づいたら手にタバコ持ってた」みたいな（笑）。

能町　なってたけど、頑張って2週間くらいやらないようにしていたら、勝手に検索することはなくなったんです。見たいという気持ちもしぼんできて。今は「たまにタバコ吸うよ」くらいの感じになりつつあります。まだ完全脱却ではないけれど、でも見たくて見たくてたまらない、あの感じはなくなりました。

エッセイマンガを見る視点

久保　私も今年はエゴサしてない。元から安全なワードでしかエゴサしないとは決めていたんだけれど。だけど、そういうのも全部しなくなった。

能町　でも、これからもやめ続けなきゃいけないんですよ。一日一日やめ

*『電気グルーヴのオールナイトニッポン』で、ダウンタウンの発言として紹介されていたと記憶してるけど……うろ覚えです。（久保談）

なきゃいけない。

ヒャダ　そのためにこうやってグループワークをするんですよ（笑）。

久保　エゴサはしないけど、気になる事件が起きたら、やっぱりそのキーワードで検索しちゃうんですよ。その検索結果をぼんやり見ていると「私が何かの事件に巻き込まれたりしたら、こんなふうに書かれたりするのかな……」って思っちゃう。あ、でも今、うちのMacの裏にお札貼ってい るのね。

一同　えっ？

久保　神社に売ってたやつで、玄関に貼っておくお札があったんですよ。「玄関から入ってくる魔物を防ぐ」っていう。それを買って家に帰ったときに「これ、インターネットの入り口にもよくね？」と思って。Macの裏ってインターネットの出入り口じゃん。お札貼ったら、あんまり嫌なツイート見なくなったよ。

ヒャダ　魔除けの効果出た。

能町　これ売れるんじゃないですか？　久保みねヒャダのお札。「効果は個人によります」と書いておけばいい。

ヒャダ　スマホに貼ってもいいですよね。

能町　ウイルスじゃなく、荒らしや炎上を防ぐ。

久保　あと、「自分が悪い情報に左右されないように」というのも含めて。神社はもっと本腰入れてそういうの作るべきだよ。炎上回避のお守り、今はこれですよ！

ヒャダ　ビジネスチャンスじゃないですか。でも僕たちは炎上リスクにさらされてますけど、一般の方々ってどうなんでしょう？

能町　たまにありますよ。昨日見たんですけど、シュークリーム屋さんで働いていた人が描いたマンガ(*)があって、賛同もあったんだけど、炎上もけっこうあったんですよ。

ヒャダ　「顔面サプライズ」が流行っている、みたいな話で。

能町　でもそのタグを追っても何も出てこなかったから、たぶんそんなに流行っていないと思うんですよね。食べ物を粗末にされて悲しいのはわかるんですけど、むしろ「こんなに頑張って作っているのに」の頑張ってる内容がブラック企業すぎて、そっちのほうが気になっちゃって。

久保　ツイッターで誰もが気軽にエッセイマンガが描ける世の中になって、

* 要約すると「自分が働いてる店に女子高校生がシュークリームを買いに来た。エゴサーチしてみたら、そのシュークリームは『顔面サプライズ』といって、顔面にぶつけてその様子をインスタグラムに投稿するネタのために買われたものだと判明。自分が重労働して作ったお菓子をそんなふうにするなんて……」という内容。

私はエッセイマンガ好きだからそれはいいことなんですけど、いろいろ読んでいるうちに自分と合わないものというのがだんだん見えてきて。自分がショックを受けているシーンをでかいコマで描く人の話は、あんまり入ってこない。

能町　それ、すごくいい指摘ですね。

久保　（フィクションの）マンガだと、架空のキャラクターがショックを受けたり喜んだりするのをでかい画面で描くのは必要なんですけど、自分自身の体験を描くときにショック受けた場面をでかく描いてしまうと、自分の実感を冷静に描けてないというふうに見えてしまって。

能町　エッセイマンガはやっぱり、観察していないとダメなんですよね。自分のことを描くにしても、「こんな環境にいた」というのをすごい俯瞰で見て、ある程度冷静に描かないと面白くならない。

久保　だからエッセイマンガって、実はバランスがすごく難しい。

ヒャダ　その辺がプロとアマとの違いなんでしょうね。

ドラマの表現に引っかかることはありますか?

［2018年6月掲載］

この日のライブでは、久保さんがどハマりしていたドラマ『おっさんずラブ』について熱く語る場面がありました。その話題から「炎上する時代のドラマ作り」について話し合っております。

設定での炎上、表現での炎上

――今日は『おっさんずラブ』の話で盛り上がってましたね。

久保　でも『おっさんずラブ』には否定的な人もいたんですよ。あのドラマを楽しめないと書いてる人をツイッターで何人か見かけて。「同性愛ネタをやればウケると思ってるんでしょ?」みたいな。

ヒャダ　それ、揚げ足を取る見方ですよね。

久保　他でも今、『万引き家族』や『恋は雨上がりのように』が、いろいろ言われてますよね。「おっさんが女子高生と恋愛するなんて犯罪を助長する（『恋は雨上がりのように』）」とか……。

ヒャダ　設定だけで炎上しているらしいですね。

久保　『恋は雨上がりのように』については、映画を見た人がネットで「そういう映画じゃない」というのをこんこんと説明したりしてたけど。『万引き家族』も「万引きを助長しているじゃないか」とか言われてて……。

能町　『万引き家族』については、今日のライブで「CMっぽいやつ」をやってみたいと話してたんですよね。やり忘れちゃったけど。

――CMっぽいやつとは?

久保　映画を見終わった観客のコメントを使うCMって、よくあるじゃないですか。「泣きました」とか「迫力がすごかったです」とか言ってる。で、最後に観客全員で「●●（タイトル）最高ー!」って。あれを『万引き家族』でやったら、お客さん全員で「万引き、最高ー!」（笑）。「そういう宣伝が見てみたい」というツイートがあったから、やってみたくなって。

能町　やりたい。「万引きなんて今まで興味なかったですけど、見たらすごくやりたくなりました!」ってコメントして。

久保　そして応援上映が決定して。

能町　万引きしそうなシーンで「後ろ後ろ!」。

ヒャダ　「GメンGメン!　木の実ナナ来てるよ!」って。

久保　……という不謹慎なことを考えていたんですけども。

能町　絶対そんな映画じゃないよ（笑）。

久保　そう言えば、『幸色のワンルーム』もいろいろ言われてて。

能町　それ何ですか?

久保　「誘拐された中学生の女の子が誘拐犯と恋に落ちる」みたいなマンガで、それのドラマ化が決まっちゃったのね。

――フィクションなんだけど、中学生を誘拐して監禁していた実際の事件に設定が似ているという。

ヒャダ　ありましたね、そういう事件。

久保　明確に被害者がいるような事件を設定として取り上げて、それをドラマ化までして、純愛みたいに仕立てるのはどうなんだ……みたいに言われてるんですよね。

能町　昔、そういうの1回映画化されましたよね。『完全なる飼育』だ。

ヒャダ　ハリウッドでも『ルーム』という映画がありましたね。あれ、めっちゃ怖かった。

久保　「現実に似たような事件が起こっているものを、恋愛ものとして描くのはどうなんだ？」と言われると、「確かにそれは考えものだな」と思うんですよ。ただ一方で、創作というのは古典からたどれば、やっちゃいけないことのオンパレードだし、「現実であり得ないことをすごい力業であり得そうに見せる」のがクリエイティブの醍醐味だとも思うんですよね。「実際にそれに影響されて犯罪が起きたらどうするんですか？」という批判をすべてクリアしないといけないなら、もう何も作れなくなるという。かといって無視していいってわけでもなく、そこは常に議論されるべき世界ではあるんですけど。

能町　それで思い出したけど、私、『湯を沸かすほどの熱い愛』をディスりまくっていたんですけど、それはなぜか伝わらないんですよね。表面的には普通の感動作で、タイトルや設定で批判する人はいないような映画なんですけれど、ディテールにダメなところが多すぎて。杉咲花が学校でいじめられているんですけど、「いじめに負けない決意表明」みたいな感じで、教室に先生も生徒もみんないる中で、ブラとパンツだけになるんですよ。それでいじめがなくなるって、「何それ？」と思って。

ヒャダ　失禁シーンもありましたね。

能町　そう。杉咲花に小さい妹がいて、それは父親の連れ子なんですけど、なじめなくて家出しちゃうんですよ。捜したら昔住んでたアパートの前に座ってて、お母さんから「帰ろう」と言われるんですけど、その瞬間ずっと我慢してたおしっこを漏らしちゃうんですね。子供がスカートからおしっこを漏らすシーンを映して、それだけでもキモいんですけど、その後そこで漏らしたパンツを脱がせてなぜかドアノブに引っかけるシーンがあって。「それ必要なシーン？　監督の趣味でしょ」としか思えなかった。

ヒャダ　でも別に誰もツッコまないんですよね。むしろみんな感動してたりして。

――みんな差別的なものへの意識は高まってきてるんだけど、タイトルとか設定とかわかりやすいものにばかり目が向けられて、表現そのものは意外とスルーされてるところはあるんでしょうね。

能町　この間、日テレで『ウチのガヤがすみません！』をぼけーっと見ていたら、若手の芸人が彼女の写真を紹介するくだりがあったんですよ。司会がフットの後藤さんで。若手の一人が出した写真がすごい美人だったんだけど、「実はこの子、男なんです」みたいなことを言ってて。そしたら後藤さんは「お前男いけるん？」みたいな感じで、「このスタジオだったら誰がいいの？」みたいないじり方をしたんですよ。でも若手は「いや、人間が好きなんで」みたいな返しをしてて。それを見て、「あ、もうここに世代の断絶があるんだな」と感じちゃったんですよ。「旧世代はいまだにそういういじりをしているのか。これはもう旧世代終わるのでは？」と思って。

久保　世の中的にはゲイ描写って案外まだオープンじゃない空気感があって、その中でキスシーンをしっかりやってくれた『おっさんずラブ』と田中圭には「ありがとう」という気持ちなんだけど、でもまだそういう部分については各局手を出しづらいんじゃないかなと思ってる。私としては、よしながふみさんの『きのう何食べた？』の映像化をずっと期待しているわけですね（※この翌年ドラマ化）。でもまだ現状は「これは別にBLを目的として描いているわけじゃありませんよ」という建前がないと、作りづらい雰囲気があると思いますね。

目立つ位置にいる人に石を投げ続けていると……

能町　私、『おっさんずラブ』最終話だけ見たんですけど、やっぱり最終話だけ見てハマるのは難しい。最終話だけ見たら「すごいベタだな」と思っちゃって。

ヒャダ 最終話だけだったら、そうなりますよね。

久保 でもあのドラマは、手垢にまみれた表現をしないように気を付けてやっていたりもしてて。キャラクターが生きてこそ、「このキャラがああいうことをやってくれたらすごく爽快」という気持ちになるわけだから、やっぱりキャラクターありきだなと。

ヒャダ 演者さんも良かったですからね。

久保 でも人によっては、最終回で〝ちず〟が外国人男性、しかも白人とできてしまうという展開に対して、「結局これかよ」みたいに思うかもしれない。でも、そのベタに対して、「バカじゃねぇの」とか言いながら見るのが創作物という気がする。

ヒャダ その場合の「バカじゃねぇの」は最大の褒め言葉ですよね。

久保 「つまんない」という意味の「バカじゃねぇの」じゃなく、「役者がそこで生きてバカなことをしている」「この演技によってバカなことが成立している」という状況が面白かったんだよね。

ヒャダ でも6話が「（主人公が）部長と同棲してる」で終わって、7話が始まるまでの1週間、公式のインスタへの抗議がすごかったんですよね。

久保 そう。6話終わった後、不穏な感じになって、脚本の人のツイッターにも悪口が飛んでたりしてて。脚本家だけでドラマを作っているわけじゃないし、目立つ位置にいるのがその人というだけだから、その人に石を投げるようなことをしていると、これから何もなくなっていくんじゃないか、と思った。

能町 そういう人は昔からいたんでしょうけどね。

久保 今はそれが可視化されてしまうから。でもそういう人はずっと悪口ばかり言ってるわけじゃなくて、他のツイートではスポーツを見て「感動をありがとう！」とか言ってたりもするわけで、その一方で暴走して悪口をぶつけてたりする……という のを見ると、「世の中から戦争はなくならないんだな」という気持ちにさせられますね。ただ、そういうのって自分もやっちゃいがちだから、「自分は絶対そんなことしない」とか思わずに、「自分もいつ暴走するかわからない」という自覚を持って、「自分にもそうなる岐路はある」という想像力を鍛える一環として、フィクションを見てほしいなと。

ヒャダ　でも（35年前に）『おしん』が放送されたとき、いじめ役の人が一般人から「おしんをいじめるな」と石を投げられたのと同じ感じで、そこまで引きつけたドラマは久しぶりという気もします。この平成30年に、その感情がみんなまだあったんだっていう。

——そういう現象って、地上波のテレビだから起こるのかも。DVDとかネット配信だったら見るタイミングがバラバラだけど、地上波で一斉に放送されて、しかも原作ものじゃなく先がわからないとなると、のめり込みの度合いが余計に深まるんじゃないかと。

久保　確かに。まさに集団催眠ですね。スポーツだって、リアルタイムでその場面を見た人が多いと、感動をより何倍も受け取りやすいというのはありますよね。

——今日の話題、結論が出にくい話ではありますけど、しかしこの1年くらいのターニングポイント感はすごいですね。自分自身も安全圏にはいられないという。

久保　それは思う。

能町　私も昔書いていたものを見て、「これは今だと書けないな」と思うのもありますから。

久保　ラッキースケベさえ描くのが難しい時代になってるかもしれない。「ものをつくる」という立場って絶対的に守られるものだとは思っていないけれど、とはいえ表現の格差みたいなものはあって。自分の中で「何を優先して表現すべきなのか」「本当に自分が描きたいものは何なのか」というものをより一層強く持たないといけないと思うんですよ。そこが曖昧なまま、なあなあで描いていたときに「あ、やってしまった！」みたいなことになるような。本当はなあなあで描いたって別にいいとは思うんですけど。でも今日話した内容って、みんながネットでやっている議論を見た上で言ってるから、たまに「おや、これは自分の意見じゃなくてリツイートで見た意見では？」みたいになりますね。

ヒャダ　ごっちゃになって。

能町　自分内リツイートだ。

TALK-03

ネットで自分をさらけ出していますか?

［2018年9月掲載］

仙台で開催されたライブ終わりでのおしゃべりです。久保さんが痛恨の忘れ物をするというアクシデントはあったものの、3階席までお客さんが入るという盛況ぶりに、3人とも満足しておりました。

自分のことを好きになる方法

久保　この間、能町さんと2人でやっている「デトックス女子会」というトークイベントを広島のクラブクアトロでやったんですよ。前日に会場に行ったら、その日に出るバンドの人たちが後から来て。

能町　ちゃんとリハをやってるわけですよ。それに引き換え、こっちは何の準備もせずに臨んでるという。

久保　「準備をしない人間が同じ金を取っていいのか？」という思いは今でもある。

ヒャダ　準備もせず、うまいものだけ食べて。

久保　でもフタを開けたら、みんな楽しんでくれてたし、私たちも楽しかった。ただ、「トークイベントとは何だろう？」というのは、よく考えるんですよね。もちろん答えは出ないんですけど、今までやってきて思ったのは、「面白く話さなきゃ」という以前に、「まず自分が面白いと思う話をしよう」ということで。「面白く伝えよう」が先に来るとダメだなっていうラインはたぶんある。

能町　話を盛るとか。

久保　そう、盛らない。昔は人前に出てトークするなんて考えていなかったから。そこら辺は、良かった経験の積み重ねによって今があるんだなと。久保みねヒャダも、「収録は楽しかったけど、見る人はどう感じるかわからない」と思っても、見て面白いと言ってくれる人がいてホッとした……という繰り返しが財産になっている。緊張感がなくなるのも良くないけど、おびえないようにしなきゃなとか。そう思うと、『いいとも』に出たときの自分は頑張ってたなと思って。

能町　あれはすごい頑張ってた。

久保　下準備して紙芝居をやったりとか。あのときの瞬発力であれやれたのは良かったなと思うんですけど、あの緊張感をずっと続けるのは無理なんですよね。別に嫌な思い出ってことじゃなくて。だから今みたいに、「これは続けても大丈夫だな」と思うものをやれてるのは幸せだなと。

――この3人になったときは、もう最初から大丈夫みたいな感じだったんですか？

久保　不安はなかった。ただ、能町さんが入って3人になったときに「私の友達を紹介したいんだけど」みたいなノリで連れ込んでいいのかな、という気持ちはあって。ヒャダインさんと私とでやっていたときは、2人きりなので、お互いを削り合って終わるんじゃないか……と思っちゃったんです。マンガで会話劇を作るときでも、2人で進めるより3人のほうが話はちゃんと進むんですよね。それで。

――じゃあ「3人がいい」と最初に思ったのは久保さんなんですか？

久保　そうですね。ここに能町さんがいてくれれば、みたいに感じて。

能町　そうだったんだ。ありがとうございます。

久保　3人いると本当に楽で。「話は変わるけどさ」みたいな流れにしやすい。

能町　2人がしゃべっているときに、1人がいったん外れるから客観的になれるんですよね。

久保　その間に「次はこれを言おう」と考えたりできるから。

ヒャダ　確かに。織田の鉄砲隊みたいですよね。

能町　入れ替わり、立ち替わり（笑）。長篠の戦いだ。1人休憩がいるってことですね。

ヒャダ　というか、2人時代のことはもう忘れてますよ。

久保　こなだい写真が出てきたけど、お互いツヤツヤしてたよ。

ヒャダ　でも2年後に今日の放送を見たら、やっぱり「ツヤツヤしてるな」と感じるはずですよ。

久保　そうだ！　私、自分のことを好きになる方法がやっとわかった！

――それは!?

久保　1年寝かせる（笑）。現時点の自分を好きになるのは100％無理だけど、寝かせておけばだいたい「今よりマシだった」となるから。

ヒャダ　今よりもシュッとしてるし。

久保　だから「今の自分を好きになれない」ということで悩むのなら、もう寝かせるしかない。1年後にしか今の自分を愛せない！

能町　本当にそう。私は3歳の自分が大好きなんです。

ヒャダ　あのかわいい写真ね。

能町　3歳の頃の写真は「かわいいですね」と言われたら、「本当にかわいいですよね」って自分で言う。めっちゃかわいいもん。30年寝かせました。

――寝かせて肯定するの大事ですね。

僕、いまだに飲み会から帰ってきた夜、客観的に見ると大したことないはずなのに、「あんなこと言わなきゃよかった」という自責の念にさいなまれたりしますから。

久保　私もあります。「布団マラソン」やってます。

能町　「布団マラソン」って何ですか？

久保　布団の中で「ああっ……！」と思い出して、（手足をジタバタさせながら）ガーッという感じで。

ヒャダ　手足を動かすんですね。それで「布団マラソン」（笑）。

能町　マラソンになるんだ。私は「布団潜り」だわ。潜水。布団に顔を押し付けて。

久保　私の場合は、誰かと話してもいないのに、ずっと家にいるだけでどんどん「本当に私、生きる資格ないな」という気持ちになったりとか。でも「死にたい」というよりは、「仕事延ばしてすいません。死んでお詫びしなきゃ」という感じ。終わったら、たぶん死ぬ気はさらさらなくなるんだけど。でも今は死んでお詫び系だな。

ヒャダ　死んでお詫び系女子。

能町　私も今、先週までの締切を2つ破っています。

ヒャダ　シネオワだ。

「北川プラス」、性善説すぎる

久保　最近、嘘を上手につける人が、ツイッターでビジネス的に優しくてわかりやすいキャラを演じていて、「あの人は優しくていい人だ」という印象を与えているのを見ると、「ツイッターで炎上する人は、やっぱりビジネスが下手で嘘をつけない人が多いんだろうな」と思う。そういう意味では、北川悦吏子さんは本当にビジネスが下手だと思うんですよね。

能町　炎上してるんですか？

久保　炎上というか、「見てらんないよー！」という感じ。朝ドラの『半分、青い。』について裏側のトークをするんだけど、「それは脚本家があまり言わないほうがいいのでは？」ということをガンガン言ったり。「視聴者の意見はどんなものでも聞きます」みたいに言ってたんだけど、途中から変なリプライも来るようになって、「最近、リプライに妙なものが入って、怖くて、読めなくなってます」ということで、自分はプラスの意見しか言っていないという人は、「#北川プラス」と付けて感想をくださいと……。

ヒャダ　わーっ、見てられない（笑）！　それは下手くそでしょう。

久保　そのツイートを確認して、時間をおいてから「#北川プラス」を恐る恐る見てみたら……もう、みんなの嫌味大会ですよ。「こんなものをよく作れますね、さすがの才能です」みたいな感じで。誰も本当のプラスの意見を書いてくれてないという。

能町　（ツイッターで確認しながら）本当だ……。

久保　もちろん、それに対して嫌味を言うほうもどうかと思うんだけど。自分としては、「バカなことは言ってもいいけど、嫌味だけは本当に言いたくない」と思っていて。

能町　でもこれはもう、本当にドツボにハマるアイドルみたいじゃないですか。「さすがにアンチが北川プラスとは打てないだろう」と踏み絵の意味もありますよ。みんな踏みまくってますよ。なんて性善説な人なんだ。

久保　発言にいろいろ隙が多い人ではあるんだけれど、つまりこういう人って商売が下手なんだろうなと。だから最近、「商売が下手な人が愛おしい」と思うようになってますね。表立って何も言わない人が一番賢くていい人かというと、私はうーんちょっと……と思う。

ヒャダ　北川プラスを思いついたときの北川さん、「そうだ！　北川プラスというハッシュタグを作ったら、いい意見だけを集約できるわ！」という気持ちだったんでしょうね。

――無邪気すぎる（笑）。

ヒャダ　「もしかしたらアンチが何か書いてくるかもしれない。でも北川プラスと書くことで踏み絵になるから大丈夫よ！」

能町　書けるよ（笑）！

――ネットに触れるまでは、自分のことを好きな人だけに囲まれて仕事をしてきたんですかね。

久保　でもツイッター歴も長いんだから（'09年に登録）、今までの言われ方でわかりそうに思うんだけど。あれはツイッターを見ていて、久しぶりに「うわーっ、やめてくれー！」という気持ちになりました。中国映画とかで大量の矢が飛んでくるみたいな……。

ヒャダ　北川プラスという名の矢が。

久保　大量の矢が飛んでいるのを見て、でも私はそれを止められないという。

能町　なんて性善説。なんて商売下手。それでいくと、さくらももこさんは商売がうまいということになるんでしょうね。

ヒャダ　うますぎですよね。

能町　最近の本（『ちびしかくちゃん』など）、Amazon評価がめちゃ低いんですよ。

ヒャダ　あれは考えさせられたな。

能町　あまりにも気になったから取り寄せて読んだんですけど、別にそこまで嫌じゃないんですよ。

久保　あれは2ちゃん文化的な流れもあって、スレで盛り上がった人たちがみんなでAmazonの評価を悪く書いてるのかな？　それに対して、本人もいろいろ思うところがあったんだろうけど、絶対にそういう部分の顔は見せないなと思って。だからこそ、「等身大のさくらももこはどうだったんだろう」と思うんですよね。特に、死期を悟ってからはどうだったんだろうと。

能町　ブログにも病気のこと、一切書いていないですからね。

ヒャダ　西城秀樹さんについてのお悔やみのコメントもありましたけど、その頃はもうご本人もご病気だったと思うから、どんな気持ちであのニュースを見たんだろうなと。

久保　明るいイメージを売りにしている人が、ファンには裏の顔を見せない。それはすごいプロ心理だと思うけど、でもファンとしては、逆にそこが寂しいとも思うんですよね。

――精神が強い。良くも悪くも。

能町　強いんでしょうね。

久保　まあ私も今、ツイッターであまりつぶやいていないんだけど……。

ヒャダ　というか、つぶやけないですよね。iPhoneがないから。

久保　そうだった、青森にあるんだった……！(*)

＊ 仙台行きの新幹線にiPhoneを置き忘れ、「iPhoneを探す」で捜索したら青森にあったのでした。

TALK-04

日記をつけていますか？

［2018年11月掲載］

定期的に「よし、始めよう」と意気込んでスタートするものの、なかなか続かない……そんな日記をめぐる話です。

日記をめぐる個人史

――今日のライブで久保さんが話してた3行日記(*)、僕もつけているんですが、2日前の食事がなかなか思い出せなくて。

能町　そんなの無理だよ。

久保　人と話していて「あのときの話」みたいなのが全然思い出せなかったりするのが怖くて。日常の何気ないことがどんどん蓄積されていくから、勝手に消去されていくんですよね。

ヒャダ　めっちゃ怖いですよ。「頭の中の消しゴム」ですよね。

久保　だからといって、気合を入れて日記を書き始めると、すぐやめちゃうし。3行日記でもちょっと多めに書きたくなることはあるんだけど、できるだけ簡単に「今日はブロッコリーを使い切れて良かった」とか、「仕事が進まなかった」とか書いてる。何日分かをまとめて書いているんだけども、親が10年日記とかつけてるのよくわかるわーって。親はもっとわからなくなってくるから、「何年前の今日は何してた」というのが、10年日記で短く書いてあるの、すごい大事なんだなって。PCにいろいろ保存してても、ハードディスクが（壊れたら）消えちゃうわけだし。

ヒャダ　僕、同じことがあって。8月、毎日ブログ書いたんですよ。「頭の中の消しゴム」が、あまりにも記憶を消していくんで。でもそれはそれでつらいんですよね。

久保　どうしたの？

ヒャダ　過去のことをあんまり覚えてないから、ログとして日記を見たら「ああ、こんなことあった」と思うけど、そうすると「この日にはもう戻れないんだ」という変な気持ちになっちゃって。2カ月前くらいならいいんですけど、3年前だったりすると、明らかに今よりも若くて。当たり前なんですけど、「ああ、この日には戻れないんだ」というのを思い知らされて、ワーッ！っていう気持ちになっちゃうんです。（両手で頭をワシワシしながら）「ワーッ、年取っちゃった！　親も年取ってる、ワーッ！」って。

久保　なる。で、「今はまだそういうことを考えられる余裕がある」という今も怖い。もっと、何も余裕がなくなる日がいつか来ると思うと……。

ヒャダ　ワーッ！ってなりますよね。

――つけ忘れた3行日記をさかの

＊ NHKで自律神経のセルフケア術として紹介されていたもの。①その日の良かったこと②反省すること③2日前の夕食を毎日記録する。

ぼって書くのが久保さんらしいなと思いました。1日つけ忘れても、気にせず新しいのだけ書くほうが意外と続きそうな気がするんですよ。律儀に全部埋めようとすると、「ああ、もう何日分もたまってて思い出せない」みたいになって、だんだん重荷になってくるんじゃないかと。

能町　私はまさにそれ。日記書いていたときはそうでした。1週間たまってても、意地で書きたいんですよ。空欄が許せないんでしょうね。

久保　わかる。私、一番最初にブログ日記書いたの、20代前半なんですよ。大塚日記（'98年開始）というのが当時あって。はてなダイアリー（'03年開始）よりもエンピツ（'00年開始）よりも、ずっと前に。

――エンピツより古いブログ、あったんですね。

久保　その大塚日記で、何百人かが日記を書いていて、更新したら一覧に出るわけ。みんな全然知らない他人。オタクの人とか、ミュージシャンの人とかいろいろいて、「こういう人がいるんだな」って思いながら見てたんだけど、私がそこで最初に書いた日記がものすごい長文なわけ。2日目も3日目もやたら長く書いちゃって。でも更新した後になって「こういうことを書くんじゃなかった……」って後悔して。その頃は消去機能がなかったから、管理人さんにお願いして「消してください」と言わなきゃいけなかったんですよ。確か日記をやめるときだったと思うけど、管理人の大塚さんに「すみません、消してください」と頼んだら、大塚さんは全部の日記に目を通してくれていて、「最初の日記が長文なのを見て、『この人はたぶん真面目にやりすぎて、根詰めるタイプだろうな』と思ってました」というふうに言ってて。そのときに、「ああ、気軽には書けないな」って思っちゃったんです。mixi日記も誰よりも早く始めたけど、誰よりも早くやめたんだよね。

――それはなぜ？

久保　mixiって招待制じゃないですか。やってみたいなと思ってたときに、たまたま飲み屋で知り合った人が「じゃあ、自分が招待出すよ」って言ってくれたから、「じゃあ」ということで始めたんですよ。別に仲がいい人じゃなかったんだけど。で、入ってからその人のことがどんどん嫌いになっていって。でも招待してくれた人とはマイミクを切れないんだよね。

ヒャダ　あー、そうだった！

久保　だからmixi自体をやめて、mixiが流行ってた頃には誰にも見せることのないブログをひっそりと書いてました。みんながmixiで誰かと出会ったり別れたりした10年間を、私は一人だけ閉ざされたブログで書き残していたな、という。

能町　思い出した、私もそうだった。mixiって2004年3月3日に始まってるんですけど、私、3月10日よりも前に入ってるんです。

ヒャダ　すごい初期メンじゃないですか！

能町　知り合いの知り合いが、mixiの会社の人だったんです。私がまだ「能町みね子」でもなかった頃。どんなサービスかもわからずに、その人に誘われて始めたんだけど、その誘ってくれた人とは縁が薄くて。嫌いというほどでもなかったんだけど、でも日記の内容も「この人には知られたくないな」というものばかりになってきて。それで3月の1桁の日に始めて、3月中にやめたんです。

ヒャダ　早っ！　2人とも早かったんですね。

能町　やめた後に、本当の友達に招待し直してもらって再開したんですけど。

ヒャダ　5年ぶりくらいにログインしたら、もう本当に廃墟でした。

久保　30代後半になってから「久しぶりにログインするか」と思ったら、「パスワードが違います」って出て。結局どのメアドにもパスワード変更のメールが届かなかった。変更メール、ネットのどこかでさまよってるな。

ヒャダ　宇宙ゴミみたいな感じで。

能町　本当に宇宙ゴミですよ。うちの……「うちの旦那」って言いそうになっちゃった。

ヒャダ　旦那じゃないですか。

能町　「旦那（仮）(＊)」。……がmixiをやってたんだけど、ツイートがmixiに転載される設定にしてたんですね。あの人、ツイッターでよく冗談で「死ね」とか書くから、それがmixiに転載された結果、凍結されて（笑）、二度と入れなくなったという。本当にあれも宇宙ゴミですよ。

痕跡を消すプロ、特定するプロ

久保　私、Gmailは、死後更新しなくなったら自動的に6カ月で消え

＊ ゲイライターのサムソン高橋。

るようにしてる。

ヒヤダ　そんな設定があるんですね。

――でも「インターネット・アーカイブ」みたいに、自動で収集するサービスもありますね。

ヒヤダ　ありますね、魚拓的な。

久保　そういうのは直接グーグルのほうに申告してる。「そのページ消して」って。

ヒヤダ　足跡消すプロじゃないですか！　アサシンですよ。

久保　あと、自分のパスワードを念のために検索してみて、似たものを使われていないか調べたり。

能町　久保さんのセキュリティ意識、高すぎ！　ちょっと話がずれるんですけど、こないだテレビで、『全人類がリサーチャー！特定せよ！』という視聴者参加型番組をやってたんですよ。

――どんな番組？

能町　ある場所の画像を出して「ここはどこでしょう？」と言うだけ。それをリアルタイムで見てる人が検索して、先に当てた人が賞金をもらえる、みたいな。私はリアルタイムじゃなかったから、リアルに参加はしなかったけど、面白そうだからやってみたら、「私、それなりに特定能力あるな」と思っちゃって。

――ライブの冒頭でも毎回「ライブの内容をバラした人は住所を特定します！」と言ってますけど、やっぱりそうなんですね。

能町　こないだもあるドキュメンタリーを見てたんですけど、その主人公の人がどこに住んでるか、番組見ながら特定できちゃったんですよ。けっこうすぐに。

ヒヤダ　怖い！

能町　別に実際にそこに行ったりはしないですけど、客観的に見て、私もそれは怖いなと思って。（詳しい内容は書きませんが、画面に映り込んでいるものをヒントに特定していく手法について語った後）だから、ドキュメンタリーを撮られるとしたら、（特定できる情報を）頑張ってガードしないといけない。

久保　それこそ本当に「身バレ覚悟で言うけど」みたいなことですよね。

ヒヤダ　でもそうやって、みんなが探偵として調査していくのを番組にしているわけですよね。みんな、光の速さで特定してくる。YouTubeやツイッターで炎上をしたときの住所の特定の速さなんて、本当にすごいですよね。

久保　でも昔はマンガ家だって住所を載せられてたらしい。

能町　丸出しですよね。高額納税者番付とか。私、学生の頃そのおかげで藤井フミヤの家を見に行ったことあるから。興味本位で。

ヒャダ　こないだも、デヴィ夫人のパーティで松居一代さんが倒れたときに、マスコミが当たり前のように松居一代さんの家まで行ってたじゃないですか。普通に考えて、家まで行くってておかしくないですか?

久保　あれ、なんで行けてるんですかね?

能町　週刊誌は相当把握してるんですよね。芸能人の家を。

ヒャダ　けっこうガンガン映してるし。

――今日は「現代社会の闇」みたいな話になりましたね。しかし久保さんがそこまでセキュリティ意識高いとは思いませんでした。

能町　私もびっくりしました。

久保　でも私が思うのは、自分と付き合った過去をバラすような交際相手が過去にいないって、こんなに気が楽なんだっていう(笑)。

ヒャダ　ノーリベンジポルノ(笑)。

久保　悲しいけれど、どこからも私の裸は流出しないという。リベンジポルノの恐怖がないっていうのはいいもんですよ、と思いますね。

TALK-05

住んでる街のこと、ちゃんと知ってますか？

［2018年12月掲載］

（いかりや長介風に）えー、最近は「サブスク」というものがございまして、家にいながらいつでも映画を見られる、というサービスが流行っているようでございます。便利な時代になりました。ところがお目当ての映画を見ようとすると、もう配信が終わっている、なんてことがある。今回はそんな「映画を見るタイミング」の話題から始まります。どうぞ。

映画で大事なのは「面白さ」よりも……

久保 最近、配信でいろんな映画を見られるから、「昔見た映画をもう1回見返そう」という気持ちになってて。こないだ『2001年宇宙の旅』がリバイバル上映されてたから、キューブリック作品を見まくったり。『フルメタル・ジャケット』を見たら、「ハートマン軍曹、勤勉じゃね?」って思いましたね。言ってることはひどいけれども、朝から晩まであんなに誰かをしつけようなんて、真面目じゃなきゃできないよ。

ヒャダ 僕、今年のお正月、何も予定ないんです。だからそれやります。

久保 見たほうがいいよ。いろんな作品のハシゴをするの楽しいから。

ヒャダ 見ようと思ったときにすぐに映画見られるのって、いいですよね。

久保 今はNetflix、hulu、アマプラ(Amazonプライム)に入ってるんだけど、そこでフォローされてない映画もあって。こないだベルトルッチ監督が死去したから、『ラストエンペラー』見ようと思ったんだけど、アマプラで「今は配信してません」って出て、「バカヤローーーッ!」って。今でしょ!!

――そういうときにすぐ見られるのが配信の良さなのに。

久保 映画は「いかに面白いか」より、「見たいと思った気持ちの鮮度」のほうが大事なんですよね。その鮮度を保ってるうちに見ないと、本当に見なくなるから。『ボヘミアン・ラプソディ』も公開当初に見ようと思ってたけど、行きそびれて気持ちが下がってたんですよ。でもある日「今日行こう!」と思い立って、「午前中から見られるIMAXシアターは?」って調べたら、109シネマズ木場しかなくて。「深川ギャザリアってなんぞ!?」と思いながらも、木場まで見に行きましたね。

ヒャダ 見たいときに見るの、本当にわかります。僕もそれでこの間の午前中、同じムーブしましたもん。着の身着のまま、六本木で『ボヘミアン・ラプソディ』を見ました。

能町 それとはちょっと話が違うんですけど、私、本当に「今行きたい」ってときじゃないとマッサージ行きたくないんです。予約するのが嫌なんですよ。「予約してマッサージって意味ないじゃん」と思ってて。

ヒヤダ　わかります。だって予約した日だと、疲れてないかもしれないでしょう。

能町　そうそう。今ですよ、マッサージは。

ヒヤダ　僕、髪もそうですね。「今日切りたい！」と衝動的に思って切りに行く。

能町　わかるわあ。私も衝動です。

久保　食べたいものも結局、そうなんだよね。

ヒヤダ　結果全部そうかもしれない（笑）。全部衝動。

久保　でもこれ、一人暮らしの弊害なのでは？って気もする。

能町　我慢しなくなっちゃう。

ヒヤダ　でも本当に我慢できないですよ。寝たいときに寝て、起きたいときに起きて、好きなチャンネルを見て、好きなチャンネルに変えて。行きたいときにマッサージ行って、なんだったらすぐに旅に出て。

久保　それが「自由を謳歌してる」ってことなんだよな、って。

ヒヤダ　それを制限されると、すごいストレスになっちゃう。

能町　結婚できないパターンのすごいよくあるやつですよね。「みんなよく我慢できるな」って思っちゃう。我慢できないから、こういう仕事になっちゃったんですかね。会社員って我慢の連続じゃないですか。朝行かなきゃいけないし。

ヒヤダ　ストレスたまる人と一緒に仕事しなきゃいけないし。

久保　やれてる人、本当にすごいなと思う。

2018年、地元の旅

能町　久保さん、最近バスの旅はしてないんですか？

久保　テレビで海外移住ものの番組を見て、ふと「海外に住んだらどうなるのかな」って妄想をしたりしてたんだけど、こないだ「そういうことを考える前にまず身近を愛そう」と思って、隣町に散歩をした。

能町　近場だけどいいですね。

ヒヤダ　発見はありました？

久保　楽しかった。キューブリックの映画を見た後だったから、うろうろ歩いてたら、十字路に赤いちゃんちゃんこを着たおばあちゃんが立ってて……（笑）。

ヒヤダ　キューブリックの世界観（笑）。

能町　その辺に、私がおすすめする日本一まずい喫茶店があるんですよ。

ヒャダ　何がまずいんですか？　コーヒー？

能町　すべてです。店の名前は言えないですけど、入った瞬間にちょっとよどんだものを感じたんですよ。私は紅茶とカレーを頼んで、そのとき担当編集の人も一緒だったんですけど、その人は松花堂弁当みたいなのとコーヒーを頼んだんです。で、カレーがまずレトルト以下で。

ヒャダ　レトルト以下ってこと、あるんですか!?

久保　そんなにまずくなりようがないよね。

能町　米があり、横にある茶色いものがすごくさらっとしてて、個体が1個も入ってないただのカレー液。紅茶はたぶん市販のだと思うんですけど。一緒に行った人が「コーヒーは靴の匂いがした」って言ってました。

久保　でもうろうろしてると、変なところに迷い込んだ感があって面白いよね。謎のネパール料理屋があったり、謎のアジア食材店があったり、チェーン店じゃない雰囲気のいいコーヒースタンドがあったり。もうちょっとこういう地元を愛したいなと思った。商店街によくあるような八百屋さんもあって。普段スーパーばかりだったから、「こういうところの野菜買ってみたかったんだよな」と思って、カゴに入ったトマト3つに、カリフラワーとショウガを買ったら、黙って150円値引きされたのね。

――「安くしとくから、うちの店ひいきにしてくれよな！」みたいな。

久保　でもうちに帰って「あれ、トマトがなんか柔らかいな」と思ったら、実は裏側が腐りかかってて。「あいつ、ひなびた町のちょっといい八百屋ぶりやがって！」と思ったんだけど、腐ってそうな部分をきれいに切って、全部トマトソースにしたら、とってもおいしかったです。

能町　それが150円分ってことですね。

久保　そういうのも含めて、もうちょっと地元を愛そうと。

能町　私の今住んでる近くの、なぜか行き止まりの路地の中にクリーニング屋があるんですよ。

ヒャダ　車で運搬するの、大変そう。

能町　車が一応通れる幅の道に「クリーニング」という旗が立ってるんだけど、でもそこには店がないから「どこが？」と思って、ずっと気になってて。その旗の左側の路地をのぞくと、自転車もすれ違えないような路地なんですけど、その奥の行き止まりにクリーニング屋さんがあったんですよ。受付だけじゃなくて、洗うのも自前でやってる個人店って、気になるじゃないですか。だから「今度はここに出してみよう」と思って、クリーニングしたいものを持っていったら、おばちゃんが丁寧に見てくれて。普通クリーニングって先払いですけど、後払いでいいみたいなんですよ。で、ちょっと多めだったんで「いつくらいにできますか？」と言ったら……。

――3日とか。いや個人店だし、1週間とか？

能町　「3週間」って（笑）。

一同　（爆笑）

能町　「3週間かあ……別にそこまで急いでないからいいか」と思って頼んだんですよ。で、3週間たったから取りに行ったら「ごめんなさいねー、あと1週間」って。

一同　（爆笑）

ヒャダ　大丈夫ですか？　ちゃんと返ってくるんですか？

久保　この競争社会で生き残ってるのがすごい。実はそういう店はいいサービスしてると思いたい。

能町　たぶん技はいいんだと思うんですよ。まだ仕上がりを見てないからわからないけど。そこから面倒くさくなって全然取りに行ってなくて、1カ月半くらいたっちゃってますね。

久保　街歩きをしたときに、古いものに価値を見いだそうとして裏切られる感じ、たまらないですね。

ヒャダ　地元の店にガッカリするの、ありますよね。こないだカレー屋に入ったら、店のコルクボードに、そこで働いてる人がギターを持って歌ってる写真と、有名人と一緒に撮ってる写真がいっぱい貼ってあったんですよ。で、「有名にならなくてもいい。売れなくてもいい。僕は心に届く歌を歌いたいんだ」みたいなメッセージが書いてあったんですけど、「店に来た有名人とガンガン写真撮ってるじゃん！」と思って。

――自意識のねじれ。

ヒャダ　そーっとカレー食べて帰ろうとしたら、「ヒャダインさんですよね。自分も音楽やってるので聴いてください」と言われて。「有名にならなくていい、お金なんていらない」みたいなこと書いてるけど、すごいギラギラしてるなと。

久保　素直に書いてくれ（笑）。

ヒャダ　「（有名人の）●●さんも来てくれて、●●ちゃんも来てくれて」とか言われたから、そそそっと帰りました。

久保　本当に他人扱いしてくれるところに行きたいよね。

ヒャダ　そっとしておいてほしい。地元の店で感じが良さそうなのに、入ったらトラップみたいになってるのは良くないと思います。

久保　でもなんだかんだ言って、少し足を延ばせば池袋があるから、普通にデパ地下で買い物できる安心感があるんだよね。やっぱ近所のスーパーより近くのデパ地下だなあ。

能町　全然言葉に重みがない。今までの話は何だったんだ（笑）。

TALK-06

親しい人の前で、おならを出せますか？

［2019年1月掲載］

（いかりや長介風に）「親しき仲にも礼儀あり」なんて言葉があります。

礼儀があるからこそ人間関係はうまくいくのだ……と、こういうわけなんでございますね。しかし中には、「礼儀はゆるめのほうが、かえって親しさを感じる」という人もいるようでして……今回はそういった礼儀をめぐる話でございます。

おならを出せる範囲

――2018年、振り返ってどうでしたか？

久保　今年の自分の漢字は停滞の「停」です。とどまってる感じだった。

能町　私は2人暮らししたことが大きいかな。漢字で言うなら「二」。

久保　能町さんは自分の目標に対して、行動する力がありますよね。

――2人暮らしで、何か考え方も変わったりしました？

能町　考え方はそんなに変わっていないですけど、人と暮らすコツはつかめてきましたね。寛容にならないとまずい、みたいな。相手がめちゃくちゃビニール袋をため込むから、「捨てればいいじゃん」とか思うんだけど、だんだん「別にいっか」みたいになる……ということが増えてくる。相手に対してどんどん寛容にはなってるんだけど、その代わり、自分自身も緊張感がなくなってきて。「人と暮らす」ということは「人目がある」ということだから、それなりに気遣うところがあるはずなんだけど、だんだんタガが外れていって、ついにこの間おならをしてしまいましたね（笑）。

久保　おっ、ブレイクスルー！　それ会話あったの？

能町　いや、「出ちゃった」って言っただけです。向こうも気付いているんだけど、別にリアクションがあるわけでもなく。「これはもうだいぶ家族感出ちゃったな」と思いましたね。

ヒャダ　うらやましい、それは。

能町　実家だと、全然音付きでしているんですけど。

久保　え、そうなの？　親の前でする？

能町　全然します。

久保　私は聞かせない。

ヒャダ　僕も聞かせないな。

久保　ちなみに風呂の後は裸でうろうろしてた？　自分とか、家族とか。

能町　父親は、私が子供の頃はしていた気がする。でも全裸ではなかったな。

久保　うちはお互いに裸見せない文化なんだよね。でも昔1回だけ、痴呆になりかけてたおじいちゃんがスッポンポンで現れて、「黒い！」って思った（笑）。

――全裸はないにしても、パンツ一丁とかは？

能町　パンツ一丁はあったと思う。

久保　うちはないです。もともと住んでいた家が、風呂に行くにはテレビの前を通過しなきゃいけない構造だったんですよ。みんなの目があるから、風呂上がりのラフな格好で部屋に戻ることが許されなかった。ということは、子供の頃って自分とは違う人間と同居できていたわけだから、「あの頃できていたなら、今でもできるのでは？」って、ちょっと思ってしまった。

能町　私はこのままぐずぐずに崩れていくんだろうな、という気がします。でも高校のときに、女の子3人と男の子2人だったかな、仲のいいグループの中で「おならくらいしなきゃダメだ」というムーブメントが起こって、全然おならスルー状態のグループだったことがあります。

――おならが絆の証明みたいな。

能町　あと、今ダイエットをやっている人たちもちょっと似ていて。仲良しの人たちでダイエットのLINEグループを作ってるんですよ。言い出してもう3年くらいたってて、誰もダイエットできてないんですけど。でも、あるとき誰かが自分の体重を普通に書き始めたんですよ。そこから全員体重を普通に書くようになって、「別に恥ずかしいことないな」みたいな空気になってきて。

久保　えーー！

能町　これはちょっと話がずれるんですけど、家庭って閉鎖空間だから、各家庭の常識がよそだと異常だったりすることがたまにあるじゃないですか。ある女の人から聞いた話なんですけど、その人が友達と初めてハプニングバーに行ったら、男の人が裸で四つんばいになっていたり、女の人も裸でうろうろしていたりしたらしいんですよ。そしたらその友達が「なんだか実家みたいだね」って言い出して。「え、なんで？」って女の人が聞いたら、「家って普通、裸じゃない？」って。家族全員、家だと本当に全裸らしいんですよ。

ヒャダ　本当にそういう家族いるんですね。

久保　私、そういうのが信じられない。身近な人間こそ、そういうの知りたくないし見たくないと思っちゃうから。

能町　私もおならは出たけど、パンツ一丁は今は無理ですね。

久保　「トイレの排泄音を聞かせるのも平気」みたいなカップルの話を聞

くと、もう「気は確かか!?」って思う。それって、私が他人と接していないせいかもしれないけど。

真相が知りたい、フランスのアナル文化

能町　でも海外に行くと、おばさんがスパッツで歩いているじゃないですか。みんな全然ブーブー音出して排泄しているし。あるロシア映画を見たら、ちょっと荒れた地域の描写だったんだけど、女子トイレでドア開けっぱなしで排泄していたんですよ。それがけっこう衝撃で。「ここまでいけちゃうんだ、人は」と思って。

久保　こないだ聞いたんだけど、フランスの人って海でトップレスが当たり前みたいな感じなんでしょ?

能町　服着ても、普通に乳首浮いたりしていますよね。

ヒャダ　そういえばフランスって、アナルセックスが当たり前らしいですよ。

能町　え、本当に?

ヒャダ　フランスではアナルセックスが異常なことじゃなくて、当たり前なことなので、いきなりされてもびっくりしないようにしましょう、みたいな文化らしくて。

能町　信じがたい。誰かが間違った知識を植え付けているんじゃない?

ヒャダ　その話、いろんな方向から知ったので、たぶん本当なんだと思うんですよね。

──検索してみます……あっ、本当にある!　Yahoo!知恵袋の質問に、「フランス人の男性って、アナルをやたらと求めてきませんか?」って相談が(笑)。

能町　じゃあ本当なんだ。

ヒャダ　フランス文化でもう一つ言うと、コンドームをあまり使わないんですって。

久保　は?

ヒャダ　もしかしたら「アナルだから避妊の必要がない」ということなのかもしれないですけど。

久保　相手を一番思ったセックスはアナル(笑)。

ヒャダ　とはいえ不衛生な状態ですよね。ウォシュレットがないトイレ文化で、紙で拭くくらいだから。しかも、そこを舐めるわけですよね。

能町　えーっ。汚くないですか。

ヒャダ　だから、文化的にアナル観が違うんだと思うんですよ。僕らが

「5000汚い」と思っていても、フランスでは「1汚い」くらいにしか思っていないとか、そういうことなんじゃないかと思って。

能町　私らのほうが潔癖なんだと。

――汚いといっても、床に落としたクッキーをパッと拾って食べるくらいの感じなのかな？

能町　カスをパパッと払ってね（笑）。フランスつながりで私が世間にすごく言いたいことがあるんですけど、フレンチキスってディープキスのことなんですよ。なぜか日本だと「軽くキスすること」だと勘違いされているんですけど、実際の意味は真逆なんです。

ヒャダ　それ、僕も聞いたことあります。

能町　でも、フランス人が深いキスをしないわけがないじゃないですか。アナルも舐めるのに、キスがディープじゃないわけがない。フレンチキスとアナルはセットで覚えたほうがいいですね。

久保　なんだかすごく納得した。アナルを舐める人が軽くチュッで済むはずがない！

ヒャダ　覚えやすい！

TALK-07

ものづくり、どこに苦労してますか?

［2019年2月掲載］

槇原敬之さんをゲストに迎えて、久保みねヒャダ&マッキーで一緒に曲作りを行った収録終わりでのおしゃべりです。マッキーのクリエイションに刺激され、3人それぞれの創作論の話になりました。

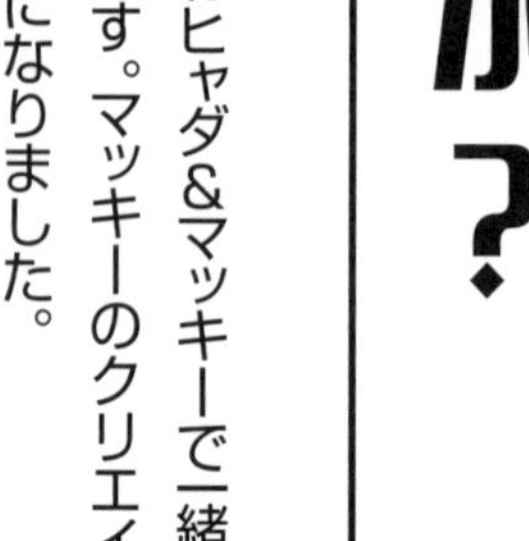

作業の中でどこに楽しさを感じるか

久保　良かったですね、マッキー。めっちゃ好きになった。

能町　あと1時間やってたら、もっと出そうな感じがした。すごかった。

ヒャダ　全員のグルーヴがヤバかったですよね。

久保　「詞先（歌詞を先に作ること）で曲を作るって、こういうことか！」と思った。

ヒャダ　こういう回り道をしてたどり着くという、そのトライアンドエラーが目の前で見られるって、めちゃくちゃすごいことですよね。

――曲作りに入る前のトークも効いていましたね。槇原さんが曲作りについて語って、その直後に、その内容が実際に展開されるという。

ヒャダ　そこで（曲作りの核心となる）「ペッティング」という言葉が久保さんから出たんですよね。

久保　なんでそんなこと言ったんだっけ？

――「急に本番（曲作り）に入るよりは、先にペッティングとしてトークをやったほうがいい」みたいな話で。

久保　お役に立てたなら良かった。

ヒャダ　まさかそれが槇原さんの好きな言葉だったとは……。

能町　ペッティングという言葉をよく使う人が、４人中２人いるなんて普通ないですよ。

――曲作りもすごかったですけど、槇原さんがずっとはしゃいでいたのが印象的でした。きっと波長が合ったんだろうなと。

能町　本当に楽しそうにしてくれたのが、めちゃめちゃうれしい。

久保　確かに、気を使う普通のトーク番組に出すのはもったいない気がしますね。

ヒャダ　でも、話し足りないこともいっぱいありましたね。ストーリーの作り方はすごく面白かった。

久保　マンガ家さんの話にも近いような気がする。きっとネームに当たるのが作詞で、そこから絵を描くのが作曲に当たるんだろうなと。だから作業で楽しいと感じる部分についても「ああ、わかるなあ」と思った。

能町　作業の中でどこに楽しさを感じるか、というのもありますよね。「私もマッキーと一緒です」というのはおこがましいから言わなかったんですけど、でもすごく共感するところがあったんですよ。

――どんなところ?

能町 歌詞を書くのってけっこう大変そうじゃないですか。(作業の割合で言うと)10のうちの7使ってるって話してたし。でも歌詞さえできてしまえば、曲はどんどん出てくるし、編曲はもっと面白い、という話でしたよね。それって私が文章を書くときと、けっこう近いなと思ったんですよ。最初はもう全然出てこない。あまりにも出てこなくて便秘状態なんだけど、本当にむちゃくちゃ踏ん張って、ちょっとずつ出してるんですよ。ちょっと書いては集中力が切れて、みたいなことを延々繰り返して、やっと全部書く。でもその時点では無理やり出したものだから、文章としても全然粗いんですよ。

ヒャダ 「とりあえず出した」というだけで、ガタガタなんですよね。

能町 段落とか組み合わせとか、主語・述語も雑だったりするんですけど、でも1回全部出し切ってしまうと、今度はそれをアレンジしていく作業がめちゃくちゃ楽しいんですよ。

直しを求められたら?

久保 わかる! 私もネーム直しが好きなときがあるし。ネームを1回描いて、うまくいかなかったところの直し方を考えて、「あ、こうしてこうすればいいんだ!」って閃いたときにすごい快感を覚えて、「この作業は誰にもさせんぞ!」って思う。

能町 そうそう、ドーパミン出る。

久保 でも、それを他人から指摘されてやりたくはないんだよね。誰よりも先に、自分で自分の間違いに気づいて、自分でアレンジして直したい。人から全部指摘される瞬間が嫌。

能町 それはありますね。

久保 でも指摘されるのが嫌だからといって、自分が最初に出したものをそのまま押し通すのも嫌なんだよね。指摘されるのは嫌だけど、やらなきゃいけないときはある。

能町 私も文章を書いて、編集者に出して、「ここはもっとこうしたほうがいい」と言われるのはもちろんあるわけですね。そういうときに、編集の人もちゃんとした大人だから、ストレートに「こう書いてください」とは言わないじゃないですか。「ここはもうちょっと、こんなふうになりませんかねー」みたいな感じで言われて、こちらはそれを100％酌み取った上で、さらにその上を行って150％の内容に仕上げる……というふうになったときのドーパミンはすごいです。150％というのは自分の勝手な解釈なんですけど。

ヒャダ　「言われたままの修正ではないけれど、その延長線上のことをやっているんだぞ」という。

能町　そうそう。「あなたの言ってることをすべて理解して、ちゃんとやってみました。しかも自分でもこれで満足いきましたよ」というときが最高。

久保　マンガでも「編集が言ってくるネームの直しに対して、どういう直しをするのがいいのか」の3段階の順位があるんですよ。一番いいのは「編集が言った直しの意味を酌み取って、自分なりの新しいアイデアで直す」。これがベスト。

能町　わかる。そうですね。

久保　2番目が「編集の言う通りに直す」。3番目が「編集の言ってる通りに直さず、意図も酌み取らず、自分流にアレンジした直し」。これが良くない。

能町　確かに自分勝手はやっぱり良くないですよね。

久保　「編集の言う通りに直さなきゃいけない」ということで焦ったりキレたりするんじゃなく、言ってることの意図をムカムカしながらも酌み取って……。

——やっぱりムカムカはするんですね。

久保　ムカムカはします。するけど、「ちょっと納得いくな」というのも自分で仕方なく認めながら、「それよりもっといい直し、こっちが出してやるよ!?」という気持ちにさせてもらえて、それをやるだけの余裕をもらえて直せると、すごい「アハ体験」みたいなものを感じる。

ヒャダ　僕の場合は、「それ最初に言ってたことと違うでしょう」とか、「明らかにこのサビのほうがいいのに」というときは……。

能町　どうするの？　押し通す？

ヒャダ　「ちょっと断る」というのを今年からやり始めました。

久保　じゃあ今まではけっこう素直に……。

ヒャダ　本当にサセコでしたね。

能町　言われるがままに。

ヒャダ　本当に言われるがままにさせてたんですけど……。

能町　私にも意思があるよ、と。

ヒャダ　そう、私にも意思がある。そんなもの入らない（笑）。

久保　いつまでもガバガバ開いてるとは限らないわよ、と。ろくにペッティングもしないやつが。濡らしもしないで突然挿れるとは何事ぞ、と（笑）。

ヒャダ　今までは血が出て泣いていたんだからね、アタイは（笑）。

能町　今までそんなつらい思いをしてきたんだね……。

ヒャダ　本当にそうです。ずっと言われるがままだったんですけど、今年から言うようにしたんです。

能町　私だって人権があるんだからねと。

久保　ビジネスヴァギナね。

ヒャダ　ビジネスヴァギナ、BV。そうなんです。またこういう話になりましたね（笑）。

――前回の話題はおならとアナルでした。

ヒャダ　今までは「断ったら『あいつは融通利かない』と思われて、干されるんじゃないか」と思って、今まで耐えてたんです。これはあまりにも……というときも。

久保　いろんなお仕事してたら、そういうのだってもちろん当たるよね。

ヒャダ　そうなんです。しかもその修正内容のメールに「（笑）」がついてたりして。

能町　わーっ、やだやだ。それは嫌だなあ。

ヒャダ　あと、もう一つ変化があって。今まではすぐに「はい、わかりました」だったんですけど、1回粘ってみるというのもやり始めたんです。「いやあ、どうですかね。もう1回考えていただいていいですか」って。1回もんでもらって、それでも「ダメです」って言われたら、「わかりました」と言ってやるようにしてますね。

能町　数がすごいですからね、まず。

久保　そんなにたくさんの数をこなして……ヴァギナを大事にしてほしい。

ヒャダ　本当にガバガバですよ。でも僕は、数が多くなればなるほど、感度が良くなってくるタイプなんですよ（笑）。

一同　（爆笑）

久保　そうかー。私はあんまり数は持てないタイプなんだよね。一本主義だから。いっ・ぽん・満足！　一本満足！

一同　（爆笑）

TALK-08

色眼鏡、かけていませんか？

［2020年4月掲載］

久保さんが考える「感情のレイヤー」についてのお話。妙に深刻なテンションだったので、途中で話題が切り変わってしまったのですが、もっとその先を聞きたかった気もするし、やっぱりカラオケに行っておいたほうが健全じゃないかという気もするし……。

人やキャラで作品の評価が決まってしまう?

久保　最近、いろんなアーティストにしても映画にしても、「みんな感情的なレイヤーをかけて見ている」というのが、すごく気になり始めてて。

——感情的なレイヤーって何ですか?

久保　ずっとそのアーティストやアイドルを応援していて、「どんなことがあっても絶対に応援する」みたいなこと、よくあるじゃないですか。でも、そういう「この人が好き」という感情を抜いたとき、作品そのものには特に興味がなかったりしたらどうするんだろうなって思うんですよ。

——あ、そういうことですね。

久保　私は作品を送り出す側だから、「色眼鏡をかけてくれなくても面白いと思えるものを作ろう」「応援の声が届かなくても作るものは変わらないでいよう」というのは、けっこう意識してるんですよ。人って急に死ぬこともあるから「あなたの作品が好きです」「ファンです」と言えるうちに言っておいたほうがいい、みたいな意見をネットで見かけると、「大丈夫、私たちはそれが届かなくても頑張るように訓練されているから」という気持ちになって。だから人が死んで、亡くなった悲壮感をもとにその人の作品を見返すという行為は、感情のレイヤーがあまりにもかかりすぎじゃないか……という気がするんですね。そういう楽しみ方があるのが、フィクションのいいところでもあるんだけど。でも役者さんは別に「自分が死んだというレイヤーで作品に感動してほしい」なんて思ってないだろうし。

ヒャダ　死んだのはあくまでも結果であって、たとえば樹木希林さんが亡くなった後に『万引き家族』を見て、「趣深い」みたいに感じるのはなんか違うんじゃない?というのは思いますね。

久保　『ボヘミアン・ラプソディ』はそこまで振り切ってるわけじゃないとは思うけど、それでも何かの病気でアーティストが死んで、その自伝を描こうというときに、その人の伝えたかったものがその病気越しにしか見えない感じになってしまうのが、なんだか嫌で。病気になったことでいろいろ悲しい出来事が起こってるわけだから、そこを主張したいのもわかるけれども、感情のレイヤーを1回取ってみて、その人の本当にやりたいことは何だったのかをちゃんと意識しないと……と思ってるんです。だから、最近よく考えるんですよ。

——何を?

久保　(マジロ調で)人の魂とは……。

能町　急に!?

ヒャダ　カラオケ行きましょう、カラオケ。

久保　そうだよね。これ突き詰めると宗教になっちゃうし、良くないなって。神様がいないから、そういうこと誰も教えてくれないしさ。

ヒャダ　我々、無宗教ですからね。カラオケ教ですよ、カラオケ教。

能町　私もカラオケ教ですね。でも最近、信心深くないんだよな。

ヒャダ　大丈夫です。カラオケ教は、扉を開けて入ったらもう……。

能町　すべてを許してくれる?

ヒャダ　そうです。僕こないだ悶々としてて、千葉(雄大)もそんな感じだったから、2人でカラオケに行ったら、やっぱりスッキリしたんですよね。2時間のつもりだったんですけど、3時間になっちゃって。

能町　2時間は3時間になるよねー。なるなる。

久保　2時間では埋められないんだよね。

なぜ大量殺人ものを見るのか?

能町　デイリーポータルZで、1人が1時間ずつ歌うカラオケの記事ありましたよね(「ひとり1時間ずつぶっ続けで歌うカラオケはどうか」)。あれ、ちょっと憧れなんですよ。

——**ありましたね。1曲ずつ交代で歌うんじゃなく、1人1時間ずつで交代するから、ちゃんとセットリストを考えておかないといけないという。**

ヒャダ　それ、対バンじゃないですか!

能町　そう、対バンなんです。ちょっとやってみたくて。

ヒャダ　DJみたいに、その場の雰囲気で選曲を変えてもいいですしね。

能町　行きたい!

ヒャダ　行きましょう! 来月中はどうですか?

能町　いいですよ。

久保　私はダメ……。

能町　えっ、ダメなの?

——そんなに忙しいんですね。

能町　じゃあ2時間だけ。忙しくても2時間ドラマを見ることはあるだろうし、大丈夫ですよ。
ヒャダ　いや、きっと1回無理やり連れていったほうがいいですよ。
久保　やめて――――！
能町　絶対に行けるから！
ヒャダ　戻ってきて！　人間との触れ合いに！
――大人になるとカラオケひとつ行くにも、こんなにハードルが高くなるんですね……。
久保　もうすでにいろんな依頼を断っているし、そこで予定を入れちゃうと「予定を入れてしまって、仕事を早く上げることができなかった過去のトラウマ」がワーッと襲ってくるから。
能町　わかる。それはあるある。
ヒャダ　僕もわかります。
能町　だからやっぱり予定を入れないほうがいいですよ。いきなり家に行って誘おう。
ヒャダ　（ピンポーン）「ミッコちゃん、あーそぼ！　パセラいーこう！」
能町　（ガチャ）「ミッコちゃんはね、勉強しなきゃいけないの！　アンタみたいな悪い子と遊んでる暇はないの！　もうミッコちゃんを誘わないでちょうだい！」って言われそう。
――誰に!?
久保　自分でも、「40代ってこんなに悩むのか……」って思ってます。でも家に一人でいると、けっこうくだらないことも考えているんですよ。こないだ検索ワードで、自分の人生で一番ひどい言葉で検索していたんだけど……。
ヒャダ　何を？
久保　「うんこ　黒い」っていう（笑）。
一同　（爆笑）
ヒャダ　ひどい（笑）！
能町　それ検索して、何を求めたの（笑）？
ヒャダ　うんこ黒かったんですか（笑）？
久保　（笑い泣きしながら）うん、びっくりするくらい黒かったの。「これは病気だ！」と思って。
能町　それは心配だよね。
久保　検索してたら、腸の出血とかいろんな原因がヒットしたんだけど、そのとき「あっ、そういえば！」と思い出して。
ヒャダ　それは!?
久保　「3日前にイカスミのリゾット

食べた」って思って（笑）。

能町　それかい！

久保　長く腸にいすぎたせいで、記憶から飛んでいて。自分しか見ていないのに、「うんこ　黒い」で検索するの、すごい恥ずかしかった（笑）。

ヒャダ　iPad渡されたばっかりの小学4年生ですね。

久保　そういうことは一人でやってます。話は変わるけど、ネットフリックスで話題になっている、メキシコで43人の若者が消えて今も見つかっていない事件のドキュメンタリーを見たんですよ。『アヨツィナパの43人』というやつ。第三者委員会は頑張ってくれるけれども、国が全然協力的じゃなかったりして、メキシコのヤバさがふんだんに伝わってきた。そういうのを見て元気になったりするんですよ。なんか大量殺人とか見たくなるときがあって。大量殺人にしか救えない何かがある！

ヒャダ　わかります。僕が「まんが王国」を読むのも、それとまったく同じ回路ですね。

能町　大量殺人が久保さんを救っているんだ。

久保　「ここまでのことは、さすがに私にはできない」っていう。

能町　そりゃそうだよ（笑）。

久保　題材があまりにも身近すぎて「巻き込まれると自分もこのくらいのことはするかも？」と思ってしまうやつは、ちょっと自分の心を振り返ってしまう感じがあって心が重くなるんだけど、さすがにこのくらいのレベルになると「巻き込まれてもさすがにこれはやらないだろう」となって、ある意味、落ち着いて見られるんですよ。

能町　やっぱカラオケ行ったほうがよくない（笑）？

TALK-09

どんな相づち打ってますか?

［2019年5月掲載］

ある程度、社会経験を積んでいくと、「うさんくさい人」というのはだいたいわかるようになってくるものだと思っていたら、案外、個人差があるみたいです。そんな「うさんくさい人」の特徴について話しました。

相づち打ちゃいいってもんじゃない

久保　私、悪い人がよくわからないんだよね。よく「目が笑ってない人」とか言ったりするじゃない？　その「目が笑ってない」というのがまったくわからない。そう言われている人を見ても、「別に何も怖くなくない？」って思う。たぶん、悪い人にピンとくる感度が弱いと思うんだよね。変質者もあんまり見たことがないし。

能町　変質者はさすがに別じゃない？

久保　あと、うさんくさい人って案外うさんくさい人とはつるまなくて、いい人とつるんでたりするような気もしていて。ピュアな人の周りにうさんくさい人がいても、ピュアな人はたぶんそれを気にしない……というのは、その人のうさんくさいセンサーが弱いからじゃないか？と思ったり。

能町　私はうさんくさいセンサーの感度がすごく良すぎると思うんですよね。だから、全然うさんくさい人じゃない人にまで反応している気がする。すぐ振れちゃう。

ヒャダ　うさんくさいセンサーもありますけど、邪（じゃ）センサーはわかりやすいですね。「邪だ、この人！」っていう。

——それは感覚的なやつですか？　それとも具体的に何か指標があるとか。

ヒャダ　姿勢、目つき、話し癖、笑い方……。

能町　笑い方はあるね。

ヒャダ　あと表情と、質問に対する返し方。「邪、認定！　緊急避難！　緊急避難！」って。避難してばっかりだから一人ぼっちなんだな（笑）。

能町　やっぱり感度が高すぎるんだよ。

久保　私はうさんくさい人がよくわからないけど、「友達を広く持ちたい」という意味で明るく振る舞って「自分は誰にでも心は開いているし、仲良くなるスイッチが簡単に入るよ」というタイプの人は、サッと逃げたくなる。

能町　私もダメです、そういう人。

久保　この間、こんまりさんのNHKスペシャル（『密着ドキュメント　片づけ～人生をやりなおす人々～』）に出ていたお弟子さん筋の人が、依頼者の悩みを聞いている受け答えが「（抜けるような甲高い声で）うーん、うーん、そっかー、うーん」っていう。

ヒャダ　柳原可奈子ちゃんのコントみたいな感じですよね。

久保　私がこれやられたら、悩み言いながら冷めるなと思って。あれはわざと言っているのか、親身になっているつもりなのかよくわからない。

能町　でも、あれで救われる人がいるんですよね。きっと。

久保　そのわかりやすさに救われる人もいるんだろうけど、自分はそのわかりやすくしようとする態度に、サッと引いちゃう。気を使う方向性ってあるんだよね。

——誰だって自分の悩みを理解されたいはずですけど、さっきの受け答えだと理解されて許容されるスピードがあまりにも速くて、逆に「えっ!?」となるんですよね。

久保　理解のスピードが速すぎる人は疑わしい。「お前にわかるかよ!」って思う。

ヒャダ　もう最初から肯定するつもりで来てるんでしょうね。何言っても「うんうん、わかるー」。「うんこ」って言っても、「うんうん、わかるー」って(笑)。

久保　ヒャダインさん、「うんこ」しか言わないで。私がさっきのお弟子さん筋の人やるから。

ヒャダ　「うんこって茶色いですよね」

久保　(頷きながら)「うーん、わかるわかるー、そっかそっかー」

ヒャダ　「うんこって臭いですしね」

久保　(頷きながら)「うーん、うーん」

能町　「でも私、うんこってきれいだと思います」

久保　(頷きながら)「そっかー、うーん」

能町　「うんこって、この世で一番美し……」

久保　(食い気味に頷きながら)「うんうんうんうーん!」

能町　速い(笑)。

ヒャダ　でも誇張じゃなく、本当にこういう人いますからね。

能町　追い越してくるんだよね、返事が。

久保　そう。「返事の追い越し」ある(笑)。

ヒャダ　「あなたが言おうとしていたことは、私はもう想像してますよ」って。

能町　相手の言葉を取り込んでくる

ようにしてね。

ヒャダ　それをやられると、もう一気に閉店ガラガラですよ。

虚無スマとは

能町　あと私、ボディタッチがダメなんだよなー。

ヒャダ　ボディタッチの時点で、もうアウトですよね。

久保　ちょっとトイレ行っていいですか(と言って退出)。

能町　前に飲み屋でたまたま会っちゃった、本業不明の某芸能人がそういう人だったんだよね。ボディタッチをして、めっちゃ目を合わせてくるみたいな。

ヒャダ　「ママさん、うんこって茶色いんですよ」

能町　(突然カッと目を見開き顔を近づけながらボディタッチ!)「スッゴイ、わかるー!!」

一同　(爆笑)

能町　このテンションで来るからね。本当にこんな感じで目を見開きながら合わせてくる。

ヒャダ　そういう人たちって、僕が素っ気なくしていたらどうなるんですかね?

能町　本気で気にしないのか、あえてそうするのかわからないけど、たぶん態度は変わらないですよね。あと、声を出さない笑顔を見せてくるの。無音笑顔。こういうの(突然顔を近づけて、関根勤が爆笑した瞬間を一時停止にしたような無音爆笑!)。

ヒャダ　虚無スマイル。虚無スマだ(笑)。

能町　ヒャッくんがちょっと面白いこととか言ったりすると……。

ヒャダ　「やべ、今おなら出ちゃった」

能町　(無音爆笑のまま、ヒャダインをバシバシ叩く!)

ヒャダ　虚無スマ面白いです(笑)。

能町　でもそれで心開く人もいるんでしょうね。

久保　(戻ってきて)何の話だったの?

ヒャダ　虚無スマイル。

能町　っていう、新しいものまねを作っちゃったんですよ。久保さん、何かちょっと面白いこと言ってください。ダジャレレベルでいいから。

久保　「トイレに貼ってあった、うんち侍面白い」

能町　(急接近&満面無音爆笑!)

久保　わー嫌だ嫌だ（笑）。追い越した、何か。

能町　これが虚無スマイルです。「めちゃくちゃ面白いこと言ってくれましたね！」っていうのを顔だけで表す。

ヒャダ　「私たち、今一緒に楽しい時間にいます！」っていう。

能町　笑いの声も出さない。

ヒャダ　こういうの見たら、さすがに邪だと思いません？

久保　それは思う。あと自分の中で、最初は「この人、仲良くしようとしているのかな？」と思うんだけど、後になって考えると「ああいうのちょっと苦手だったな」みたいな。私が今まで広告代理店系の人に言われた、一番虚無の内容があって。「私、マンガ家です」って言ったら……。

——はい。

久保　「私、マンガ大好きなんですよー」

能町　ひどい（笑）。

久保　別に私のマンガを知らなくても全然いいんだよ。読んでいなくてもいいけど、マンガ家に対して「私、マンガ大好きなんです」と言うのって、かなり高度だと思うんだよね。井上陽水に「私、音楽大好きなんですよー！」って言う人がいたら、何て返す？みたいなことだよね。

ヒャダ　すごく失礼ですよね。

能町　でも「マンガ家です」と言われたら、何て返すのが正解なのかな？じゃあ、私がどこかの有名マンガ家だったとしましょう。久保さんは広告代理店。たまたまパーティ的なところで会っちゃったとしましょう。

ヒャダ　「久保さん、こちら能町みね子さんという有名なマンガ家さんです」

能町　「いえいえ、そんな。ただマンガ描いているだけなんですけど」

久保　「はじめまして」

能町　「はじめまして」

久保　「一緒に何か面白いことしましょう！」

一同　（笑）

ヒャダ　100点の「0点」（笑）！

TALK-10

仕事を楽しめていますか？

［2019年6月掲載］

この回のライブゲストはテレビ東京（当時）の佐久間宣行さん。プロデューサー業もやり、ラジオDJもやり、あらゆるコンテンツも見まくり、さらには家庭も大事するという超人ぶりに驚愕したまま、楽屋でおしゃべりをしました。

頼まれたわけじゃないけど、楽しくやれる仕事

久保　今日は佐久間さんのパワーに当てられましたね。

ヒャダ　本当にリア充だなと思っちゃった。

能町　他のできるプロデューサーって、だいたい家庭の匂いしないのに、佐久間さんはそれまであるからすごい。独特だなと思います。

ヒャダ　全部楽しそうだし。

久保　だから炎上もなさそうな気がする。

能町　あの体のでかさも一因だと思う。あのでかさで乗り切ってるというか。でも今日聞きそびれたことがあって。私、今「あらゆるやる気が起きない」という問題を抱えてるんですよ。

——それは定期的に来るやつ？　それとも過去にないほどでかいやつ？

能町　定期的にあるけど、今回はでかいですね。

——過去のはどうやって乗り越えてきたんですか？

能町　どうだろう……過去のはたぶん短期だと思うんですよ。短期的に「仕事が面倒くさいな」と思うという。「全体的に面倒くさい」というのはずっと薄くあったんですけど、最近その「全体的に面倒くさい」が膨らみ始めてる。なんなら「仕事全部飽きた。違う仕事をしたい」くらいの感じになってきて（笑）。だから佐久間さんに聞きたかったんです。「なんであんなに仕事をずっと楽しそうにできるんだ？」って。

ヒャダ　それ聞いても、たぶん「何を悩んでるの？」って言われると思います（笑）。

久保　私にとって「久保みねヒャダ」の仕事がいいのは、「その時間を過ごせば仕事が終わる」ってことなんですよね。マンガの仕事は、地味な作業を机にかじりついてずっとやってるだけじゃ終わらなくて、自分でもワクワクするような新しいことを入れないとなかなか完成しない……という難しさを経験している中で、「え、久保みねヒャダってキャッキャしてれば終わるの？」っていう。今日は前日から寝ないままで来ました。

ヒャダ　またですか？　お決まりのコースですね。

能町　なんでそうなっちゃうんですか（笑）。

久保 昼夜が逆転してるのもあるし、あと磯野貴理子の……。

――書き起こしの作業(*1)。

久保 「他の作業は全然できてないけれども、せめて磯野貴理子に関しては完璧に言えるようになろう」と思って、朝から書き起こしをやり始めたの。

ヒャダ あれはすごかったですよ。

久保 雰囲気でダラダラしゃべって「なんとか番組ができました」みたいなことに慣れてしまうのは良くないんじゃないかと思って。昔はフリップ芸なんかもやってたわけだから。あと、能町さんが「NFK(能町ファン感謝祭)好きな男ランキング」(*2)の番付表を手書き(相撲字)で作ってたじゃん。

能町 あれは違う脳みそ使ってるから、めっちゃ楽しいんですよ。

久保 あれを見て、「誰かがそれを期待してるからやるのではなくて、誰に頼まれてるわけでもないけれどもハマってやれる楽しいことを何か見せなきゃいけない」という気持ちになったの。それで書き起こしやったんだよね。

能町 それわかる。ベタな話なんですけど、仕事になっちゃうと義務みたいになって、たまに負担に感じることがあるんですよ。だから言われもしないのに書いてた頃の感じをどうしても求めちゃうんですよね。それで最近、「同人誌を作りたい」と思うようになって。ZINEとかやりたい。

ヒャダ そうなんですよ。めちゃくちゃ贅沢な悩みだけど、僕、会社員やりながらZINE作ってる人が超うらやましいんですよ。

能町 「お前はそれが仕事になってるじゃん」って言われそうだけど、仕事じゃないほうがモチベーション高いんだもん。それで私、「1カ月くらい休みがあったら何しようかな」といろいろ妄想してたら、「南の島に行って、ひたすらそこで文章を書きたいな」と思っちゃって、そこでハッと現実に戻ったんですよ。「私、書きたいんじゃん!」って。それは自分でもびっくりした。

久保 「その泉のそばに行けば、たまってた宿題がみるみる片付く」という泉があったら行くよね。

ヒャダ 覚せい剤とかに逃げる人たちの気持ちって、そういうものかもしれないですね。

能町 すごいわかる。

*1 この日のライブのために、磯野貴理子が離婚を打ち明けた回の『はやく起きた朝は…』を、前後の内容も含めフルタイムで書き起こしたメモを持参していた。

*2 能町が毎年ツイッターで募集し、集計も自ら行う好きな男ランキング。現在は停止中。

久保　新鮮な気持ちを取り戻したいんだよね。本当は一番好きなやりたい仕事なのに、そういう気持ちと向き合えなかったりして「ああーっ!」と……。

ヒャダ　……となったときに、やったことないからたぶんですけど、覚せい剤で最初の初期衝動のフレッシュな感じが戻るのかもしれないですね。

――でも覚せい剤だって、ずっと使ってたら慣れてきて、最初のワーッとなる感じがだんだん消えるんじゃないですかね。

能町　消えるよね。

ヒャダ　それでどんどん純度の高いものを求めていく、ということなんでしょうね。

久保　(ACジャパンの啓発CM風に)「お願い……アレちょうだい」っていう。

ドツボのループから抜け出すには?

――ヒャダインさん、「ととのう」という感覚ってサウナで毎回味わえます?

ヒャダ　いや、だんだん減っていきます。

能町　あ、減るんだ。

ヒャダ　だからサウナバージンをサウナに連れていくと、「この感覚は最初のうちだけだから、よく味わっときな」って言ってます。ゼロにはならないですけど、減っていくんですよ。だからより強いものを求めて、アウフグースを一番上の段で受けたり、8℃とかの強冷水に入ってたりする人もけっこういて。だから僕は最近、ドラッグレベルのエクストリームなサウナじゃなくて、タバコレベルのゆるいサウナでゆっくり楽しむようにしてます。高揚感をあまりに求めすぎると、宗教みたいな領域に踏み込んでしまうので。だから話を戻すと、薬に逃げる気持ちはわかるけど、「そこはやっちゃいけない」という線引きはまだあるし、そこまでしてやるくらいなら作家をやめたほうがいいと思ってて。

久保　私、今自己管理できてないのが怖いんだよね。前は連載があったから、ケツを叩くものがあって、「助けてくれるスタッフに仕事を与えなきゃ」という気持ちもあったんだけれど、今は家で一人でやってる作業だから、だんだん自己管理できなくなるのが怖くて。それでも今が一番マシで、これからもっとそうなるんじゃないかと思うと、うわー!ってなる。

――こないだ、「カラオケ行きましょう」という話をしてましたよね。行きました？

久保　行けてないです。そういうループに入ってくると、自分を良くするための行動に対してもどんどん億劫になってきて。「運動したほうが頭も回る」みたいな思考に全然ならない。知り合いから「いい整体を教えてもらったから行ってみませんか?」と言われても、「自分にはそういうところに行く資格がない」という思考になって。

ヒャダ　ドツボのループですよ。

久保　家の中にずっといたって好転しないのはわかってるんだけど。

ヒャダ　だから僕、少女マンガに出てくるような無神経な人に来てほしいんですよ。無神経に腕を引っ張っていくような。こっちが「嫌だ、一人にしておいてよ!」って言ってるのに……。

久保　（ドアをドンドンドン!とノック）「ほら行くよ!」って。

ヒャダ　で、この年になって気付いたんですけど……「いねえわ」って（笑）。

――いないですよね。グイグイ幻想、確かにありますけど。

ヒャダ　でももっと悲惨なのは、僕、お金はあるんですよ。お金があるのに、お金を払ってもそういうサービスはないんですよね。

久保　無神経な友達がドンドンドン!みたいなサービスは（笑）。

能町　それ、典型的な「金持ちの一番かわいそうなやつ」じゃないですか（笑）。マンガに出てくるような「金は稼いだのに全然満たされない」というやつ。

ヒャダ　それそれ。だんだん「クリスマスキャロル」のおじいさんみたいになるんじゃないかと思うんですよ。「あ、これが中年クライシスなんだ」と思い始めて。

久保　私の場合は、仕事をしたくないわけではないけれども、仕事でかけてる迷惑もいろいろ考えて、「この仕事終わらせたら早く死ななきゃ」という気持ちになる。「仕事があるうちは死にたくない」ということでもあるから、ポジティブではあるんだけど。でもそういうのは自分が健康なのを過信してるから言えるわけで、「バランスがおかしくなったとき、私どうなっちゃうんだろう」って恐怖はある。

ヒャダ　そういうときに、歌が心に忍び込んでくるんですよ(*)。首の皮一枚で現世につながってるのを、引きずり下ろしてくるんです。

能町　仕事と関係なく、何か夢中になるものがないとダメなんでしょうね。

――そういうの、自然に見つかるのを待つんじゃなく、意識的に探したほうがいいんでしょうね。

ヒャダ　だから中年クライシスを突破できる一番大きなものは、「家庭」だと言われてるんですよね。子供の成長とか。でもそれがない我々は……。

能町　猫ではダメなの？

ヒャダ　猫はアリなんですけど、6歳になる猫を抱っこしながら「この子が死んじゃったら、俺どうなるんだろう。今は元気にピョンピョン跳ねてるけど、もし病気になったりしたら、今でも首の皮一枚で暮らしてるのにどうなるんだろう」と思うんですよ。

久保　ヤバい。そう思うと、こういう話ができる友達がいるのはすごく大事な絆だと思うけれども、でも私たちを最終的に救ってくれるものではないという。そういう気持ちがあるから、椎名林檎も（「TOKYO」の）ああいう歌詞を書けるんじゃない？

能町　結婚しててもそうなるのかな？

ヒャダ　結果、中年クライシスを防ぐものは結婚でも家庭でもなかったということを林檎さんは示してるわけだから。

能町　じゃあどうしようもない。

ヒャダ　そうなんですよ。だから彼女のほうがもっと絶望が深いんじゃないかなと思います。我々はまだ……。

能町　でも、佐久間さんみたいな人もいるわけですよね。

ヒャダ　そうなんです。だからあの人、何もわかっちゃいないんですよ（笑）！

一同　（爆笑）

能町　すごい結論出たよ（笑）。

＊この日のライブでは椎名林檎「TOKYO」（『三毒史』収録）を激推ししていた。

TALK-11

評価は必要ですか？

［2019年9月掲載］

デトックスプログラムを開始した久保さん。かなりストイックに取り組んでいたようで、この時期は会うたびに痩せていっているような印象でした。そのデトックスエピソードから始まります。

毎日の便を言葉でどう伝える？

――冷夏になったり豪雨になったりした2019年の夏でしたけど、皆さんどう過ごされました？

久保　私は今やってる、このデトックスプログラム。60日間やって、もうすぐ終わるんですけど、その間はカフェインもアルコールも、お菓子や炭水化物もほぼ摂ってないんですよ。飲みに行ったりするのも削って、イベント的なものを皆無にしてやってた。世間の消費を遠くから眺める修行ですね。

能町　挫折しなかったんですね。

久保　一緒にやってる人がいたから続けられたというのはある。報告する相手が2人いて、LINEグループで毎日報告するんですよ。

――何を報告するんです？

久保　毎日の体重とか、便の状態とか、体の変化とか。夜、寝るときってメガネ外すじゃないですか。で、「トイレ行きたい」って思ったら、便の状態を確認しなきゃいけないから、その確認のためだけにメガネをかけなきゃいけないという（笑）。「こんなことのためにメガネを買ったんじゃないよなあ」と思いつつ。

ヒャダ　こんなもののために生まれてきたんじゃない（笑）。「月光」が聞こえてきますね。

久保　便の状態を毎日報告しなきゃいけないけれども、写真で送るわけじゃないから、文字で書かなきゃいけない。でも、便に対する語彙力って案外ないんですよ。

能町　なんて書くの？　「バナナ状」とか？

久保　語彙力がないから調べたんですよ、便の表現。そしたら表現の幅が、軟便とか水様便とか、5つくらいしかなくて。今出ている自分の便をどう表現するかで、つい食べ物のたとえを使いがちになるけど、それをやると自分の中の倫理委員会が「待った」をかけてくるんだよね。

ヒャダ　チョコレート色とか？

――かりんとうとか？

久保　「カレーのルウのような」

一同　（笑）

能町　カレーだけはダメでしょう（笑）。

久保　濃い緑だったりすると、「抹茶カプチーノのような」とか（笑）。水っぽいけれども、少しボソボソ入っている状態を「これは……ミネストローネのような」とか。

ヒヤダ　語彙力が豊富（笑）。

久保　これをやることに対する抵抗感と闘うのがちょっと面白かった。で、あえて早く出す便は「臭い」というよりも、匂いが香ばしいんですよ。「匂いもちゃんと嗅いでください」って言われたから、「香ばしいですよね」って答えたら「炊きたてのお米みたいな匂いしますよね？」って。そこまでじゃないよ（笑）。

能町　でもずいぶんポジティブになりましたね、久保さん。

久保　デトックス中は好転反応で悪く出るやつもあるから、「暗いことを何でもいいから言ってください」と言われて、そういうことを言ったりしてた。

能町　「暗いことを言ってください」って言われて何を言うんですか？

久保　本当に暗い部分は、めちゃくちゃひねくれてたりするから、比較的伝えやすいほうの暗いことを言うわけなんだけど……。

ヒヤダ　本当の深部は見せられない。

久保　「本当の深部は受け止めきれねえだろ」みたいなひねくれた気持ちはあるけれども、それよりも心の弱みを出して、それを褒められたり、手放していくのが良くて。「付き合いがあんまり良くない友達と、そこで縁が切れたっていいんですよ」みたいな。

能町　そんなことも言われるんだ。

久保　あと、自分の体調と関連して、部屋をめちゃくちゃ片付け始めたり。クリエイティブな部分については変わらなかったかな。「仕事が進む」って話も聞いてたけど、進んだのは部屋の掃除だったという。

ヒヤダ　でも仕事をするのを邪魔してた、ネガティブなものがなくなったわけですよね？

久保　そう。ネガティブなものをどけて、仕事に集中しやすい机の配置にしたり、寝室も起床して動きやすいようにベッドの位置を変えたりとか。やっぱり、物を減らさないと人は動けない。40代の中年クライシスについていろいろ考えてたけど、今まで「捨てないでおこう」と思っていた物に縛られてたところはあったなと。もともと物を持ちすぎてるから、「もっと身軽になんなきゃな」って思った。

評価がない世界で生きる人もいる

ヒヤダ　僕、こないだ浅草に行ったんですよ。友達とご飯食べることになって、その友達が浅草橋の子で「幼なじみが5代目を継いでるどじょう屋さんがある」ってことで浅草のどじょう屋に行ったんです。どじょうをさばく様子を見させてもらったんですけど、店からちょっと離れたプレハブ小屋みたいなところで、70歳くらいのおじさんがタンクトップ着て丸椅子に座って、一心不乱にどじょうの骨抜きをしてるんですよ。それがもう光の速さで。5代目に「あの人はどれくらいやってるの?」って聞いたら、「僕が生まれる前からやってます」って。狭いところで暑い日も寒い日も、ずっとどじょうの骨抜きをするストイックさ。もう「偉い」というのでもなくて、なんて言ったらいいんだろう……。

能町　「この人生……」って思いますよね。

ヒャダ　そうなんですよ。「この世界線って何なんだろう」と思って。「仕事って彼にとって何なんだろう。生きがいでは絶対にないよな」と思いながら、「生きるって何だろうな」って考えちゃって。

能町　私もそういうのある。

ヒャダ　「たぶん彼はこのままどじょうの骨を抜き続けて、このまま死にゆくんだろうな」と思って……。人生って、不思議なものですね。どじょうはとてもおいしかったです。

久保　そう言ってくれる人がいると、仕事は報われるはずなんだよね。

ヒャダ　でも彼には届かないんですよね。裏方も裏方だから。店の中で、客に見えるところでやってたらまた違ったんでしょうけど、離れた小部屋でやってたので。

久保　うちらは、仕事のやりがいや手応えがしっかりありすぎる世界に慣れすぎてるんだよ。

ヒャダ　そうそうそう!

能町　それは思う。久保さんは違うけど、私はそもそもがネット出身だから。

ヒャダ　僕もそうですね。ネット出身。

能町　ネットって評価が来ちゃうじゃないですか。自分が何かやったときに評価を見れるのが当たり前だから。

ヒャダ　そう、プラスにもマイナスにも針が動くのが当たり前。

能町　だから「何のリプもないものって、どうやればいいんだ!?」って思ってしまう。

ヒャダ　どじょうの骨を抜き続けるのは、何のリプもないから。

久保　でも、そういう仕事をしてる人は世の中にたくさんいるんだよね。

能町　それはすごいと思うんですよ。私も会社員やってましたけど、その時点ですでにブログ書いてて、今につながるようなことをやってはいたから、何らかのリプはあるわけですよね。「リプのない仕事でモチベーションが上がらないなんて、私は劣ってるのかもしれない」と思って。

ヒヤダ　仕事に対して、そもそもの考え方が違うのかもしれないですよね。

久保　私は「何か言ってくる人によって自分のモチベーションを左右されないようにしなきゃ」というのはずっと意識してる。だから、「応援してくれる人がいないから作品が描けない」という話よりも、「あれこれ言ってくる人がいるから描こうと思ってた話を変えました」とか、「応援する人がいないからやめます」とか、自分がどうやるかを読者やファンに任せているほうがクリエイターとして責任感がないことだと思う。誰からも声援を受けなくても、自分のやりたいことをやれるようにしたい。だって、作ってる段階では常に無観客試合でやってるわけじゃないですか。

能町　作ってる段階ではそうだよね。

ヒヤダ　その段階ではエア観客が相手ですから。

久保　エア観客に向けてやってるから、そのときはストイックに「誰からも応援がなくても俺はやる！」みたいな気持ちでやってるけれども……。

——でも作り終わっちゃうと……。

久保　「評判まだかなあ」みたいな感じに（笑）。なるね。

ヒヤダ　まだかなまだかな～、世間の評判まだかな～♪

久保　だから、作ってるときと終わったときの気分は別なんだよね。でも常に無観客試合で戦っていて、それで頑張れる人もいるのだよな。

ヒヤダ　僕は「誰かのために仕事してます！」みたいなのに対しては、「そんなの嘘だ」って思います。そういうのは詭弁だと。

能町　私も「誰かのために」とは思わないな。でも「リプライしてあげなきゃな」と思うことはあるんですよね。基本的には行った店で顔を覚えられたくはないんだけど、飲食店はだんだん「覚えてもいいよ」って感じになってきてるんです。

ヒヤダ　ええー、大人！

能町　しかもおいしかったときに「お

いしいリプライしたい」って思っちゃうんですよ。外食でおいしかったとしても、あんまりそれを言わないじゃないですか。無言で出たりして。でも、「作ってくれた人は絶対リプライ欲しいはずだよな」と思っちゃって。まずかったらそれは言わないけど、ある程度おいしかったら「おいしかったです」くらい言いたいと思って。でもなかなか言えないんですよね。アメリカ人だったらすぐ言うんだろうけど。

ヒャダ　わかる。でも、大きめの「うめー！」は言いますよ。

能町　偉い、それは偉い。私も人といれば言えるかな。

ヒャダ　もちろん、ちゃんとおいしかったときだけなんですけど。

能町　そういうの、言えるようになりたいんですよね。あと、知らない人に話しかけるのも、本当はやりたい。

久保　やってみたいよね。

能町　だから私、早くおばあちゃんになりたくて。

久保　ああ、おばあちゃんの無神経力、憧れる！

TALK-12

家に誰もいないと寂しいですか？

［2019年10月掲載］

今回はメンタルヘルスについての話からスタート。「状況」の話は聞いていて、かなり核心を突いていると感じました。後半、久保さんの上京について、初めて聞くエピソードも登場します。

「状況」に対してばかりコメントしている？

久保　最近、田房永子さんの『キレる私をやめたい』という本を読んだら面白かったんですよ。私は激ギレする悩みはないけど、あとがきに、「夫にキレちゃう妻がキレるのを抑えたいのに、その対処法を探しても、『DV夫への対処法』みたいなのが出てくるだけで、妻側がキレるのを抑える本が全然ない」と書いてあって、「そういえばそうだな」と思って。その本で「なるほどな」と思ったのが、だいたいみんな、会話するときに「状況」に対してコメントしてるっていう。

――状況？

久保　たとえば誰かが知り合いに「会社を辞めたい」と相談する。そしたら、相談相手は「でもせっかく入った会社だから、辞めないほうがいいんじゃない？」と言ったりする。でもそれは「その人の心」を見て言ってるんじゃなくて、「状況」を見て言ってるだけなんだという。

――なるほど、「辞めたい自分」のことをもっと聞いてほしいという。

久保　キレてしまう人は心のことを聞いてもらえなくて、ずっと心がないがしろにされている。夫は部屋の状況だけを見て「部屋散らかってるじゃん」と言ってきて、妻はそれにキレたりするけど、本当は心の中を知ってほしい。自分ができてないことを責められてるような気持ちになるんだけど、でも夫はただ「散らかっている状況」のことを言ってるだけで、別に妻の人格を否定しているわけでない……みたいなことが書いてあって、「ああ、わかるなあ」と思って。

能町　久保さん、最近よくそういうの読んでますね。

久保　そう。自分の心に波が立ってるときにはウォーキングをして、「ただ自分がここにいる」ということに意識を集中させる。これも田房さんの本に書いてあったことなんだけれども。

ヒャダ　瞑想もそうらしいですね。瞑想をやると、最初は仕事の締切とかニュースで見たこととか、いろんな邪念が浮かんで瞑想を邪魔するんだけど、それで「邪念を思い浮かべないようにしよう」と意識するんじゃなくて、「私は今そういうことを思ってるなあ」と流すのが重要らしいです。

久保　最近スマホ断ち・ネット断ちしてるのも、いろんな人が自分の会ったことない人にずっと怒り続けていて、それが自分に入り込んでくるのがあんまり良くないなと思ったからで。

能町　健康には良くないね。

久保　本当にエゴイスティックだけど、今はただ自分を良くすることだけに専念したいと思ってるんですよね。デトックスプラグラムをやってるから、早起きして、その日にやることをリストアップしてから出かけるようになったし、運動もやったほうがいいと思いながらやってなかったんだけど、最近やっと動こうと思えるようになった。

ヒャダ　「運動してる自分を見られるのが嫌」っておっしゃってましたね。

久保　ウォーキングは普通の人に紛れられるんだよ。あと、散歩することでやっと近所のことがわかってきて。最近は祭りが多いので、半径2・5〜3キロ圏内の祭りはだいたい見てる。

能町　え、すごい。

久保　夕方歩いていると、学校帰りの子供を山ほど見たり、晩ご飯の匂いがしたりして、「ああ、世間ってこうやって生活してるんだな」って思う。この連載で以前、「中年クライシス」について話してたけど、「このまま変われないんじゃないか」と思ったあの頃からちょっと抜け出して、これから仕事をやっていく上での体力的な土台や、環境を自己管理する土台がやっとできてきた。

ヒャダ　エリヘル嬢(*)になって良かったですね。

――今日のライブ、久保さんが最近の芸能人を知らないくだりがありましたけど、ネットだけじゃなくテレビもあんまり見ないんですか？

久保　好きな番組は見てるんだけど……。

ヒャダ　でも別に最近のこと、わからなくてもいいんじゃないですかね？　常にそこをアップデートしなきゃいけないというのも……。

能町　その疲れはありますよね。ついていかなきゃいけない疲れはある。

ヒャダ　千葉（雄大）さんとカラオケ行ったときに思ったんですよね。「古い曲しか歌わねえな、俺」って。新しい曲をほとんど知らない。知ってても歌えない。「これはいけないな」と思いつつ、「『これはいけないな』と思わなきゃいけないのかな？」という気持ちもあったりして。

能町　20代の流行には、さすがにもうついていけなくなりますよね。

＊ エリートヘルス嬢。最近、健康に対して意識が高くなった久保に対して使われる称号。

久保　私聴くよ、ヒップホップ（笑）。

——最近ヒップホップの話題、よく出ますね。

久保　Ａｐｐｌｅ Ｍｕｓｉｃの「アジア アーバン新世代」というプレイリストを聴いていると、「今はヒップホップって普通にみんなの言語なんだな」という感じがする。そこから「ヒップホップジャパン」というプレイリストも聴くようになったんだけど、中には「いくらなんでも素朴というか、ストレートすぎるだろう」みたいな曲もあるわけですよ。

ヒャダ　ありますよね。

久保　でもそういう曲がやたら脳に残るわけですよ。つい半笑いで口ずさんでしまうという。それでみんなに聴いてもらいたい曲があって。

（ｉＰｈｏｎｅを取り出し、TRIGA FINGA「FREE MIND（Remix）feat. YOUNG HASTLE」を再生）

能町　確かに「マジ歌選手権」っぽい（笑）。

久保　♪フリーマインド、フリーマインド、フリーマインド、俺らは自由〜。

ヒャダ　めっちゃ気に入ってるじゃないですか（笑）。

久保　語彙力がなくて笑っちゃうんだけど、でも自然の中にいると、この曲が自然に口から出てくるんですよね。

ヒャダ　ウォーキングするときに聴くんですか？

久保　交通事故に遭わないように、聴かないようにしてる。

一同　（笑）

能町　正しい（笑）。

久保の再上京

——デトックス&フリーマインドで、あまり落ち込んだりしなくなりました？

久保　いや、めちゃくちゃあります。「早く死ななきゃな」と思うこともしょっちゅうある。

能町　それは変わってないんだ。

久保　もっと苦労してる人は周りにはいるわけだし、「頑張らんとなあ」と思う。でも頑張ろうと思って頑張れたことってないから、毎日の掃除も「掃除しなきゃ」じゃなくて「足の裏にめっちゃ埃がついてる」みたいに、「自分の居心地の悪さ」に照準を合わせてやる……というのを続けてる感じですね。でもそれって、世の中の人はみんなできてることなんだよな。

ヒヤダ　どうなんでしょうね。そこの部分はできてるけど他はできてないとか。僕も「隣の芝生」というか、ちゃんとできてる人を見て落ち込んだりするんですけど、でも他のことはまったくできてなかったり、不幸だったりすることもあるから、それはそれでいろいろあるんだなあ、と思ってますね。

――ちゃんとできてる人もいると思いますけど、実はたいていのことは奥さんがやっているのに「ちゃんとしてる側」の顔をしてる人もいるんじゃないですかね。先日、金ピカ先生（佐藤忠志）が亡くなりましたけど、1年前まではまだ金ピカ感があったのに、奥さんに逃げられてからいきなり衰弱してましたし。

久保　それで思い出したけど、NHKの『ドキュメント72時間』で地方移住の支援センターの回を見てたら、ずっと東京育ちのおじさんが出てきたんですよ。その人は「最近の東京では近所付き合いがない。昔は料理のお裾分けとかがあった」と言ってるんだけど、でもその人ってつい最近熟年離婚したわけよ。大学まで親元で暮らして、卒業後すぐ結婚したから、一人暮らしをしたことがない。それで今になって初めて一人暮らしをしてみたら、家に帰ったら誰もいない。部屋が寂しい。それで「もっと近所付き合いがある土地に移住したい」と言ってて。

能町　わー、甘えてるー。

久保　まず、「お前は料理を作って近所に配る側だったのか？」という話だよ。

ヒヤダ　違うでしょうね。メリットだけを受けていたんだと思います。

久保　よく「誰もいない家に帰るのは寂しい」みたいに言われてるけど、私、高校を卒業してから上京して一人暮らしを始めて、でもいろいろあって3カ月くらいでいったん実家に帰ったんだよね。

――初めて聞きました。

久保　仕事でいろいろ衝突することがあって。それで実家に戻って、でもその後、東京でアシスタントの仕事が入っていたから、また上京して、テクテクと東京の暗い夜道を歩いて、誰もいない部屋の電気をつけたときに「なんにも寂しくない」と思って。「この家は私が住んでる家で、家に誰かがいて当たり前と思ったことなんて一度もない。住み始めて3カ月だけど、部屋に帰ったら誰もいないのが寂しいなんて嘘だ」と、強がりではあるんだけれども、そう思えて。それは今も続いてるけど。

能町　今もなんだ。

久保　他人がいるのが当たり前になってから一人暮らしすると寂しいけど、私はその状態をつくっていないから別に寂しくはないなあと思って。あのおじさんは寂しさにとらわれてるけど、自分しかいなくて当たり前みたいな場所に住んでしまえば、きっと解消されるんじゃないか……と思いながら見てた。

——最近、ライブでも連載でも「より良く生きよう」みたいな方向になってきましたね。

ヒャダ　健やか！

久保　今年というか近年、時代があんまり良くないなと思う瞬間が多かったから、どんよりした気持ちの反動が来てる気がする。

能町　「こじらせてらんない」みたいな感じになってきてますね。

久保　そこでフリーマインドですよ！

一同　（笑）

TALK-13

手書き、してますか？

［2020年1月掲載］

（いかりや長介風に）今や私たちの生活に欠かせなくなったのが、このスマートフォン、スマホでございます。時計もカレンダーも電話も、本や映画を見るのもこれ一台でできてしまう。ところが、なんでもできるから便利、とも限らないわけでございますね。今回はそんな話題から入ってみたいと思います。それではどうぞ。

スマホの便利さでなくしたものを取り戻す

久保　私、アップルウォッチを買ったから、余計にスマホを見る時間が減ってきて。「腕時計って超便利だな」って思った（笑）。

ヒャダ　パッと見て時間がわかるって、すごくいいですよね。

久保　あと、目覚まし時計。

能町　確かに。今はスマホでしか使ってないな。

久保　昔からあるものだけれども、それをスマホの便利さで一度なくしてしまって。でもやっぱり、そういうことをしたほうが実は効率的だったりするんだよね。たとえば「その日やることをメモに書く」とか。「散らかしたものを毎日片付けてから寝たほうが精神的にいい」とか。

能町　ごく当たり前のことが、1周して戻ってきてますね。

ヒャダ　僕もちょっとパソコン離れしようかなと思ってて。この年末、長い休みをいただけたから、南米に行こうと思ってるんですよ。マチュピチュとブエノスアイレス。

能町　何日間？

ヒャダ　11日間。

能町　うわあ、すごい！

ヒャダ　で、いつも旅に出たら日記みたいなのをつけるんですけど……。

能町　ノートがいいよ。ノートにしなよ。

ヒャダ　そう。ノートにしようかなと思って。最近気付きがあったんですよ。「実は絵の才能、なくはないんじゃないか」という。

久保　絵は本当に伝えたい気持ちがあれば、いくらでも描ける！

ヒャダ　才能はないかもしれないんですけど、描くのは嫌いじゃないんですよね。

能町　じゃあ絵もノートに描いてほしい。

ヒャダ　それ、すごくいいアイデア。

能町　ノートの何がいいって、絵と文字が同時に描けることなんです。

ヒャダ　そっか！

能町　私、相撲ノートをつけてるんですけど、手書きにこだわってるのは、絵も描きたいからなんです。A5サイズの無印のノートを、1日の取組で1ページ使うんですよ。幕内は20取組くらいあるんですけど、20行使って1ページに取組の力士名を全員分書くんです。毎日。描くことで写経みたいな気持ちにもなってきて。

ヒャダ　写経ですね。

能町　そして、誰と誰の取組がどんな相撲だったかを、ノート1行に2行ずつ、めっちゃ小さい字でビッシリ書いてるんですけど、それをやってるとハイになってくるんです。ノートを埋める作業、楽しいですよ。

ヒャダ　ありがとうございます。南米にはノート持っていきますね。僕、2020年はアナログ回帰していこうかなと思ってて。

久保　何気に紙に書くメモの大事さってあるよね。私は今月くらいから、ずっとやってなかった「卓上カレンダーに予定を書き込む」というのをやり始めて。

――皆さんどんどんアナログ回帰してますね。

久保　もちろんスマホを見ても予定はわかるけれども、見たいフィギュアスケートのスケジュールが「ここからここまでがヨーロッパ選手権で、ここが全米選手権」というのがパッと一目で見てわかるのっていいなと思って。スマホのカレンダーって、実は登録するのに3手間くらいかかるじゃないですか。それでふと、「これってどうなんだろう？」と思って。

ヒャダ　確かにそれはあります。今、自分が絵日記を書くことを想像して、びっくりしたんですけど……。

久保　どうしたの？

ヒャダ　文字書くの久しぶりだなと思って。タイピングで文字は書いてるけど、手書きで文字をいっぱい書く作業って、何年ぶりだろうと思って。

久保　私や能町さんは、たぶん通常の人よりかは手書き文字を異常なほど書きまくってるから気付きにくいけど、普通はそういうもんなの？

能町　私、相撲文字を書くのが好きで、ちょいちょい書いてるんです。本当に好きすぎて、仕事が忙しいときに、検索でたまたま『おいしい日本酒ランキング』のページを見たんです。そしたら100とか200銘柄くらいズラッと書いてあって。「山田錦」みたいな名前が並んでいるのを見たときにふと、「相撲取りの名前みたいだな……」と思ったんですよ。で、方眼紙に相撲文字でそこに書いてあった日本酒の銘柄を一個一個書くということをやって。

――忙しいときなのに（笑）。

能町　仕事とはまったく関係ないんですけど、「20個くらい書いたら次の仕事」みたいなペースで書いていって、紙を日本酒の銘柄でビッシリ埋めたことがある。あれはめちゃめちゃ気持ちよかった。

久保　最近、「丁寧な暮らし」みたいな記事で「手書きの良さ」と言ってるけど、子供の頃を思い出すと、新聞が毎日届いて、チラシをもらって、その中から裏が白い紙だけを毎日抜いてたよなって。

ヒャダ　やってたやってた。

久保　チラシの中でも書きやすい紙とかあったりして、その紙を全部使っていろんなものを書いてたなと思って。あの頃のことをふと思い出したら、ブワッときましたね。

――チラシの裏に何か書いていたのが創作の原点という人、けっこう多いですよね。

ヒャダ　僕もチラシに書くの好きだったなあ。鉛筆で書けないやつもあったんですよね。

能町　ツヤツヤしてるやつ。でも油性ペンだとめっちゃ書けるんですよ。油性ペンすごいと思ってた。

久保　iPadで描くためのいいアプリが出たら、そのたびに買ったりダウンロードしたりして、「えっ、こんなすごい機能が!?」みたいに思うんだけど、性能がいいものって、実際はなかなか使わないんだよねえ。絵を描くことって、あんまりおしゃれじゃないのかもしれない。

ヒャダ　絵はおしゃれじゃない♪

久保　絵描きはおしゃれじゃない♪　絵描きはおしゃれじゃなーい♪

デジタルとの距離の取り方で人生が決まる?

――今まではデジタル文化の恩恵ばかり受けてきたけれど、その便利さがあまりにも当たり前になると、今度はそれとどう距離感を保つかが大事になってくるんでしょうね。

久保　SNSの話になるけど、アメリカで社会問題になってるんだよね。彼氏や男友達からSNSで「エッチな写真を送って」と言われて、送ったらすぐにスナップチャットで回されるというやつ。

ヒャダ　デジタルタトゥーですよね。

久保　いや、本当に本当に、自分の若い時代になくて良かったと思う。

能町　私も10代だったらツイッターでやらかしてそうな気がする。

久保　あると思う。「いや、自分にはそんなにはっちゃけてた過去はないから、リベンジポルノをされることもないだろう」と思うけれども、でも若いときって、はっちゃけたノリの時期がまったくなかったわけではないし。「あのときの写真を切り取られたら……」というのは、みんなあると思う。ヒャダインさんって、ニコ動で活動し始めて、顔出しするまでどのくらいだった？

ヒャダ　2007年からなので、約4年ですね。

久保　その間、自分が顔出しするかどうか問題は考えてた？

ヒャダ　考えてなかったですね。そこの承認欲求はあんまりなかったです。ニコ動を始めたのがけっこう遅くて、27、28歳だったので、自分の承認欲求との付き合い方が良かったのかもしれないですね。

能町　「顔出ししたい」もなかったけど、「顔出ししたくない」も特になかったってこと？

ヒャダ　出したくないとは思ってました。「前山田健一」が売れるまでは「ヒャダイン」と一致させたくないというのはありましたね。

久保　でも今の時代だったら、顔出し早そうだよね。

ヒャダ　ね、早いと思います。最近だと、ニコ生界隈やYouTube界隈では、顔を隠して出るというのが多いんですよ。マスクしたりして。

能町　私、あれはなんか気持ち悪いんだよね。

久保　私の元アシスタントの子がYouTuberで活躍してるけど、徹底してお面を着けてる。

ヒャダ　あと、顔を映してるんだけど、加工で鼻にだけクマのマーク付けてるとか。

能町　あれはコンプレックスの裏返しなのかな？

ヒャダ　でもすごくクレバーだとも思ってて。「自分のこの部分を隠したらキレイに見える」とか、「特定されづらい」とか、そういうキモがわかってるんだと思います。

能町　自己プロデュースがうまいんですよね。

——最近、承認欲求関連で怖いなと思ったのは、配信者が富士山で滑落した事件ですね(*)。

久保　あれはゾッとしました。

能町　あの動画、私も普通に見ちゃったな。

＊生配信をしながら軽装で冬の富士山に登っていた男性が、配信中に滑落して死亡した事件。

――もし配信してなかったら、運命はけっこう違ってたような気もするんですよね。

ヒャダ　淡々としてましたよね。

久保　人が死ぬときって、こういう感じなんだなと思って。

ヒャダ　もっと劇的でドラマチックなのかなと思ったら、最後の言葉が「あっ、滑る！」。

ヒャダ　しかも遺体が性別不明なんですよね。

能町　グッチャグチャということですよね。

久保　まあ自然界からすれば、人間が死なない程度に加減できるわけじゃないもんね。そう思うと、ふと「太陽の日差しが気持ちいいな」と感じたりするけど、あんなに高熱の太陽が自分にとってちょうどいいと思える距離にあるのって、ものすごい奇跡だなって。「ちょっと暑いな」くらいはあるけど、そのくらいで済むこと自体、奇跡だよ。だって人が生きられる温度なんだよ。

ヒャダ　そんなご都合主義でできてるってすごいです。

能町　やらせですよ。地球はやらせ！

一同　（爆笑）

久保　こんなに生命が生きるためにちょうどいいことなんてありえない。（ガッチャマン風に）ち・きゅ・う・は・や・ら・せ！　ち・きゅ・う・は・や・ら・せ！

TALK-14

自分のファミリーヒストリー、知ってますか？

［2019年10月掲載］

久保家の定番料理「すり身揚げ」。仕入れたアジによって味が微妙に左右され、Aクラスの味はめったに出ないというこの料理、出来が良かったということで送られたきたものをみんなで食べながら、それぞれの家族の歴史についておしゃべりしました。

それぞれのファミリーヒストリー

（久保の母が作ったすり身揚げをみんなでつまみつつ……）

久保　私がかぐや姫なら「これと同じ味のすり身を探してきてください」と言うね。でも佐世保でこの味を作れる人は他にいない。うちの母しか作れない。

能町　この料理はどこから伝わったんですか？

久保　もともとは父方の実家で作られてたものを、結婚したばかりで何の料理もしてなかったうちのお母さんが、お父さんから叩き込まれたんだと思う。お父さんに「この味は違う」ってダメ出しをされながら、日々研究をし続けてここに達したという。この小アジは佐世保の周辺、平戸とか道の駅とかで、いい小アジが1キロまとめて売ってるときにだけ作れるものなんですよ。これを細かく刻んで、ゴボウやニンジンと一緒に混ぜご飯にしたり、フキと一緒に炊いたり、うちの料理を支えてきた味ですね。

能町　久保さんの「すり身揚げファミリーヒストリー」を聞きたい。

久保　お父さんは佐世保の南の炭鉱町なんですけど、お母さんのほうは佐世保で。ひいじいちゃんは米軍の家族に家を貸してたから、ピーコートを着て外国の子供と一緒に撮った当時の写真が残ってる。

ヒャダ　すごい！

久保　祖父は輸入業をやってたらしい。私が小学校のときに亡くなったんですけど、子供の頃に形見が欲しくて机を探したら、インクの瓶とつけペンを見つけて。それで「これでマンガ描けるじゃん！」と思って、その形見で、初めてつけペンでマンガを描きました。

能町　完全にファミリーヒストリーじゃないですか。

ヒャダ　僕、セルフファミリーヒストリーやろうかなと思ってるんですよ。うちの親父、昔、那覇でバイトしてたらしいんです。時給50セントでパイナップル洗いのバイトを。

能町　沖縄丸出しですね。

ヒャダ　そのときに「時給5ドルの仕事があるけどやらないか？」と言われて、10倍の時給ですからね、「何の仕事ですか？」と聞いたら、ベトナムから帰ってきた死体を洗う仕事という。

久保　うわーっ、ファミリーヒストリー！

ヒヤダ　それを「嫌だ嫌だ、そんな気持ち悪いのやりたくない」って断った話とか。そういうの、アーカイブとして残しとかないといけないなと思って。YouTubeで親父と対談してみようかな。

能町　ファミリーヒストリーYouTube、面白そう。先祖の話、面白いんですよね。

久保　能町家は？

能町　うちは母方のおばあちゃんが謎すぎて面白いんですよ。同居して て、私にとっては普通にいいおばあちゃんだったんですけど、死んだときにあんまりいい話が出てこなくて、わりと親戚筋では鼻つまみ者だったことが判明して。亡くなると葬儀屋さんが故人のプロフィールを聞きに来るんですけど、だいぶ先に亡くなったおじいちゃん（夫）は海軍でまあまあ偉いほうだったらしくて、戦時中に北海道から引っ越して横須賀に一時期住んでたから、おばあちゃんは都会の風を浴びてハイカラさんになったらしいんですね。北海道に帰ってからは、ごく中流か中の下くらいなのに、小樽の田舎でいい着物着て。保護者会の写真を見たら、みんなもんぺみたいな格好してる中で、うちのおばあちゃんだけめっちゃいい和服着てるんですよ。大した金も持ってないのにいい格好するし、わがままだし、親戚筋であんまり吸う人いないのに夕バコ吸うし、夫婦ゲンカもひどいしで、けっこう嫌われ者だったらしくて。

ヒヤダ　ロックンロールな女だったんですね。

能町　うん。50歳くらいのときに腎臓手術して「あと3年しか生きられません」と言われたのに、87歳まで生きて。

――余命宣告の10倍以上。

能町　話を戻すと、葬儀屋が故人のプロフィールを知りたいとなったときに、お母さんがおばあちゃんの人生をろくに知らなかったんですよ。子供の頃も全然知らなくて。おばあちゃんのお姉さんがそのときまだ健在だったので聞きに行ったら、「看護婦さんしてたのだけは確実だ」と言って。そんな話、誰も聞いたことないんですよ。資格なんて持ってるわけないと思うんだけど。それと、おばあちゃんはお母さんに対しては「どこそこの女学校を出た」と言ってたらしいんですけど、そのお姉さんがおばあちゃんのお見舞いに来たときに、「あんた（おばあちゃん）を女学校にやれなかったから、ずっと恨んでるのかもしれないけど……」と話してるのをお母さんが聞いちゃって。行ってなかったんだよ。

ヒャダ　コンプレックスだったんだ。

久保　昔の人の話を聞くと、「理不尽な人生の中でどう強く生きていくか」みたいな話になるじゃない？　そうすると「やべえ、私、理不尽な目に全然遭っていないのに、勝手に個人でこじらせてる！」と思っちゃって。そう考えちゃうのも一種の現代病なんだろうけど。

能町　昔の人、今じゃ考えられない話が出てきますよね。うちのおばあちゃんは、本当に子供の頃からきかない子で……きかないって北海道弁で「やんちゃで気が強い」という意味なんですけど、「からかってきた男の子を橋の欄干から突き落とした」とか言ってて。

ヒャダ　うちの親父も石垣島で農家やってた子供なので、エピソードが強いんですよ。肥だめに落ちた話とか。

能町　おばあちゃんから聞く、命の軽い話が好きすぎて。昔の人、みんな命が軽いんですよ。私が子供のとき、「醤油をたくさん飲むと死ぬよ」と注意されたんですけど、おばあちゃんが言うには、小学校のときにクラスで「賭けで負けたほうが醤油1本飲む」という遊びをやってて、それで本当に醤油1本飲んで死んだ子がいるって。あと、「ブランコこぎすぎたらいけないよ」とも言われて。「ブランコこぎすぎて一回転して落ちて死んだ子がいるから」って。

ヒャダ　死ぬなぁ……。

記録しないと記憶は消える

ヒャダ　去年、姉貴がうちに泊まりに来て、いろいろ話していたら、姉貴は僕のことすごく覚えてくれてて、「あのときああだったね、こうだったね」という話をしてくれるんですけど、僕はまったく覚えてなくて。僕、すごく忘れやすいみたいなんですね。でも「忘れる＝ない」ってことじゃないですか。写真もそんなに撮るタイプじゃないですし。かろうじて自分の作品が残っているので、それはアーカイブとして残るんですけど、それ以外は本当に消えてしまうんじゃないかって。

――ファミリーヒストリーをアーカイブするのも大事ですけど、ほかならぬ自分の記憶だってどんどん忘れていくわけですよね。

能町　私、日記書き始めちゃいましたよ、今年。今までずっと日記書いたりやめたりを繰り返してるんですけど、今年また始めちゃいました。手書きで。

久保　来た、アナログ感！

能町　相撲協会の関係者だけが使える「相撲手帳」（現在は一般発売）をもらったんですけど、予定はケータイで管理してるから、じゃあ日記にしようと思って……（と言って、相撲手帳を取り出す。通常のスケジュール手帳の各曜日の欄に小さい字でびっしり日記が書かれている）。

ヒャダ　字、ちっさ！

能町　欄が小さいので、ここにギリギリ収めないといけなくて。

ヒャダ　そうだ。今回、本当に感謝しないといけなくて……（と言ってノートを取り出す）。

久保　例の絵日記だ（*1）。

能町　めっちゃ書いてる！（長い日はノート1ページにびっしり日記が書いてある）

ヒャダ　最初は調子に乗ってるんですけど、風邪をひいてどんどん地獄になるんです。

久保　（日記を朗読）「いよいよ始まる旅。小さいスーツケース1つとリュック。『こんなに荷物少なくて大丈夫か？』と何度もチェックしたけど大丈夫っぽい」

ヒャダ　そこで「ちょっと風邪っぽいのが心配だが」と書いてるのが……。

能町　伏線だねえ（笑）。

ヒャダ　こっちのページは、ワイナリーに行ったときのやつですね（*2）。

能町　こんなのいじめじゃん（笑）。

ヒャダ　それは輪に交ざろうとしなかった僕の責任でもあるので。正直そっちのほうが楽しいし。でも今回、心を記しておくって重要だなと思いました。

能町　心はちょっと書いとくんですよ、なるべく。

久保　私も毎日、自分の体調を報告するために、日々の心や体の変化を書いてるよ。

能町　とうとう久保みねヒャダ全員が記録をつけ始めましたよ。

ヒャダ　やってみて気付いたんですけど、書くと思考がまとまるんですよ。

能町　1、2日前のことだと、けっこう細かいことを覚えてるんだけど、

*1　前回、アナログ回帰の話を受け、南米旅行に行くヒャダインが絵日記をつけることを決意していた。

*2　ワイナリーでの食事風景のイラスト。大きなテーブルで観光客がワイワイ食事をしており、ヒャダインは端っこの小さなテーブルで一人で食事をしている。

2、3週間前だと、もう忘れてるんですよね。だから読み返したときに、「こんなことあったんだ」みたいに思えて面白い。

ヒャダ　僕、旅行に行ってつくづく思ったんですけど、人が嫌いなんだなと。

久保　え、そうなの？

ヒャダ　積極的に交わろうとしないんです。言葉の壁もあるとはいえ、コミュニケーションを取ろうと思ったら、僕程度の英語力である程度はいけると思うんですよ。でも結局「邪魔ください」となって、さっきのテーブルの件もそうですけど、だったら一人で食ってるほうがずっといいって。

久保　完全に『孤独のグルメ』と同じ思考だ。

ヒャダ　誰とも連絡先交換しなかったです。自分は出会いたくないいんだなと思いました。

久保　私も「自分で選んだ孤独って寂しくないな」と思ったもん。今回の正月。

ヒャダ　まさしくそうだと思います。

久保　「クリスマスに一人で寂しいな」というのも、結局は「自分は一人にさせられている」という受け身の思考であって。私は「正月やクリスマスに誰かといて当たり前」と思わないようにしてるから全然寂しくないし、私はそれが幸せなんだ。理不尽な人生に巻き込まれていたら「誰かと一緒にいたい」となるかもしれないけど、今は幸せだから、一人というのを確認しようって。

ヒャダ　わかる。「WE ARE THE ひとり」って本当にいい歌詞だな。

能町　いい歌詞でしたね。私、ちょっと前まで誕生日に旅行するというのをやってたんですよ。誕生日はけっこう好きなんですけど、「祝ってほしい」とはまた別なんです。中途半端に誰かに会って「おめでとう」と言われるのが嫌だから、一人で旅行に行くのを数年やってて、めちゃくちゃ楽しかったんですよね。一人で誕生日の日にちょっとお金使って、急に北海道に一泊もせずに日帰りで行ったり。

ヒャダ　誰かと出会います？　そのとき。

能町　出会わないです。ずっと一人です。めっちゃ楽しい。

ヒャダ　「旅って人との出会い」と言う人もいますけど、僕はそれは人それぞれだなと思うんですよね。

久保　「世界ふれあわない旅」だ。

一同　（笑）

TALK-15

結婚ってどうですか？

［2020年4月掲載］

能町さんの『結婚の奴』を読んでいて、ふと気が付きました。「そういえばこの連載で結婚について話したことなかったな」と。というわけで、なんでも言えそうだけど、意外と言いにくい話題だったりする「結婚」について、3人で語ってもらいました。

結婚を語るのは、枠組みに入った人ばかり

久保　……おや、こんなところに『結婚の奴』という本が置いてありますよ、能町さん。

能町　久保さんは、めちゃくちゃいい推薦文書いてくれて。ありがとうございました。

久保　能町さんの文章は省略がないんだよね。フィクションの恋愛もので も、「お互いなんとなく好きになる」みたいな描き方をしてて、「その過程が大事なんだよ！」ってところを平気ですっ飛ばしたりするわけですよ。でも能町さんは（自分の体験なので）恥ずかしくて飛ばすかもしれないところを、しっかりボリュームを割いて書いてる。そこはやっぱり能町さんの筆致だなと思った。あと、能町さんがゲストで出た武田砂鉄のラジオ（TBSラジオ『ACTION』）でも言ってたけど、最初の一文のキャッチーさがすごすぎる（＊）。

ヒャダ　ど頭のインパクトすごかったですよね。

久保　「結婚」という言葉は、人と立場によってイメージが全然変わっちゃうものだから、今の能町さんの立場でこれを書いたのは大事なことだったと思う。で、そのラジオを聴いてたら、その日のメールテーマが「結婚の違和感」だったんですよ。

能町　私はそれ、知らなかったんだよね。

久保　能町さんがゲストで出てくるまで、メールがいくつか読まれたんですけど、どれも「結婚相手に困ってない立場からの違和感」を言う人たちばかりで。

能町　そうなるんでしょうね。

久保　「結婚式には興味ないから式は挙げてない」とか、「自分の姓を変えるのに違和感がある」とか、出会えたことに関してはすっ飛ばしてるじゃないですか。でも能町さんの本を読みたいという人は、まず「その枠組みに入れない」という人だと思うんですよ。

――あと、その枠組みに疑問がある人とか。

ヒャダ　そもそも結婚に向いてない人とか。

久保　でもメールは「枠組みにすんなり入れてる人」のメールばっかり読まれてて。だから「早く能町さん出てきて！」って、放送中めちゃくちゃ

＊ 「夫（仮）の持ち家についに引っ越した日の夜中、私は水状のウンコを漏らした。」という書き出し。

LINEしたもんね。

雨宮さんの葬式のこと

久保　去年、結婚ラッシュのニュースを見ていて、別にそれにいちいち傷ついたりはしなかったけれども、「自分はそれができない側の人間なんだな」という微妙なダメージはあったわけですよ。そういう中で能町さんの本を読めたのは、私にとって、去年の年末での唯一の救いだった。あと、（本の中に）何気に自分も出てきてたし、雨宮まみさん(*)の話も書いてあったし。能町さんが丁寧に雨宮さんの話を書いてたけど、「私、その場にいたのに全然そのシーンは覚えてないな」と思ったりした。

能町　私、書いてから思い出したこともあって。久保さんと、誰だか覚えてない人と野方のマックまで歩いた……なんて書きましたけど、あれはペヤンヌマキさんだったんですよね。

久保　そうそう、ペヤンヌさん。でもそこは、混乱している感じが文章に出ていて良かったと思う。私はむしろ、能町さんがご焼香を投げつけてた場面のほうがインパクトでかかった。

能町　そこは見えてましたよ。

久保　見えてましたか。葬式って、相手がどう思ってるかの答え合わせができない場所だから、自分がどれだけ感情的になっても、何も答え合わせできないんだよね。だから私は決められた段取りを粛々とこなす……というほうに意識を割いてた。でもその後、能町さんと私と前田さん（※この座談会の司会）とで、3人で帰ったのはぼんやり覚えてる。

——ドトールに寄りましたね。

能町　そう。ちょっとだらだらして。

久保　それと、あの葬式でまんしゅうきつこさんに初めてお会いして。喪服を着て、元気のないまんしゅうきつこさんが、しりあがり寿さんの描くOLとそっくりだった。

能町　ああ、似てそう。

ヒャダ　幸薄そうなやつ。

久保　なんか（葬式の内容よりも）そういうのばっかり覚えてるんだよね。そのときに、「やっぱり結婚でもしない限り、火葬場で骨を拾うところまでは連れてってもらえないんだな」と思った。普段めったに連絡を取ってない親戚が骨を拾えて、本人と仲がいい人は骨を拾えないんだなって。そう思うと、タッキー（滝沢秀明）に

---

* ライター。女子としての生きづらさを描いた『女子をこじらせて』で一躍注目される存在に。久保、能町と親交があり、番組ゲストとして出演したこともある。2016年11月15日逝去。

「ジャニーさんの遺骨をかっぱらってきて」と頼む中居（正広）さんってすごいよね。まず「タッキーは骨拾うところまで行けるんだ」というすごさがあって、それに対して「骨をかっぱらって」と頼む中居さんのすごさ。

——さっきの久保さんの話は鋭いなと思ってて。結婚について語られるときって、「結婚の枠組みに入った（経験した）側」からの話ばかりで、枠外からの話は全然出てこないですよね。

久保　そうなんだよね。「結婚というのは特別なものじゃないから」って、結婚してる側の人から言われると、「う、うん、うーん……」ってなる。

ヒャダ　「結婚してない人生もアリだと思うの」とか言う人でしょ？

久保　そう。

能町　東大に行って「人生学歴じゃないよ」とは絶対言えない、みたいなのはありますね。

ヒャダ　それは難しいっすよね。

久保　できてる側の人間ができない側の人間に「なんでできないの？」って言っちゃいけないの、大きなルールなんですよね。だから、この本は絶妙なタイミングだった。しかも行動を起こしてる。行動を起こしてない人はこの本書けないし。

ヒャダインの結婚観

能町　ヒャダインさんの自分婚（自分自身と結婚すること）は続いてるんですか？

ヒャダ　続いてますね。料理もうまくなっちゃって。大変ですよ。だから外食するという考え、なくなっちゃいましたね。

能町　家で作ってくれるから。

ヒャダ　そうなんですよ。ちょっと太っちゃうんですけど。

能町　幸せ太りか。最近2人で行ったところは？

ヒャダ　ハワイも行ったし、あとサウナも好きなんで、一緒に行くことは多いですね。というか、ほぼ一緒に行きますね。

能町　「一人になりたい」とは思わない（笑）？

ヒャダ　どうなんだろう……もうお互い空気みたいな存在ですからね。価値観がすごく似てるので。一緒にいても苦じゃないんですよ。

久保　自分婚はちょっと置いといて、中居さん的言い方(*)。をすると、ヒャダインさんが今後、自分とはまった

＊ ジャニーズ事務所退所の記者会見で、SMAP再結成の可能性について聞かれた中居正広が「1%から99%の中にあると思いますよ」と答えたこと。

く別の人間と一緒に共同生活をするという可能性は、何％から何％なんだろう？

ヒャダ　それこそまさに、1％から99％ですね。

能町　ゼロではない？

ヒャダ　ゼロではないと思います。ただ、これまで一人で成立する生活とマインドをずっと蓄積してきて、でもやっぱり折れる瞬間もあるわけじゃないですか。

久保　うん、ある。

ヒャダ　「これを一人で乗り切るのはつらい」とか、「寂しい」とか。物理的に「一人だと無理だ」というときもあって。それをお金の力や精神力の強さで乗り切って、その「乗り切る工夫」を40という年齢になるまで積み上げてきたんです。だから一人で生きていくことの強度は、確かに強くなったと思うんですよね。その強度が強くなった代償として、誰かと一緒にいることができなくなったという。

能町　自分という人間を「一人で生きること」のほうに適正化していくみたいな。

ヒャダ　そう。キリンが首を長くして環境に適応していったみたいなことですね。

久保　でも自分の意思とは別に、誰かに巻き込まれる可能性とかも……。

ヒャダ　「巻き込まれたい」という気持ちはありますけどね。でも「僕の積み上げた強度なめんなよ」というのもあって。ちょっとやそっとじゃ絶対巻き込まれないと思います。そのくらい、一人で立ってられる強さ……僕はあえて強さと言いますけど……というのを高めてきたので。

能町　そもそも「誰かと2人でいられたらいいな」とも思ってないわけですもんね。

ヒャダ　そうなんです。だから「誰かと暮らすことに向いてない」という根っこは能町さんと同じだったかもしれないんですよ。でも僕はそこから分派して、一人で成立するように強度を高める方向に行ったというか。正直、猫の存在も大きいんですけど。

――「一人としての強度を高める」というのは、実は結婚するしないに関係なく、みんなに必要なんじゃないかと思ってて。先日亡くなった野村克也さんもそうですけど、「妻に先立たれた夫が長生きできずに死ぬ」みたいなやつ、よくありますよね。あれって精神的なダメージが大きいのもありますけど、夫に生活力が全然ないことも原因としてあると思うんですよね。

ヒャダ　それは大きいでしょうね。

久保　私の生活に対する適応能力は、この年になってまた変わってきたなと感じてて。エリヘル(*)になってから掃除の回数も増えたし、(生活空間の)居心地の悪さに対して対処するようになった。「この汚れはこうすると落ちる」みたいなことにいっぱい気付かされるから、誰かと暮らしたいと思ってるわけじゃないんだけど、暮らすにしても知らないままでいるよりかは知ってからのほうがいいかなと思う。

同じベッドで寝るのか問題

――僕、個人的に抵抗あるのが「毎日同じベッドで寝る」という……。

ヒャダ　(食い気味に)絶対無理!

久保　そうなの?

――2つ並べて寝るのはいいんですよ。でもアメリカみたいに大きなベッドで2人で寝るというのが……。

ヒャダ　(食い気味に)絶対無理!

久保　すごい。「絶対無理」ってずっと言ってる(笑)。

能町　私もけっこう無理なんですよ。だから今、(夫と)違う部屋で寝てるのはすごく良くて。一緒のベッド、彼氏がいたときも苦手だったんですよ。人がすぐ隣にいると、なんか落ち着かない。

ヒャダ　熟睡できないじゃないですか。僕、睡眠が大好きなので、邪魔しないでほしい。

能町　ツインルームですら、ちょっと落ち着かない。

ヒャダ　わかります。

能町　ハワイ旅行で、久保さんと部屋が一緒だったじゃないですか。ああいうとき、私はほぼ先に眠れないんですよ。9割方そうですね。人がいるというだけで、なんかリラックスできずに寝付けない。でも、猫とは一緒に寝てるんですよ。

ヒャダ　終始ずっと?

能町　終始です。毎日です。

ヒャダ　すごい。僕の場合は、猫は途中参加なんです。別の部屋で寝てるんだけど、途中で鳴いてくるから、部屋に入れて、そこから合流。だからだいたい二度寝です。

能町　私は全部一緒なんです。最初は寝たがらなくて、ちょっとむずがるんですよ。「もうちょっと遊ぼう」みたいな感じで。で、「もう寝るよ」っ

＊ 2019年の夏から始めたデトックスプログラムで、健康に対する意識が爆上がりし、久保は「エリートヘルス嬢」となった。

て、布団を開けて「はい、ここ」って言うと……。

ヒャダ　トコトコトコって。

能町　トコトコって来て。猫相手だとまったく緊張しないです。

ヒャダ　やっぱ人はしんどいっすよ。

能町　そりゃ人だから。

久保　私は近くに人がいることに適応できるかできないかは、まだ判別がつかないんだよね。どんなにいい人がいても、私は「その人の足手まといになってしまう」という気持ちがあるから結婚できないような気がする。でも「その人の人生が（自分が足を引っ張ることで）ゴミみたいになってもいい」と思えたのなら、ひょっとしたら……。

能町　ゴミとまで思わなくても、どうでもいい人だったらいいと思いますよ。だから私も、ある程度どうでもいい人と住んでるわけだし。私だって、好かれてはないですよ。

久保　「許可」の範囲で？

能町　「許可」くらいですね。

久保　そう、実は人間って、好きとか愛情とかいう前の、「許可」の形態の変化でつながってたりはするんだよね。だから「自由に人を許可していこう」というのを今年のテーマにしてる。それで私に見返りが来なくても、その人にとって何かのモチベーションになるのなら、人をどんどん褒めていこうと思って。ペイフォワード的に。でもこういう話を、すでに結婚した人とは絶対話したくないわけよ。「いや、でも実際はさ……」みたいなこと言われたくない。「まだそこくらいなんだ？」とか思われたくない。

——どんな考えを言っても、結婚した人から見たら「かつて自分が通った通過点をこの人は通ってるだけ」みたいに見えてしまうという。

能町　みんな、よく人にアドバイスできるなって思っちゃいます。私、アドバイスする勇気ないですよ。自信持って言えることなんてほとんどない。

久保　私もない。自分の経験からアドバイスするとしても、それはあくまでも自分のパターンであって、他の人が同じになるわけじゃないじゃん。

能町　そうなんだよ。

久保　でも、今までの思考を肯定するために生きてるわけじゃないから、「え、今までビビってたけど面白いじゃん」って方向に行けるんだったら、全然行きたいなと思ってる。自分が今、決めていることに縛られて生きていくかどうか、あんまりわからないんだよね。だから本当に「1％から99％」かみたいな。

多様性の中に「一人」は含まれないのか？

能町　うちの旦那、一時期『クィア・アイ』をめっちゃ見てて。『クィア・アイ』ってポジティブゲイが5人出てきて、悩みを抱えた人をよってたかってポジティブにしていくじゃないですか。でも見ていて思うのは、ああいうアメリカンな感じの文化って、LGBTについてはすごく寛容なくせに、「パートナーは絶対いなきゃいけない」みたいな部分は頑として変えないよなって。

ヒャダ　そこの多様性はないですよね。

能町　「一人でもいいよ」って、あまり言ってくれないんですよね。オタクっぽい子が出てくる回（*）が、ほんと見てらんなくて。

久保　私も見てらんなかった。

――どんな回？

能町　黒人の小柄な男の子で、オタクなんだけど、別にそんなコミュ障という感じでもなく。趣味がゲームなので部屋にこもりがちではあるんだけど、でもちゃんと働けていて、普通に一人で生活してる。でもお姉ちゃんが「あの子はあのままじゃダメだ」みたいに勝手に心配してて、それで『クィア・アイ』の5人に頼んで、変えてもらうという話なんですよ。いろいろあって最終的にオタクのパーティみたいのに呼び出すんです。日本じゃ考えられないんだけど、オタクたちが屋外で立食パーティやってて。

ヒャダ　オフ会じゃないですか。

能町　みんないろんな趣味の話をしているところに、無理やりその子をぶち込むわけですよ。おずおずとその中の一つのグループに入っていって、やっと共通する話題を見つけて大団円……みたいなノリで終わるんだけど、私からすると、めっちゃ居心地悪そうに見えて。「本当にそれで良かったのかな？　一人で良くない？」と思っちゃって。

ヒャダ　なんかかわいそうですよね。

久保　ふと思ったけど、別に恋愛抜きにしても、私って自分から誘わないなって。

能町　それはある。

久保　今はすべての時間をマンガに費やさなきゃいけない環境だか

＊ シーズン3 第7話「ナマケモノをイケメンに」

ら、友達と楽しい時間を過ごすために、仕事時間を削るわけにはいかない……というのがベースにあるんだけど、それを抜きにしても、自分から誰かに「会いたいから会おうよ」って誘うことをほぼほぼしてないと思って。でもそれで今までの友達から連絡が来なくなっても、もうそれはしょうがない。「今までいい思いをさせてもらったなって思おう。誰のことも恨まないでおこう」って、もう決めてはいるんです。

能町　でも誘っていいですからね。私のことも。誘ってくださいね。

久保　え?　いいの?

——ちょっと待った。ずっと一緒に番組やってるのに、そんな関係性だったんですか!?

ヒャダ　でもわかります。僕もそうだから。気軽に誘えるのって、千葉(雄大)くらいですもん。

能町　そうなんだ。逆に言うと千葉くんが唯一なんだ。

ヒャダ　「●日って空いてる?」って連絡して、「空いてない」「OK」終わり、みたいな。

能町　こないだハワイで会った友達もそうなんですけど、自分から誘うときって「本当に楽しんでくれてるのかな?」といちいち気にしちゃうんですよね。

——本来、無遠慮さはあってはいけないんだけど、一方で無遠慮さに対してちょっとした憧れもあったりして。

久保　ある!

能町　そうなんですよね。そのバリアがない人、びっくりしますよね。「珍獣だな」って思っちゃう。

今後のヒント、それはハワイにある

久保　結婚の話からすぐそれちゃうな。

能町　でもみんな結婚しても、けっこう離婚してますよね。結婚って全然ゴールじゃないな、というのは、最近よく思います。

久保　久保みねヒャダのスタッフで、離婚してる人っているのかな。離婚情報ってありますか?

スタッフ　未婚情報しかないですね。だいたい未婚です。もう全然。

久保　つるっつるの。

スタッフ　女性陣も「結婚する気もない」みたいな感じなので。

能町　前田さんは結婚どう思ってるんですか?

――やっぱり距離感の問題で。さっきのベッドの話もそうですけど、距離が近すぎると落ち着かないというのがあるし、あと距離が近すぎると無遠慮になりそうなのが嫌なんですよ。だから「2人だけで住むシェアハウス」くらいの感じが理想ですね。それぞれの空間があるんだけど、『探偵!ナイトスクープ』はリビングで一緒に見る、みたいな。

久保　それいいね!

ヒャダ　わかりやすい。

――『ナイトスクープ』って一人で見ても面白いけど、2人で見たほうが絶対面白いし。

能町　それ、いい話だな。私も『バゲット』は一人で見てるより、2人で見て一緒に文句言うほうが楽しい。「『バゲット』は超つまらない」という話を2人でするのがとても楽しいから、『バゲット』はいい番組です。

――突き詰めると「結婚=ゼロ距離」みたいな暗黙の社会通念が嫌で。それでうまくいく人もいますけど、もっと適切な距離感を取れていたら結婚生活が破綻せずに済んだ人もいると思うんですよね。

ヒャダ　絶対いますね。

――だから「結婚=この距離」ってことじゃなく、距離の可変性はもっとあっていいように思います。

久保　私は「相手がそばにいるのが嫌」というよりも、自分が発する「高濃度の腐海の空気」を相手に浴びさせるのが申し訳ないという感じで。自分でさえ辟易してるのに。まず自分の腐海をきれいにしていかないと。きれいな水と、きれいな空気にして。あ、だから海なのかな。

ヒャダ　だってハワイで久保さんが海に近づいたとき、一気に何か変わりましたもんね。

能町　私もそれは思った。

ヒャダ　これからのヒントじゃないかなと思いましたよ。

久保　じゃあ髪パサパサの女になろうかな。

ヒャダ　いいじゃないですか!

能町　朝ビーチを散歩して。ヨガもやって。

久保　でも私がそんなことやったら……。

ヒャダ　全然くささないから大丈夫ですよ!

能町　喜んで遊びに行きますよ。

ヒャダ　「許可」、出していきましょう!

TALK-16

ニューノーマルの暮らしはどうですか？

［2020年7月掲載］

この回から連載媒体をウェブに移行。ちょうどコロナ禍に突入した時期でもあり、『久保みねヒャダこじらせライブ』も2度の中止を余儀なくされました。ライブはオンライン限定という形で復活し、その収録後のおしゃべりです。この頃はそれぞれの自宅からZoomで参加しておりました。

久保みねヒャダ、それぞれYouTubeで番組を始める

——皆さん、ステイホーム期間中にYouTubeの番組をスタートさせましたよね(*1)。どんな動機で始めたんですか？

久保　能町さんからLINEが急に来たんですよ。

能町　「何かやりませんか」という。デトックス女子会(*2)が中止になってしまったから、その分、デトックス女子会のスタイルでラジオをやってみたくなったんですよね。

久保　私は自分の仕事を進めないといけないから、その仕事以外では久保みねヒャダやデトックス女子会くらいしかやってこなかったんだけど、その2つが中止になってしまって、「他人としゃべっていないと脳の退化がヤバい」という危機感をビンビンに感じていたんですよ。だから能町さんの提案に乗っかろうと思って。これをきっかけに能町さんとまた週1で話せるというのは新鮮な気持ちですね。

能町　ラジオ(*3)やってたときの気分ですね。

久保　でもYouTubeやってる他の人たちに比べて、自分は視聴数を稼ぐためのスキルが足りないなと気付かされて。まず「上手に話せない」ということに、今さら気付いたり……。

——ずっと番組やってるのに？

久保　しばらくやってないと、もう全部記憶がなくなっちゃうんで。だから「なんで自分は人と話したいのか」を積み上げていくところから始めてますね。

能町　YouTubeやっても微々たるお金しか入ってこないのはわかってたから、別にお金が目的というわけじゃなく、ただ「何かやりたい」と思ったんですよ。人と会う機会が減って、仕事はあるにはあるんだけど、一人でやってることじゃないですか。「誰かと何かをしていないと気がめいるな」と思って、久保さんに連絡したんです。「単純にやりたいからやる」というのをしばらくやってなかったし。

——ヒャダインさんはどんな動機で？

ヒャダ　僕はいろんな人の話を聞くのが好きなので、もともとYouTubeで番組をやりたいと思っていたんです。でもそれをやるにはスタジ

*1 久保・能町は「俺たちデトックス女子会会議室」を、ヒャダインは「HYADA in my room」を始めた。

*2 久保と能町が不定期で開催しているトークイベント。

*3 『久保ミツロウ・能町みね子のオールナイトニッポン』。タイトル変更・枠移動しながら、2012年4月から2015年9月までレギュラー放送されていた。

オ借りたりして、いろいろ手間がかかるな……という気持ちでいたところにこういう事態になって、「あ、リモートでやれば楽じゃん」と気が付いて。それで始めました。

――皆さんそれぞれ本業の作家業をやりつつ「久保みねヒャダ」をやっていて、でもその「久保みねヒャダ」が中止になると、今度は自分で番組をスタートさせたというのは興味深いですね。

久保　これは今に始まった話じゃなくて、もうずーっと前からですけど、私は「本業がちゃんとできていないのに、テレビやってる場合か、ラジオやってる場合か」と思っていたんですよ。だからイベントや収録がなくなったらなくなったで、「ああ、これで本業に集中できる」とホッとした部分はどこかにあったわけです。でもニュースを見てると気ばかり焦って、集中できるどころか、今まで通りにさえいかなくなってきて。

――仕事以外の部分でバランスが取れていないと、仕事そのものも回っていかないというのはありますよね。きれいごとじゃなくて。

久保　だからしばらく離れてたツイッターもちょっとずつ再開してます。まだちょっと怖いんだけど。でも能町さんとYouTubeをやることで、いま一度自分を再構築したいなーと思うようになりました。

これから新しい人間関係を結ぶには？

――ところでこの感じの暮らし、どうですか。早く抜け出したいと思います？　それともしばらく続いても全然いいと思ってます？

能町　抜け出すか、続けるかというよりは、「抜け出せなくなっちゃいそう」という怖さがある。

――どういうこと？

能町　仮に「もう明日から全然大丈夫ですよ」となったとしても、一気に「やったーっ！」とはなれない気がするんです。もう気持ちがダレちゃってる感じがして。世間がパニクってる感じに甘えて、やらなきゃいけないことを延ばし延ばしにしてることって、ちょっとあるんですよ。「このたるみから果たして抜け出せるのか」という心配がある。

――そういう人、けっこういそうですね。

能町　自宅とは別に仕事場を構えてるんですけど、物書きの仕事は喫茶店でやってたんです。でも今は喫茶店に行けないから、なるべく家でやってて。イラストは道具が必要だから仕事場でやってたけど、それもやめようと思って、最低限の道具を家に持ち帰ってきたから、家でほぼ何でもできるようになったんです。そうなると、もう仕事場は本の置き場でしかなくなってしまって。事務所を構える意味がよくわからなくなってきた。ここからまた仕事場に通う生活に戻せるのかがちょっと不安です。

久保　会社員の人でも、巨大な5月病になってる人がいると思うんだよね。「また会社に通うのが怖い」という……。

ヒャダ　4月は自殺率減ったんでしょ？

能町　めっちゃ減ったみたいですね（※過去5年で最少）。

久保　せっかく減ったのに、再開したら人身事故がまた増えて、本当につらい。どうにかできないもんかなって思う。これもコロナ禍のせいというより、コロナ禍になる前からの問題点が浮き彫りになったってことなんだろうけど。

――じゃあ久保さんは、今のこの感じが続くことは全然あり？

久保　私の生活は前と変わってないんだけど、他人が何か言ってくるわけじゃないから、自分に対する責め苦の分量がちょっと多くなってて、それが長く続くとつらいかな。

能町　久保さん、最近ちょっと沈み気味な気はしますね。

久保　なるべくツイッターには愚痴は書かないようにしてたんだけど、でも今朝7時くらいに「深夜からやり続けてる家事がまだ終わらないしつらいです」って素直にツイートしたら、「ジャンルは違いますが共感します」ってリプライが来て。それを書いてくれたのが、大食いの魔女・菅原初代さんだったんですよ！

能町　めっちゃうらやましいんですよ、それ。菅原さん大好きだから。

久保　私も大好きだから、「つらいって言ってみるもんだなー」と思って。

一同　（笑）

久保　しばらくツイッターを離れていたせいもあるけど、「まだツイッターに楽しいことってあったんだ！」という気持ちになった。

能町　新しい出会いは、定期的にあったほうがいいと思うんです。普通に仕事してたら、もう30代後半や40代以上としか知り合えないじゃないですか。ヒャダインさんは違うと思うけど、出版系は20代と知り合うことがあまりないんです。そうなると、ただ老けていくだけのような気がして。若作りしたいとまでは思わないけど、若者のことを何も知らない人にはなりたくない。だから定期的に若い人と出会って、若い人の話を聞いていかないと……とは思ってますね。

久保　私は今までの友達関係には困っていないんだけど、でも「そこからさらに新しい人と仲良くなるにはどうしたらいいんだろうか」と考えていて。自分に自信がなさすぎるから、恋愛や結婚に巻き込んだら申し訳ない。「男のケツを追いかけるメス犬」みたいにはなれないんだよね。

――メス犬以外の選択肢もあるでしょ（笑）。

久保　だからいろいろ考えて、「そこそこ他人で、コミュニケーションの時間は2時間くらい。その時間だけは親密なふりができて、2時間たったら後腐れなく離れる」というシチュエーションならいけるんじゃないか……と思いついた瞬間に、「あ、これってただのホストクラブだ」って気付いたの！

一同　（笑）

久保　「これ、キャバクラやホストクラブじゃん！」と思って。ああいう商売が成り立つ意味がわかりました。でもそっちに行きたいわけでもないし。

男はコピペ！

――でもホストクラブは、条件だけなら合致してるわけですよね？

久保　そうなんだけど、商売で接客がうまい人と付き合うと、すごくへこむんだよね。

能町　わかる。「やってくれてるのね」って思っちゃう。

久保　あと、ホストクラブに限ったことじゃないけど、男の人に対してちょくちょく思うのが、今まで女性に対してうまくやってきた行動を使ってくるわけよ。

ヒャダ　まあコピペですよね。

久保　コピペコピペ。男はコピペ（笑）。

一同　（笑）

――確かに、過去の成功パターンをなぞりがちですよね。

久保　過去のことを思い出すと、男の人が女性と仲良くなろうと思って取る態度は全部、過去うまくいった方法をなぞってるだけだな、と気が付いて。それをやられるとこっちは「すみません、私はあなたが今までうまくいってきた女性の完全な下位互換で、なんなら互換も利かないくらい低スペックなんです！」と思って、気持ちが崩壊してしまう。

能町　私も本気でホストにハマったりできないんですよね。そういう自意識があるから。

久保　「この人、たくさんの経験値を積んでこれをやってるんだな」と思うと引いちゃう。私の場合、「男の人にすごく特別なことをしてもらった経験」よりも、「何か恥ずかしいことだけど自分が行動できたことを向こうが認めてくれた経験」のほうが記憶に残るんだよね。だからやっぱり「男のケツを追いかけるメス犬」って、いいわーって（笑）。

ヒャダ　さっきからそれ、すっごい言いますよね。

久保　結局そういうのをやりたかったのかな。でもクズみたいな男にだまされるのはやっぱり嫌なわけで。

――たぶん「我を忘れてハマる」という行為が、性格的に無理なわけですよね。

久保　無理なんですよ。しかも、このコロナのニューノーマルな世界ではますます親密になれないわけじゃないですか。あとはもう自分が介護する側になるしかないんだ……とか考えて、お風呂でしくしく泣いてた。

――今の状況で、新しく親密な関係を結ぶのは難しいかもしれないですけど、さっきの菅原初代さんみたいに、カジュアルなコミュニケーションを積み重ねるだけでもけっこう違うんじゃないか、と思います。

久保　そうか。だから今、ツイッターでリプライをちょっとずつ返すようなことをやってるのかも。

能町　いいですよね、浅い付き合い。

久保　でも初代はうれしかったなー。やだ、自粛期間中にサカってるメス猫みたいで恥ずかしい（笑）。

センサーが敏感な人は、遮断でコントロールする

――ヒャダインさん、この生活が続くことに対しては抵抗あります？

ヒャダ　僕もそもそも、そんなに外に出る仕事じゃないんですよ。でも「これは良くないな」と思ったこと

があって。テレビの仕事が飛んだりはしたんですけど、それならそれで家でコツコツ曲とか作っていればいいのに、「自粛期間で芸能人は暇になった」という言葉に呑まれて、「俺も暇をつぶさなきゃ」という変な強迫観念にとらわれちゃって、無駄にゲームをしてました。「みんなと同じように、暇を持て余した芸能人にならなきゃいけない」みたいな強迫観念。途中で「別に俺、関係なくね？」と気付いたんですけど。

久保　やっぱり呑まれますよね。世間の雰囲気に。

ヒャダ　そう。「自粛しなきゃいけない」「暗くならなきゃいけない」みたいな雰囲気に呑まれちゃうから、ちょっとだけメディア断ちをしてました。志村けんさんが亡くなったあたりの時期に。期間は1週間くらいでしたけど、すごく健やかになりましたね。

能町　私もツイッターはやめてはいないんですけど、読む人を3分の1くらいに削りました。

ヒャダ　それがいいですよ。

久保　私は全然知らない面白いマンガを描いてる人をフォローしてたんですけど、そのときの基準が「リプライに全部レスするタイプのマンガ家さんはフォローしない」という（笑）。

ヒャダ　あー、なるほど（笑）。

久保　インスタの育児マンガが好きだから、ツイッターもやってる作者をフォローしようと思ったんだけど、育児系はもう全レスしてる人が主体で。というか、「しなきゃいけない」みたいな雰囲気になってるんだよね。一度敷居の高さを決めてしまったら、もう変えられないみたいな。

能町　1回やり始めちゃうとね。

――話を聞いてて、先日の『テラスハウス』の事件（*1）を思い出しました。亡くなった人もユーザーもコロナ禍でたくさん時間があるから、SNSを見る時間が増えていて、それも間接的な要因としてあったのかもな、と。練習やプロレスのスケジュールがびっしり入っていたら、そこまでSNSを見なかったかもしれない……とか思ったり。

能町　それはあるでしょうね。私も結局ツイッター見ちゃうけど、鬼散歩（*2）やってたのもそういうところがあって。散歩してる間はツイッターを見ないし、延々歩き続けて体をヘトヘトにするのは、いい効果がありますね。

*1
恋愛リアリティ番組『テラスハウス』に出演したプロレスラー・木村花さん（当時22歳）が命を絶ったこと。彼女が番組内で取った行動について、SNSで誹謗中傷されたことが原因と言われている。

*2
10kmレベルのハード な散歩。

久保　「期待に応えなきゃいけない」という気持ちは、若い人のほうが強いと思うんだよね。いろいろな人の声を聞いて、仕事先のリクエストにも応えて、うまくその真ん中を取ってやっていく……というのは、いっぱい無理をしなきゃいけないし、体力も使う。そういう人のほうが成長もするんだけど、でも一方で「大人のいいかげんさを見せてあげたい」という気持ちもあって。過剰に期待に応えるのは、やっぱりセーブしないといけないんじゃないかな。そうするのが正しいのかわからないけど。

——人の気持ちを受け止めるセンサーって、敏感なほうがいい。でもコロナ禍でみんな家にこもっている時期は、それが悪いほうに発動しやすかったんじゃないかと思うんですよ。能町さんの鬼散歩みたいに、その感覚を一時的に遮断する手段を持っていたほうがいいのかも。

久保　だからやっぱり人と会って遊ぶのって、その遮断なんですよね。カラオケ行って遮断してえ！

意識が高いままはしんどい

能町　私、最近いいなと思ったのが、家が赤羽なんですけど、みんな意識がめっちゃ低いんです。

一同　（笑）

能町　それって本当は良くないんだけど、ある意味ちょっと助かってもいて。コロナがめちゃくちゃヤバかった時期にも、人が普通に歩いてるんですよ。鬼散歩して帰り際に赤羽駅の周りを通ったら、ラーメン屋に会社帰りのOLや若者が10人くらい並んでて。

ヒヤダ　相変わらずヤバいっすね。

能町　「赤羽、マジか」と思ったんだけど、この意識の低さ、ちょっとは取り入れたいなと思いました。

久保　生きるための意識の低さね。

ヒヤダ　鈍感力的なやつですよね。

久保　そういう、図々しかったり意識低い人と接する機会については思うところある。

能町　池袋も、それなりにいそうな気がするんですけど。

久保　いるいる。昨日久しぶりにうろうろしてたら、全然生き生きとしていて良かったな。ネットの意識高みの空中合戦は見ててつらかったりするから、あえて意識低い風呂にどっぷり入る。

能町 それ大事ですよ。東京の感染者数が2、3人になったとき、私も外で昼飲みしましたから。
ヒャダ ゆるんでますね。
能町 ゆるんだんです。多少はゆるめないとダメじゃないかと思って。
久保 話変わるけど、こないだ布団でしくしくしてるときにふと、「あー、世界中みんな少しだけ私より性格悪くなんねえかな」と思って。
能町 どういうこと(笑)?
久保 「そしたら私がいい人に見えるのに」って。
能町 久保さん、自分のこと性格悪いと思ってるんですね。
久保 うん、思ってる。
能町 そうでもないと思いますよ。私は自分がめちゃくちゃ性格悪いと思ってますけど……。
久保 能町さん、性格悪いかね?やんちゃだとは思うけど。
能町 まあやんちゃでもある(笑)。
久保 ヒャッくん、自分のこと性格悪いって思ったりする?
ヒャダ 思いますよ。底意地が悪いと思ってます。
能町 私もヒャッくんは悪いと思う(笑)。
ヒャダ でしょでしょ? 僕は全然、性格良くない。
能町 だから久保みねヒャダの中だったら、久保さんが一番性格いいと思ってる。
ヒャダ ほんとそう。
久保 そうなの!?
能町 だからもっと性格悪くなって大丈夫です。
――意識も、もっと低くなっていいです。
久保 うまく世界とやっていけるような性格の悪さになりたい。性格の悪さ、足りないなー。まだまだだ。
能町 性格悪くなって男の尻を追いかけてください。
久保 そうだ! 性格悪くなって「男のケツを追いかけるメス犬」になる!
ヒャダ 目標ができて良かった。
久保 「男のケツを追いかけるメス犬」になる。それが私のニューノーマル。こんなの親に聞かせらんないよ(笑)。

TALK-17

好きなところに住んでますか?

［2020年8月掲載］

阿佐ヶ谷姉妹をゲストに迎えたオンラインライブ後のおしゃべり。この回も阿佐ヶ谷姉妹を含め、全員がZoomでの参加です。「どうせ外出できないなら、引っ越してもいいんじゃないか?」という、この時期みんなが一度は考えたであろうテーマについて話しました。

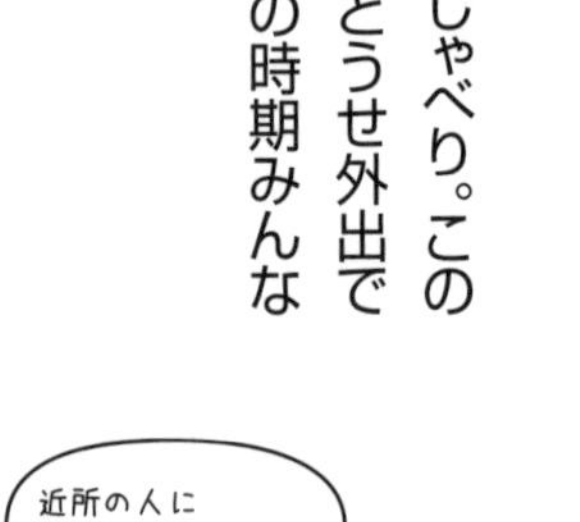

顔を覚えられたくない

能町　ちょっとこれ見てくださいよ。「お帰りこまにゃん」（と言ってiPhoneの動画を見せる。帰宅した能町をトコトコと玄関まで迎えに来る、愛猫の小町）

ヒャダ　しっぽをピンとさせて、うれしい証拠ですね。「抱っこして」っていうやつですよ、これ。

久保　めっちゃ体を差し出してるじゃないですか。

能町　もう毎回お迎えに来ちゃうんですよ。

久保　動物飼ってる人は毎日そんなことしてるのかと思うと、クーッてなる。

能町　毎日濃厚接触ですよ。

久保　心を伴った濃厚接触を毎日やってるってすごいよ。

──久保さん、動物は興味ないんですか？

久保　飼える自信がないですね。動物をちゃんと飼った経験がないので。

能町　猫は楽ですよ。

久保　でも私、猫より犬が好きだから。

ヒャダ　犬だったら散歩もできますしね。

久保　問題なのは、私、近所の人と仲良くしたくないし、近所の人に覚えられたくないんですよ。犬飼うとどうしても定期的に散歩して、近所の人に覚えられてしまうじゃないですか。

能町　近所の人に覚えられたくない理由は何なんですか？

久保　「久保ミツロウがあそこにいる」と思われたくない。奄美大島くらい離れた場所だとたぶんアリだと思うんだけど、池袋だと……。

能町　そうなんだ。私、数年前に「近所の人」という金脈を見つけてから、「人から覚えられるのはもう別にいいや」という感じになっちゃったんですよね。

久保　能町さんは神楽坂合ってると思う。私はずっと近所の人と仲良くせずに、「顔を覚えられたくない」「隣の人と顔を合わせたくない」「ゴミ捨てに出たくない」というので来ちゃったから。

能町　近所人脈、行っちゃったらいいんじゃないんですか？　それはダメなんですか？

久保　それは周りの人を信用してないというわけじゃなくて、自分のことが好きじゃないから、「他人に映る自分」があまり信用できないんだよね。「私はこの人の役に立てない」みたいな。

能町　友人関係は役に立つ・立たないで考え始めると、箕輪厚介みたいになりますよ。

久保　私自身は「相手が自分の役に立たない」と思ったりはしないんだけど。たとえば地元の友達が上京してきて「みっちゃん家に泊めて」と言われたときに、めったに会えない友達が来てるのに仕事のせいで時間を空けられなくて、うわーっ！みたいな気持ちになったことがあったんですよ。だから近所の人と仲良くなって、何かから声をかけられても、そのために時間を割けないんじゃないかと思ってしまって。だから阿佐ヶ谷姉妹さんの本を読むと、阿佐ヶ谷の方と仲良くされてててすごくうらやましい。

――「配偶者やパートナーがいない」という意味合いの「一人」とはまた別文脈で、「ご近所付き合い」や「お店の常連」みたいな意味合いでも、やっぱり一人でいたいと思うんですか？

久保　今はそうですね。なんか覚えられたくないです。みんなの記憶から消えたい。

能町　そこに行っちゃうのは良くないな。

ヒャダ　イタリアのマンマ(*)が怒りますよ。

久保　でも私がもしイタリアに住んだらカラーは変わると思うの。今の町は嫌いじゃないんだけど、顔は覚えられたくないんだよね。

ヒャダ　場所からもらえるものって、けっこうありますよね。

久保　だから、窓の外にいい自然が広がってるような場所や、散歩をしたくなるような町並みだったらもうちょっと出歩くかな、とか妄想してます。

自意識との冷戦に終止符を打つ

ヒャダ　少し前、「湯河原がいい」って言ってませんでしたっけ？

久保　言ってた言ってた。で、湯河原には勝手に常連になってるつもりの店があるわけだよ。

能町　もういっそ湯河原に引っ越しちゃっていいんじゃないかと思うんですけど。今それをやっても、そんなに不便はないですよね。

久保　そうなんだよね。「部屋でのトラウマ」みたいなことってあるんですよ。寝室で寝付けないとその経験が重なって「このベッドの配置だと眠れない」みたいな思いがますます強く

＊ 久保の心の中にいる、きっぷのいいイタリアのマンマ。

なるから、それをリセットするために時々模様替えをするんですね。仕事机も、記憶が定着しないようによく配置替えするし。

ヒャダ　なるほど。

久保　でも（番組企画で）ハワイに行ったら、そうやって日本でちまちまやってたことがパーンと飛ぶような感覚を覚えて、そのときにちょっと移住をイメージしましたね。

能町　じゃあ今の家、良くないんじゃないですか？

ヒャダ　僕もそう思いますよ。

久保　そうなのかなー。

能町　私も30代前半くらいまでは「人と疎遠なまま都会でドライに暮らしていく」みたいに思ってたけど、30代後半で神楽坂に行きつけができてから変わっちゃいましたね。

ヒャダ　カッコいい。そういうこと言ってみたい。

能町　「昔から住んでて店やってます」みたいな人と知り合って、「近所最高！」って思い始めちゃって。

ヒャダ　いいなー、でも僕は無理。

久保　ヒャッくんは無理なの？

ヒャダ　僕はそっち側に行けなかった人間です。住んでた町も恵比寿とか目黒とかだし。

能町　恵比寿・目黒はまたちょっと色が違いますよね。あの辺だって下町の人はいるんだろうけど。

ヒャダ　いるんですけど、新しい人に会うと疲れちゃうんです。職業のことを説明したり、僕の曲を聴いてないのに（社交辞令的に）リスペクトしてる感じを出されたり、そういうのが嫌なんですよ。そういうモヤモヤを経験したくないから、家でカチャカチャ料理作って「うまい！」と言うのをやったほうがいいなって。

――飲食店はそうだとしても、髪を切るときはどうなんですか？

ヒャダ　寝てます。もう7、8年くらいやってくれてる人なので。

久保　7、8年やってもらっても寝るの？

ヒャダ　もちろん仲はいいですよ。「どんな感じにされますか」「同じ感じで」「暑いですね」「そうですね。じゃあお願いします」という感じでやってもらってます。だって嫌じゃないですか？　自分の顔見ながらしゃべるって。

能町　私は30代後半くらいから、その辺の自意識との闘いに疲れてきて、「もうやめよう」ってなっちゃった。

久保　自意識との冷戦に終止符が。

能町　だから、近所の人脈を探して、もう普通に愛想良くしようってなっちゃってる。そういう方向性になってしまいましたね。

久保　いいなあ。

ヒャダ　そうなればいいんですけどね。僕も「こじゃれた小さい店に入って、いつもの面々と軽くおしゃべりして帰る」みたいなことを想像するんですけど、実際はさっき言ったみたいなことになっちゃうんですよね。それを吹っ切れるほど面白いと思える人がなかなかいない。だから結局一人が向いてるのかもしれないです。猫がいるから、こんな悠長なこと言えるんだと思いますけどね。猫がいなかったら僕も久保さんと同じマインドになると思います。

――実は根っこにあるのは、「会話のうまさ」よりも「自分に対する自信の有無」なんじゃないかと思ってて。たとえば初対面の相手が話しかけてきても、「本当は自分に興味がないのに、気を使って話しかけているだけなんじゃないか？」とつい勘ぐってしまって、そうなるともう会話のモチベーションがダダ下がりするというか。

ヒャダ　ありますあります。

久保　あるある、めちゃくちゃある、いつだってある。でもそれを自覚していても、そういうのを気にせずにいられるのって、酒を飲んでスイッチでも入れない限り無理だと思うんですよね。そうなってくるとやっぱり「合法ドラッグ」しかないのかな……とか思っちゃう。

ヒャダ　「合法ドラッグ」って何ですか？

久保　「これさえあればちょっとつらいことがあってもぶっ飛べる」というやつ。私、阿佐ヶ谷姉妹にそれを聞いてみたかったんだよなー。「阿佐ヶ谷姉妹にとっての合法ドラッグは何ですか？」って（笑）。

ヒャダ　それは聞いてみたかった。久保さんにとっては何ですか？

久保　私にとっての「合法ドラッグ」は、いいノリ。

ヒャダ　ノリ？

久保　海苔です。いい海苔。

ヒャダ　さすが長崎県民。

久保　海外から帰ってきて食べる巻き寿司のうまさたるや、ヤバいなと思って。あと、人から聞いたんだけど、スーパーで買ってきた寿司をおいしくするテクニックとして、「いい海苔を巻いて食べる」という。

能町　へぇー。

久保　話を戻すと、私はいい人になる手間をかけるのが面倒くさくなってるのかもしれない。でも本当に好きな店だったら、そういう気持ちをぶっ飛ばしてでも行きたいな。出された料理を食べて「これ最高っすね！」とか言ってみたい。

ヒャダ　湯河原だったら行けるんじゃないですか？

――日常の世界からちょっと離れたところ。

能町　私、稚内がそうですね。稚内に行って、お寿司屋さんの大将とすぐ仲良くなりましたよ。相手は私のことなんて知らなかったと思うけど。

ヒャダ　地方とかに行って、「仲良くなることは特別なことではない」という感覚があるところに身を置くと楽だなと思います。でも都会のお店で隣の人に話しかけるのは、スペシャルなことじゃないですか。それをいかにもナチュラルにやってるように見せる自意識は嫌いなんですよ。

マンマだったらこう言うね

――久保さんが池袋近辺に住み続けているのは、「講談社（護国寺駅）に近いから」というのがもともとの理由？

久保　そうです。それで池袋近辺に住み始めて、という理由でありんす。

――そうでありんすか。じゃあそろそろ仕事上の理由じゃなくて、「住みたい」を優先して住む場所を探してもいいんじゃないですか？

久保　そうなんだよね。湯河原は極端に良かったけど、湯河原じゃなくても、たとえばデトックス女子会で豊橋に行ったときもいいなと思ったし。あと（大阪の）天満も良かったなー。犬を飼ってる喫茶店があって、すごく楽しかったし。

ヒャダ　「気が合う人」がいなくても「気が合う土地」があるなら、そっちに自分を寄せるのもアリなんじゃないですか？

能町　完全移住しなくても買っちゃえばいいんじゃない？

久保　そんなにお金ないよ。

――完全移住じゃなくても、定期的に1週間くらい好きなところに住んでみるといいと思いますよ。

久保　長期間どこかに滞在するのもいいですよね。ただ、「仕事でずっと座っているとお尻が痛くなる問題」

というのがあって、家の椅子でも痛いのに、よその椅子だとなおさらだという。だからノマドで仕事はできない……あー、そうやってできない理由ばっかり探してるんじゃないよ、美津子！

能町　イタリアのマンマが怒りますよ。

ヒャダ　「あなたはできない理由を探すのがずいぶん得意なのね」って言われますよ。

能町　マンマなら「私はできる理由しか探さないわ」って言うよ。

久保　「だってあなた、人生は一度きりよ？」って。

能町　本当にそうだよ。

久保　「あなたの代わりはいるかもしれないけど、あなたの人生の代わりは誰もできないのよ」って。

ヒャダ　マンマ、いいこと言う。

土地の恋愛相談

久保　ヒャッくんは、もし次に住むならどこがいい？

ヒャダ　町は諦めたので、ちょっと離れたところがいいかもしれないですね。山か海だと思います。清里とか。

能町　泰葉の跡を継いで(*)。

ヒャダ　2代目泰葉として。

久保　別荘暮らし、やってみたいよね。そうだ、でも車がなかったら無理だ。免許持ってないし。

ヒャダ　なら、ますます湯河原じゃないですか。久保さんがちょっとうらやましいのは、すでにぴったりくる相手（土地）を見つけてるじゃないですか。僕はまだ見つけられてないんですよ。

——今は「仕事による居住地の縛り」がずいぶんゆるくなってるから、移住しやすい状況にはなってると思いますよ。

能町　湯河原でもそんなに不都合ないはずです。

ヒャダ　お台場に行くのも、そんなに大変なことではないですし。

久保　本当にみんな勧めるね。

ヒャダ　「そんなにぴったりくる人がいるなら、なんで一緒にならないの？」っていう。

能町　仲人おばさんですよ。

ヒャダ　「あなたたち、こんなに相性いいのに、何意地張っちゃってるの？」

久保　でも、もう一つ気になってることがあって。「親が元気なうちに長め

＊ 一時期、清里のペンションで働いていたらしい。

に実家に帰ったほうがいいんじゃないか？」というのもあるんですよ。

ヒャダ それ、難しい問題ですよね。

久保 高校卒業して上京してから、親と一緒にいる時間って本当にないままなんです。気軽に会えないし。

――高校卒業してから今まで、親に会った日数を圧縮したら何日間くらいになります？

久保 1カ月もない気がします。

能町 そんなに少ないんだ。

久保 長期間滞在することはないし、帰らない年もあるし。多く見積もっても、2カ月はないと思いますね。お父さんは「江戸前寿司が食べたい」とずっと言ってるんですけど、魚にすんごいうるさくて、地元の佐世保でも外食しない人なんです。そんなお父さんの舌を納得させられる江戸前寿司なんてそうそうないよなって……。でも、実は湯河原にあるんですけど。

ヒャダ 「もう湯河原くんと付き合っちゃいなよ！」

――なんか答えの出てる恋愛相談をやってる感じ（笑）。

ヒャダ そうそう、背中押してもらうのを待ってるだけ。「湯河原くんともう相思相愛じゃん、それ」

久保 長崎のお父さんを遠くの湯河原まで連れてきて大丈夫かどうか……。

ヒャダ 「湯河原くんだったら気に入ってくれる！ だってみっちゃんが好きな人でしょ？ だったらお父さんも絶対気に入るって！」

久保 私が言ってること、本当に相手が決まってる人の恋愛相談に近いね（笑）。

能町 しかも、ほぼほぼ決まってるのにずっと「でも」って言ってる。

――「ねえ、本当は自分で答え知ってるんでしょ！」

一同 （笑）

久保 この感じ、なんか新鮮。そしてみんなを「湯河原にちょっと飲みに来なよ」って誘いたい。

ヒャダ 千葉（雄大）さんとか、めっちゃ喜ぶと思いますよ。

久保 千葉さん、喜ばせたいね。相手が決まった恋愛相談なんて、高校生以来のような気がする。ヒャッくんも恋しちゃいなよ。

ヒャダ そこまでビビッとくる相手がいないんですよ。

久保 外国人はどう？

ヒャダ パリさんは本当にいいかなと思ってるんですけど、国際恋愛って難しい部分ばかりだから、そこを乗り越えるだけのパワーがもうないというか。

久保　台湾さんとかめっちゃいいじゃん。

ヒャダ　台湾さんは、正直いい。いいけど、本当に恋愛って不思議なもので、すべての条件はクリアしてるのに何だか心が動かないというか。

能町　ビビビがないんだ。

久保　いい人なのに。

ヒャダ　全部条件そろってるのにビビビがないから、ここじゃないんだなって。だからまだ王子さま待ち中です。

久保　こんな時期じゃなかったら、みね子もあっちこっちの彼氏のところに行ってたのにね。

能町　私、けっこういろんなところにいるんだよね。10人くらいいるかもしれない。でも本命は神楽坂くんかな。今はちょっと疎遠であんまり会えてないんだけど。

ヒャダ　神楽坂くんに湯河原くん、2人とも運命の相手を見つけてる。

能町　ヒャッくんが今まで付き合ってきたのって、広尾さんとか、目黒ちゃんとか、恵比寿さんとか、みんなすごくきれいだし、誰もが憧れる相手だけど、それがいまいちだったんでしょ？　ということは、赤羽さんとかがいいんじゃないの？

ヒャダ　赤羽さんは絶対にヤだ！　あんなヤンキー。

能町　赤羽さんのこと、ちょっとはわかってあげなよ！

ヒャダ　あいつマジで一日でタバコ20箱も吸うし。

能町　それくらい吸うかもしれないけど（笑）。

ヒャダ　昼から飲んでるし。

能町　飲んでるけど（笑）。でも赤羽さん、いい人なのになー。

ヒャダ　だから僕はまだ迷子、愛の不時着です。だから久保さんと湯河原くんの恋を応援します。

能町　もう決まってる感じがする。今の彼と早く別れてほしい。

――いやほんと、土地も恋愛ですよ。

ヒャダ　いい言葉出ましたね、「土地も恋愛」。

能町　神楽坂くんも本当にビビビ婚だもん。

久保　ビビビで住んだことって、まだ一回もないわ。ちょっと考えてやってみるね。みんな、相談乗ってくれてありがとう！

TALK-18

有名人の訃報を見たとき、どうしてますか?

［2020年9月掲載］

子供の頃から慣れ親しんできた有名人が、日々亡くなっていきます。そして私たちはSNSという表現手段を持っている。それでつい反射的に言葉を発してしまうわけですが、本当にそれでいいのかという疑問もあり……。今回はそんな、答えのないテーマについてのおしゃべりです。

フワちゃんvsクロちゃん

——こないだの『水曜日のダウンタウン』の2時間スペシャル、見ました?「ネットニュースに載るまで帰れません」という企画。

能町　見ました。フワちゃんが出てたやつですよね。素晴らしかった。

ヒャダ　フワちゃんだったら、一瞬で終わったんじゃないんですか?

能町　それがフワちゃんは1位ではなかったんですよ。

——フワちゃんは仕事で途中抜けして3位だったんですけど、バズりの規模ではフワちゃんが飛び抜けてましたね。選挙の日に都庁の前でジャンプしたやつ。

能町　フワちゃんがすごかったのは、都庁の前で写真を撮った後に「『水曜日のダウンタウン』に必要なこういう部分を私が補ってあげてる」と言ってたことなんですよ。名言すぎて『週刊文春』のコラムで取り上げました。

ヒャダ　本当にあのまんまなんですよね、フワちゃんって。自己評価も高いし。自分のことを「見る抗うつ剤」と言ってましたけど、確かにフワちゃんを見てたらうつっぽい気分が直っちゃうんですよね。

——あの企画、クロちゃんもすごかったんですよ。「こうすればみんな気持ち悪がってバズる」というのを熟知してて。クロちゃんって番組内では扱いが悪いですけど、バズる感覚については、他の芸人の追随を許さないレベルなんです。フワちゃんよりも早くバズって1位通過してました。

久保　番組のことを考えた投稿でバズらせるフワちゃんと、「どう悪く思われようが手段を選ばなければいくらでもバズれる」と思っているクロちゃんの対比ね。

能町　グラビアアイドルの家に上がり込んでましたよね。一緒に写真撮るために。

——最初は当然断られるんだけど、「これ『水曜日のダウンタウン』だから!」と言って相手の虚栄心に揺さぶりをかけて、結局OKさせる手口も手段を選ばない感じがありました。

久保　自分の悩みってなんだかんだ言って、手段を選びたいから悩むわけじゃないですか。手段を選ばずにストレートに行動して、「後でどう思われようと知ったこっちゃない」と割り切るのは自分にはできない。かといってクロちゃんにいい人ぶってほしいわけでもないんだけど。

ヒャダ もう「鋼のメンタル」とか、そういう次元じゃないですよね。自己愛も強いし、自分の良識が欠けている部分をうまく利用してる気がする。

批判を自覚するのは健全？

久保 じゃ、もし「3人で誰がネットニュースに取り上げげられて一番バズるか」という企画があって、手段選ばずにやるとしたら何する？

能町 私、そもそもネットニュースに取り上げられたことがたぶんほとんどないです。木下優樹菜応援団（*1）くらいです。

一同 （笑）

久保 この間、久保みねヒャダがウェブニュースになってたんだけど、千葉くんがヒゲを生やしてる姿に私が「おばさん興奮しちゃうよ」と言ったセリフがタイトルになってて（*2）。久しぶりに胸くそ悪くなるタイトル見たなと思った。

能町 そんなのあったんだ。

久保 「自分のことをおばさんと言わないようにしよう」とずっと気を付けてきたんだけど、うっかり言ってしまうと「千葉くんに沸き立つおばさんポジションのミーハーさを、こんな醜悪さで記事タイトルにされるのか」と思って。

ヒャダ 嫌ですね、それは。

久保 そういうのを気にしなくなっておばさんキャラを出したり、醜悪なキャッキャ感を出したりすればバズるのかもしれないけどさ、「オラそんなところでバズっても何も見返りねえだよ」っていう。

ヒャダ バズることで脳汁出してる人たち、たくさんいますけど、何の意味もないっすよ。本当に何の意味もないと思います。

久保 最近の若い子を見ていて思うんだけど、「自分のことを悪く言ってる人もいますが……」みたいに、「悪く言ってる人の視点もちゃんと取り入れてますよ」と言ってしまうのはやめたほうがいいなと思う。若い子だけでもないんだろうけど。

能町 そんな人いるんだ。

久保 いる。「自分に対して肯定的じゃない人がいるということを明確に自分は自覚してますよ」ということを、インタビューや自分のツイートにも盛り込みがちな人がいて、それ

＊1
J-CASTニュースに掲載された「ファン晒し上げ炎上の木下優樹菜に応援団　能町みね子『変にからんでくるやつウゼえ！』っていう話で盛り上がりたいな」の記事。

＊2
テレビドガッチに掲載された「千葉雄大、貴重なヒゲ姿に久保ミツロウ『おばさん興奮しちゃうよ』とニンマリ」の記事。

はある種のけん制でもあるんだろうけど、なんだかなーって。

能町　それってつまり「前田敦子精神」ですね。

久保　あ、そうか。それだ！

ヒャダ　「私のことは嫌いでも、AKBのことは嫌いにならないでください！」。ああいうのって危ういですよね。「私はアンチの声を気にしています」という宣言だから。だから、おっさんタレントで「俺、ネットとか見ないんだよね」という人たちの強さってやっぱりあるなとは思います。

能町　そういえばラジオで爆笑問題の太田さんが、「昔、2ちゃんで自分のスレッドを見に行って、とんでもなくへこんだ」という話をしてて、それ聞いて「太田さん信用できるな」と思ったんですよ。

ヒャダ　しかもへこむんですね。

能町　そうそう。「俺、こんなに嫌われてたんだ」って。「この世代でもそういうのをちゃんとやるんだ」と思った。

邦ちゃんのクロちゃん性

――「批判を恐れない」ということだと、こないだちょっと引っかかった番組があって。先日、三浦春馬さんが亡くなって、そのニュースが出た直後に山田邦子さんがYouTubeのクニチャンネルで話題にしてたんですよ。

能町　あれね。私も今日話そうと思ってたんですよ。

――身近な関係ではないんだけど、タレントの追悼コメント一番乗りだったから、ネットニュースで取り上げられるという流れができていて。さっき話した『水ダウ』の流れをリアルに実践したみたいな印象だったんです。

能町　東スポがすぐ取り上げてましたね。

――ポッと出のYouTuberがやるならともかく、邦ちゃんって瞬間最大風速では並み居るタレントを抑えて好感度日本一だった人じゃないですか(*)。「そんな人がここまで貪欲に注目を浴びにいくのか」というのがショックで。

能町　「こういうことをやっちゃダメ」って、わかってなさそうな感じがありますよね。「そりゃ干されるよ」と思ってしまいました。つい興味本位で全部聴いちゃった私も私ですけど、邦ちゃんは「かわいそう」って繰り返してるんです。その言葉選びが

＊ 瞬間最大風速どころか、NHK「好きなタレント調査」において1988年から1995年まで8年連続で女性部門第1位という偉業を達成していた。

まずどうかと思うし、「今日も仕事があったんだから（スタッフに）迷惑はかけますよね。そういうこともわからなくなってしまったくらい、追い詰められていたのかもしれませんけど」と言ってて。「今日亡くなった人にそれ言う？」って思った。ずっと深刻な表情で話してるんですけど、最後が「ご冥福をお祈りします。かわいそうです！」で終わるんです。

ヒャダ　「かわいそうです！」

能町　すごい胸くそ悪いんですよ、あの動画。だから「コメント荒れてるんじゃないかな」と思って見たら、それが意外と荒れてなくて。

久保　えー。

能町　甘ったるいんですよ。「ひどいんじゃないですか」みたいに書いてる人もいるんですけど、全体としては「私も悲しいです」みたいなコメントばかりで。「みんなこれでいいんだ」ってびっくりして。ひどいコンテンツとひどい視聴者なんですよね。

久保　有名人が亡くなった訃報に触れたとき、みんな自分が出せる引き出しを取りあえず開けて並べがちっていうのが……何だろう、「それ言う意味あんのかな？」って思う。

能町　今は「そういうのあんまりやっちゃいけない」って、みんなわかってそうなんだけど、邦ちゃんはわかってないところが何かすごいなと思う。

久保　邦ちゃんのチャンネル、始めた頃はあんまり見られてない印象だったのに、その動画きっかけで久しぶりに見たらどれも再生回数が多くて。でもほとんどは「怖かった芸能人ランキング」みたいに、芸能界の経験をエサにして話してるんだよね。だからそこに何か新しい才能を見るわけでもなく、邦ちゃんの職人芸的な何かを見るわけでもなく、他人の名前を出して再生数を稼ぐ感じがあって。そう思ったら、そりゃ訃報に触れて何か言うよねって。

――それで実際にPVも伸びたし。

久保　「クロちゃんと同じ」と言っちゃダメなんだけど、どこか手段を選ばない感じはあって、善しと思えないんだよね。でも「それを善しと思えない」と声高に叫べない感じもまたあって。そこは人それぞれのやり方だから。

能町　補足すると、三浦春馬の動画については「収益化はしてません」と書いてました。一応そこのマナーは守ってるんですよ。それを金に換えてやろうということではない。

久保　そういう常識的な考えは持っているけれども、でも言わずにはいられないという。そこで何かやるモチベーションはちょっとわかんないんだよね。

ヒャダ　承認欲求って直らないものなんですかね。

久保　あれじゃない？　ヒャッくんがもし手段選ばずにバズるんだったら、「今まで会ったアイドルで一番性格が悪かった人ランキング」とかやったら、再生数稼げるんじゃない？

ヒャダ　それ費用対効果ヤバいっすよ、悪い意味で。失うものがハンパない。

久保　まあそうだよね。ということは、邦ちゃんはテレビ業界から離れたから、今それ（芸能人のランキング）がやれてるってことなのかな？　もう戻らないつもりで。

能町　ワイドショーのコメンテーターとか、本当はやりたいんじゃないですか？　呼ばれないから自分で勝手にコメントしてる状態という気がする。

訃報ポエム

ヒャダ　今回、三浦さんの訃報でやっぱり訃報ポエムが出てきたんですよ。

久保　「フホポエ」はある。ショックを受けながら、それを読んでる人を意識したわかりやすさとメッセージ性を出してくるやつ。「涙が止まらない」から始まる文章とか。

能町　はいはい、あるね。

久保　「なんでこんなことに」「もっと私たちにやれることがあったのでは」「これから学んで私たちは彼のやってきた活動にちゃんと目を向けていきたい」みたいな。

ヒャダ　改行いっぱい使ってる時点で、「ダメじゃん」と思っちゃうんですよ。

能町　自分がもし三浦春馬と近いところにいる芸能人だったとして、「絶対ツイッターにはうっかり書かないようにしよう」って、今は思いますね。スポーツ新聞のウェブ版にいろんな人のコメントと一緒に勝手に載せられるから。

久保　あと、「私はその人にいかに特別扱いされたか」という思い出語りを入れちゃうのはどうかなと思っちゃうんですよ。その人が身近な友人であったなら他とは違う思いがたくさんあるんだろうけど、「こんな一介のファンにも特別に何々してくれました」みたいな思い出を書くのは、卑しい気がしてならない。その人があらゆる人に平等に接していたうちの一人として、自分も同じようにされた思い出を書くのはいいと思うんです。でも「自分だけ特別扱いをされた」というのを訃報に際して言ってしまうのは違和感がある。その人に対して特別な思いを持っているのなら、むしろそれをストレートに伝えたほうがいい。「タレントに特別扱いされた」をいかに胸にしまっておけるか。それがSNSではけっこう試されてる気がする。

ヒャダ　本当にそう。「私ってすごいんだよ」とアピールしてるわけですからね。

久保　SNSじゃなくても、人が亡くなって思い出語りをするときに「私に特別に何々してくれた」という話で会話が構成されてる人っているんだよ。「あの人、私に優しくしてくれた」「何々もしてくれた」みたいなことをグスングスン言いながら語るみたいな。私はちょっとその派閥じゃないんだよね。

ヒャダ　その「特別扱い自慢」をポエムで書いてる人、今回もいたんです。追悼というより、「自分が相手にとってどれだけ特別な存在であったか」の競争になってるじゃないですか。「何？　そのマウンティング合戦」って思います。

久保　それを「自慢」と言ってしまうと、こっちが性格悪い感じにはなるんだけども。

ヒャダ　指摘するとこっちが性格悪く見えるし、まあ実際、性格悪いのかもしれないですけど、これに関してはもやもやを抱えたまま口をつぐむしかないんでしょうね。

久保　「特別扱い自慢はやめよう」とは声高に言えない。でも「自分は絶対やらないようにしよう」というのは決めてる。もうマイルールになっちゃってる感じはある。

ヒャダ　それはいいですね。僕、三浦さんが亡くなったときにテレビが変な報道をやらないように、WHOのガイドラインを紹介して、釘を刺すツイートをしたんです。自殺をセンセーショナルに報道してしまうと、自殺のプロモーションになってしまうから、そういう報道はやめろと。けっこうリツイートされたんですけど、この切り口はニュースメディアでは全然扱わないんですよね。自分たちにとって不都合だから。

――ネットではかなりその認識が広まってきてますが、なぜかテレビは見て見ぬふりをしてる感がありますね。

ヒャダ　その翌日のワイドショーをチェックのつもりで見てたんですよ。今までに比べたら多少まろやかに扱ってはいたんですけど、『バイキング』を見たら……。

――どんな扱いだったんですか。

ヒャダ　「この後、三浦春馬さんの死を徹底検証！」

一同　うわ――――っ!!!

ヒャダ　「徹底検証」って何だよ、っていう。

久保　まだそんな感じなのかー。はー。

能町　そういえば私、自分が「大人になったな」と思ったときがあって。新卒で会社に入って半年くらいのときに、取締役みたいな人が急死したんです。62、63歳くらいかな。偉い人だったから社葬になって、社員全員列席みたいなお葬式だったんです。私にとっては接点がない人だったから別に悲しくも何ともなかったんですけど、お葬式に行ったら、本当に誰一人悲しんでなくて。

一同　（笑）

能町　「こんなに死んで悲しまれない人っているんだ」というのを当時22歳くらいで初めて知って、少し大人の階段を上った気がしたんです。「死んで悲しまれないってすごいな」と思って。

――少人数ではなく、社員全員来ているのに誰も悲しんでないわけだから、「誰一人」というのが余計強調されますね。

能町　訃報ポエムに食傷気味になってると、そういうのも逆に爽快だなと思って。死んでも誰もポエムを読もうとしないパターン。ふと訃報で思い出しました。

――今もすでにそうですけど、今後亡くなる有名人はどんどん出てくるわけですから、「追悼に対する距離感」をどう取るかは、すごく現代的なテーマだと思います。

ヒャダ　タモリさんだって、いずれは亡くなるんですよね……。

能町　そうだよね。ツイッターでコメントなんか書かないようにしよう。

共通の記号が共通でなくなる

――それで言うと、さっきの『水ダウ』

の2本目のネタが知名度調査だったんですよ。芸能人だけでなく、政治・文化・スポーツ、さらには歴史上の人物まで入れたオールジャンルでの調査だったんですけど、その第1位がタモリさんだったんです。織田信長や徳川家康よりも上。10代から60代、70代まで全世代を調査して、タモリさんだけ全世代で90％超えでした。

ヒャダ　タモさん、すごいですね。最近の10代はＳＭＡＰを知らない子もいるらしいし、『ドラゴンボール』のたとえも通じなくなってきてるのに。

能町　さっきテレビ見てたら、若いタレントが「いや、傘がないんですよ」と言ったときに、フット後藤が「井上陽水みたいなこと言うな！」とツッコんでたんですけど、たぶん通じてないだろうなと思いました。

ヒャダ　フワちゃんがそれ、はっきり言ってたんですよね。「マジでプロレスでたとえられてもわかんないから、愛想笑いしてた」って。

久保　最近そういう記号的なものに関しては、ちゃんと意識しないといけないなと思ってて。文末に「ｗ」付けるのとか、「草生える」という言い方とか、それを知ってる人が受け止めてくれるから成立するのであって、受け取る側が変わっていったらそれは成立しなくなるんだよね。本当はそういう意識を欠いたまま、ずっとマンガを描いていきたいとは思うんだけど……。

――現実はそうもいかない？

久保　若いうちは「わかる人さえわかればいいや」って気持ちで突っ走って、「これを知ってる人が見たらウケるだろう」という気持ちのほうが勝つんだよね。でも「知らない人が見たらさっぱりわかんない」というのが今はシビアになってきてるわけで。できるだけ遠くの人までわかってもらいたいと思うんだったら、記号部分はもっとわかりやすくしないと。

ヒャダ　歌詞でもそういうところありますね。それを気にしすぎると、表現の幅が限定されて難しい部分もあるんですけど。

能町　アキラ（夫）がバイトしてるんですけど、休憩室でバイトの同僚が三浦春馬の事件について話してたらしいんです。そしたらそこに高校生男子のバイトの子が来て、「三浦春馬って誰ですか？」って言われたらしくて。

一同　えーーーっ！

能町　ってなりますよね。以前にもアキラが「うちに千葉（雄大）くんが来たことがある」とつい自慢したのに高校生バイトの反応が薄かったという事件があって、「〝嘘ついてるヤバいおじさん〟だと思われたからだろう」と笑ってたんですけど、そもそも千葉くんを知らなかったのかもしれなくて。それでみんな驚いて、周りの人が「じゃあ誰なら知ってるの？」と聞いていって。

久保　ひゃー。

能町　「キムタクは？」って聞いたら、「聞いたことあります」くらいの感じだったらしい。名前は知ってるけど顔は出てこないという。ラノベとゲームが好きで、ネットカルチャー寄りの子ではあるんだけど、「とはいえ、知らないんだ」と思って。

ヒャダ　これが細分化ですよ。

久保　私も「自分のビジュアルを見て久保ミツロウだとわかる人、世の中にどれくらいいるんだろう？」って思うもん。能町さんやヒャダインさんのほうが絶対に知名度は高いのに、なんで私がセンター張ってるのかピンとこない人ってたくさんいると思うんだよね。

能町　でもヒャダインさんと私もセンターではないよ。

久保　私だってセンターって器じゃないべ？

ヒャダ　圧倒的センターですよ。圧倒的赤です。

久保　俺は夏菜子か（笑）。

能町　ヒャダインさんは、うっかりひな壇的なところにいても違和感ないんですよ。私もワイドショーのコメンテーターみたいなところにいても、たぶん違和感はないと思う。でも久保さんは何か違うんですよ。脇にいちゃいけない感じ。やっぱりど真ん中じゃないと。

久保　私、テレビで会いたい人は特にいないんだけど、でもいつかさんまちゃんと一騎打ちをしなきゃいけない日が来るんじゃないかと思ってる。ひな壇じゃなく、一騎打ちで。『さんま御殿』でフワちゃんは弓矢を放っていたけど、フワちゃんでさえ、さんまちゃんには当たってなかったから。

――矢ではなく、もう剣で刺す勢いで。

久保　「お前はタイミングだけで笑いを取ってる」みたいなことを言う日がいつか来るのかもしれない。

――**さんまさんとの一騎打ち、期待してます！**

TALK-19

知らない人と仲良くなれますか？

［2020年12月掲載］

このライブでは、久保みねヒャダの3人によるハワイ旅行の模様が上映されたのですが、それきっかけで「旅先で人と知り合えるか？」という話になりました。

人との距離感には「誤インストール」がある

久保　私、名古屋で元No．1キャバ嬢やってたエンリケさんをインスタでフォローしてるんですよ。今はキャバクラを引退してて、日本各地を旅行してうまい飯を食べたり、いいホテルに泊まったりしてるのをストーリーで上げてるんですね。そこで「飛行機で隣の席だった人と仲良くなった。LINEも交換した」みたいなことをめっちゃ書いてるわけですよ。それ見てたら「『初めて会った人と超仲良くなっちゃった』というセリフを言えるかどうか問題」について考えてしまって。

能町　私は絶対ない。

久保　エンリケさんは相手の懐に入るプロだから、たとえ仕事以外で会ったとしても、きっと気持ちよく話してくれるとは思うんです。でも、ふと「仲がいいということの本質って何だろう？」と思ってしまって。たとえばゲストで来てもらった人に対して「この人と仲良くなれるかも」と気持ちが盛り上がったとしても、それは接待されてそう思っただけで、「この人とプライベートでも仲良くなれるなんて、何いい気になってるんだ私は」と思ったりもするんです。

ヒャダ　今日、僕と千葉さんがやった小芝居(*)のやつですね。

久保　そう。ああいう感じ。

ヒャダ　最後、「キモッ」って言われたんですよね。傷つくわー、あれ。

久保　（以前ゲストで登場した）阿佐ヶ谷姉妹は「プライベートでも仲良くなりたい」という気持ちにさせる雰囲気があったじゃないですか。それでオンライン上とはいえ「一緒にカラオケ行きたい」なんて言っちゃって、「私は何を図々しいこと言ってるんだ」って。

ヒャダ　でもそれは行ってくれるんじゃないですか？

能町　みんなそこまで接待で言ってるわけじゃないですよ。

久保　そういうこと、本当にあったんだよ。仕事で知り合った人から、そんなに仲良くもしてないのに「今度、他の人たちと一緒に飲みに行きましょう」と言われて。「そうなんだ」と思って、その場にいなかった「他の人」に「あの人がそう言ってたから飲みに行きましょう」と言ったら、乗り気じゃない返事をされて。それを思い

＊
旅先でたまたま出会った2人が意気投合した感じになるが、別れた後で友人に「あの人キモかった」とこぼすという内容の即興芝居。

出すたびに、「なんであのとき『飲みに行きましょう』という言葉を真に受けてしまったんだ」って思って……。

能町　でも……。

久保　怖い。

能町　全員が全員そうでもないし。

久保　人と仲良くなるのが怖い。

能町　私も基本、仲良くなれないと思って動いてますけど。

久保　能町さんはそういうベースがあるから、逆に信用できる。

能町　そういう「飲みに行きましょう」も信用してないし、そもそもあまり本気にしてないのかもしれない。そういうことのほとんどを。だから本当に仲良くなりたいときにけっこう困るんですよね。「この人は本当に行けるんじゃないか」と思っても、相手がどう思ってるかわからないから。

ヒャダ　僕は「この人と仲良くなりたい」と思ったら、最近は行っちゃいますね。ただそういう人がほとんどいなくて、絶対数は少ないんですけど、いたらちょっと無理してでも行くようにはしてます。

――今までの人生経験から「この人とはウマが合いそう」みたいなセンサーが発動したりはしないんですか？

久保　そういうのはあるんです。それですごく仲良くなった時期もあって、そのときは楽しかったし。でも時がたって後から「あのときは気を使ってくれたんだ」って……相手の優しさの裏側を勝手に勘ぐるのは良くないから、あまり深く考えないようにはしてるけれども、ちょっとおびえるようになった。人と仲良くなるときの距離感を間違えた経験がいろいろあったから。

――たとえばどんなの？

久保　たとえばまず奥さんと仲良くなって、その後で旦那さんとも知り合って仲良くなるとしますよね。そうすると、奥さんは旦那さんと「もう、●●ちゃんは！」みたいな感じで仲良く話してるわけじゃないですか。その距離感を自分もうっかりインストールしちゃって、「おう、●●ちゃん！」みたいなノリで旦那さんに話しかけちゃうみたいな。

ヒャダ　それは誤インストールですね。

久保　そう。誤インストールをするときがあって。その逆で、友達づてに紹介された相手が、私に対して誤インストールで接してくる場合もあるわけだよ。そのときは「すごく仲良くしてくれるな」と思っていたけど、今にして思うとあれはお互い詰め寄って仲良くなったんじゃなく、誤インストールでのそれだったんだなって。

——言われてみるとそういうことは思い当たりますね。

ヒヤダ　僕は基本、人と飯に行くときはサシなんですけど、たとえばAさんと仲良くなって、僕と一緒にいるときのAさんは好きなんですよ。でもその場に僕の知らないBさんが入ってくるときがあって、そうするとBさんと一緒にいるときのAさんがちょっと変わるじゃないですか。それが嫌いなときが多いんです。「あれっ、こんな人だったの?」みたいなことになって。

能町　そんなことがあったんだ。

ヒヤダ　あったんですよ。だから僕は基本、グループで人に会わない。「友達紹介するから」というのも嫌。

能町　「友達紹介する」は嫌だね。基本、私も1対1が一番楽なんですよね。

——3人でいても、自分が独りぼっちになることは普通にありますからね。

ヒヤダ　ありますよ。

40を超えてから友達をつくると面白い

能町　でも最近ちょっと、「40を超えてから友達つくるって面白いな」と思ってるんです。学校って強制的に毎日会うから「友達つくらないと生きづらい」みたいなところあるじゃないですか。会社もたぶんそうですよね。でも今みたいにフリーランスの仕事だと人と会わないんですよ。だからその分、友達っぽいのができるとテンションが上がるんです。何か新しい感じがする。

——実際、友達増えたんですか?

能町　1年前、自分のイベントで水野しずさんを一本釣りしたんです。それまで全然関わりがなかったんですけど、「一回しゃべってみたい」と思って。自ら誘ったのなんて、もしかしたら初めてかもしれない。普段はそういうの、めちゃくちゃ遠慮しちゃうんですけど。

久保　能町さんに自分のことを聞いてもらって、わかってもらえるというのは、やっぱりすごくうれしいことだと思うんだよね。私が経験していることでもあるんだけど。

能町　ありがたいですね。でも私も「たぶん自分のことを嫌いじゃないだろうな」という人じゃないとさすがに行けないですけど。ある程度、保証がないと。水野しずさんはツイッターで私のことフォローしてたから、「少なくとも嫌とは思っていないだろう」と思ったんですよね。それがなければ、たぶん行けなかった。

久保　私はこのコロナ時期を経て、「別に私といても人は楽しくないだろう」みたいに懐疑的になっちゃったんだよね。

能町　一人でいるから、なおさらそう思っちゃうんじゃない？

久保　それはそうかもしれない。一人でいると、自分に対してどんどん塩対応になってくるし、そうなると自分と今まで仲良くしてくれた人に対しても懐疑的になってきて、それは良くないなと。

能町　人と定期的に会わないとダメですよね。

ヒャダ　本当にそうです。これはお説教です。会わないとダメですよ。会わないと精神が参ります。人間は誰かと会う生き物です。

能町　健康維持のためにも必要なんです。

久保　そういうのも何か難しいな……。だから（のびのび楽しんでいた）ハワイ旅行の頃の私にはもう戻れないかもしれない。もうあんなふうに生きられない。

能町　ハワイに行ったら、ああなるんでしょ？

久保　ハワイに行くとね。でもあの生き方、前からやってるわけじゃなかったし。

能町　ハワイじゃなくて沖縄でもきっと大丈夫ですよ。やっぱり湯河原移住は本当に考えてほしい。

久保　「友達と会って話すのが大事」って言われるけど、それに時間を割くことによって「（友達と会った分）もっと仕事に集中しなきゃ」という義務感が発生する感じも良くないし。かといって一人で家にいるから集中できるってわけでもないし。そういうダメなループになってる。

――思うんですけど、40を超えたような大人でも、「誰かとサシでじっくりおしゃべりしたい」という欲求って、実はかなりあるんじゃないですかね。むしろ渇望してるかもしれない。

能町　私、『つけびの村』の高橋ユキさんと最近仲がいいんですよ。一緒にイベントもやったし、この間は特にイベントが控えているわけでもないのに、「ロイホ行きませんか?」って誘われたんです。

ヒャダ　いいっすね。

能町　高橋さん、旦那もいれば子供もいて、家事もいろいろやってるはずなんですけど、めちゃくちゃ仕事もしてて。で、なぜかロイホに誘ってきて。最初は「何か用事があるのかな?」と思ったんですよ。そしたら何も用事はなくて、純粋にロイホに行って、ご飯とパフェを食べて、昔のどうでもいい思い出話をしゃべっただけだったんです。「これ、めちゃくちゃいいな」と思って。

久保　友達だ。

能町　本当に友達になってて。「何かのためじゃないやつ、超いいな」と思ったんです。しかもしゃべってたら、昔mixiで同じコミュニティに入っていたことがわかって。管理人の承認が必要な狭いコミュニティに。「40超えても友達ってできるんだな」と思いました。

ガバガバでいいんだよ!

久保　私はオタクになりたい。オタクアカウントで触れ合いたい。

能町　将棋オタクとして本当は活動したいんでしょ?

久保　本当はそう。将棋が好きになってめっちゃ心がオタクになっているから、「ファンの人たちで盛り上がっているものに自分もいいねしたい。リツイートしたい」「自分もイラストを描きまくりたい」と思うけれども、そこに入っていくには、今の自分は図体がでかすぎる印象があって。

――フォロワー数が多いからですか? 確かに、久保さんがいいねやリツイートしたら、反応がでかいかもしれないですけど。

久保　でも本当は将棋のイラスト描いてる人に、めっちゃいいネタを送りまくって、「わかる!」とか「最高です!」とかやりとりしたい。

ヒャダ　すりゃいいじゃないですか。

久保　オタクとしての心を解放したい。けど、できない。

能町　すればいいのに。私、相撲に関してはガバガバですよ。

久保　すもガバなんだ。

能町　普通に相撲マニアの人をフォローしてるし、DMも送ったこともあるし、ガバガバです。でも私のことを嫌ってる相撲ファンもいます。それでもいいんです。それはもうしょうがないです。その上でガバガバなんです。
久保　ファンの盛り上がりに参加したいから、「匿名の鍵アカを作ろうか」とかいろいろ考えたんだよ。でも本当に将棋界を盛り上げたいんだったら、（今のアカウントで活動して）「あの人、将棋を見て楽しんでるな」と将棋に興味を持ってくれる人がいたほうがいいと思うんだよね。鍵アカでひっそりやるよりかは。
――好奇心にフタをしないほうがいいですよ。むしろ、うらやましいことです。40を超えて、純粋に好きだと思える趣味ができるというのは。
ヒャダ　本当にそうですよ。
久保　いや、私は快楽に溺れやすいお猿さんだから。
能町　でも仕事に集中するために、将棋流してるんですよね？
久保　でもだんだん仕事に集中できなくなる対局も出てくるわけよ。すごく気になってしまって「いかんいかん、仕事してるのに」となるような。「じゃあお前、すべてを遮断した世界なら仕事できるのか？」と言われたら、もうそっちの世界には戻れないという。
能町　ハライチの岩井さんだって、コミケに出てるんですよ。あのネームバリューで。久保さんはマンガ家が本業なわけだし、仕事とのバランスはあるにしても、全然やったほうがいいと思うんだけど。だってここまで（将棋好きであることが）出ちゃったら、もう隠しようがないし。久保さん、ふすまから顔が出ちゃってますよ。オタクが集まってる部屋のふすまが開いて、久保さんの顔が完全に出てる。「ずっと顔見せてるけど、あの人なんでここに来ないんだろう？」という状態になってる。
ヒャダ　天の岩戸だったら、もう開いてますよね。
能町　完全に開いてます。ガバガバです。

じゃマールが今こそ必要だ

――仕事と対立する概念だと捉えてるのかもしれないですけど、「趣味にハマることで仕事のエネルギーをもらう」ってこと、あると思いますよ。
ヒャダ　好きなことがある人生はいいですよ。同じ生きがいをシェアできる人とファミレスに行きましょうよ。
久保　行きたい行きたい！　まだ将棋クラスタの人と直接話した経験が

ないから。そんな機会があるのかわからないけど。

ヒャダ　メン募しましょ、メン募。

能町　じゃマールで(*)。

ヒャダ　消えた日本語だ。

久保　私、じゃマールでサッカーファンの人と知り合ったよ。

ヒャダ　マジっすか！

久保　当時、ベルマーレ平塚に移籍した韓国代表のホン・ミョンボが好きで、「ホン・ミョンボファンとつながりたい」みたいな内容でじゃマールに載せたら、連絡くれた人がいて。その人が仲良くなった韓国の女子4人が日本に遊びに来ることになって、「とてもじゃないけど自分じゃ面倒見れそうにないから助けてほしい」という連絡が来て、その子たちと一緒に遊んだこともあった。ちょっと記憶があやふやだけど、そのときうちに泊めたかもしれない。

能町　すごいことしてるじゃないですか。

ヒャダ　じゃマールすごい。

久保　その人とは、他の友達と一緒にサッカーの試合を見に行ったり、少年マガジンで「洪明甫（ホン・ミョンボ）物語」という読み切りが載るときに、資料としてホン・ミョンボのビデオをその人経由で借りて、マンガの作者に貸したりしたこともあった。

能町　じゃマールやるしかないじゃん！

久保　2020年の今、必要なのは令和のじゃマール。「豊島将之竜王のファンの人とつながりたいです」って。

能町　「できれば豊島区に住んでる方」。

久保　「これは豊島ファンという意味の豊島区ではないですよ」って。

ヒャダ　（笑）も入れて。

久保　「豊島区の豊島ファンの人、ご連絡ください。豊島区と豊島将之竜王、両方愛している方」

ヒャダ　ダブル豊島でメン募しましょう。この間、『夜の巷を徘徊しない』という番組に呼ばれて、マツコさんと話したんですよ。マツコさんも僕も一人が好きなんですけど、「一人が好きな人間が誰かと出会おうと思ったらどうするか」という話になって、「私、気付いたの」ってマツコさんに言われたんです。「何かに出会ってる人って、外に出てるのよね。だから一人が好きな私が誰かと出会いたいと思ったら、番組に呼ぶしかないのよね」って。だから久保さんと将棋好き

＊
1995年創刊の、個人が告知情報を掲載する月刊誌。売ります・買いますなどの個人売買や、恋人・友達・メンバー募集などの出会い情報で構成されていた。インターネットの台頭に押され、2000年に休刊。

の人を出会わせるには、もはや番組に呼ぶしかないかもしれない。外に出ないんだったら。

久保　出ない。今年の2月にハワイに行った後の悩み、全部家の中で起きてる話だからね。事件は家の中かネットの中でしか起きていない。衝撃的なほどに。

ヒャダ　外に出たほうがいいです。断言します。外に出てください。

能町　出ましょう。

ヒャダ　ふすまはもう開いてるんです。

久保　でも。

能町　交差点の角で豊島ファンと食パンくわえながらぶつかってください。

ヒャダ　「あせ、あせ」とか言って。

久保　でもみんな顔出ししてないのに、私だけ面が割れてたら。

ヒャダ　そんなのどうでもいいんですって。共通言語があれば。僕、この間知らない人とサウナ行きましたもん。

久保　そのワードだけ聞くといやらしいから、ちょっとフォローをください。

ヒャダ　何年か前に「日本サウナ祭り」というイベントで、同じサウナ室になった人がいたんです。話してみたらサウナブログを書いてる人だったんで、一応ツイッターはフォローしたんですけど。そしたらその人からいきなりDMが来て、「水風呂に飛び込む気持ちでDMしますけど、ルーフトップのサウナを貸し切りできたので、よかったらいらっしゃいませんか」って。

能町　「水風呂に飛び込む気持ちで」。たとえがちゃんとサウナを経由してる。

ヒャダ　前から行きたかったところなので、「行きます」って返事して。正直、その人の顔も全然覚えてないし、「あと3人来ます」と言われたんですけど、その人たちのことも全然知らないし。いまだにその3人の名前すら知らないんですけど、すごく楽しい時間を過ごせて。

能町　「芸能界ってどうなんですか？」みたいな話題をふってくることもない？

ヒャダ　全然。サウナの話しかしないです。サウナを出たら、「僕たちこれから寿司屋に行くんで」「僕はこれから出張なんで」「じゃあさよなら」みたいな感じで別れて。

能町　そういうの、すごくいい。やる人生と、やらない人生。どっちを取る？

ヒャダ　だから。

久保　いや、でもまだ将棋の知識とか本当に浅くて……。

ヒャダ　だったら聞けばいいんですよ。

能町　むしろ知識はいらない。持ちすぎてるほうが厄介ですよ。

ヒャダ　みんなで豊島さんの話をする。それだけで最高じゃないですか。

久保　してみたい。そんな日がいつか来たら。

ヒャダ　来るんです。

能町　来ます。豊島区のファミレスに行けば、その日は来ます。

ヒャダ　T、O、Y、O、S、H、I、M、A……豊島。

能町　長い長い、「WATER」が長い。

久保　サリバン先生、そんな日が来るんですか？

ヒャダ　来るんですよ。

久保　でも今、じゃマールの夢が本当にバーッと開けてきた。

――じゃマールで出会った経験があるということは、出会う素質があるということです。

ヒャダ　知らない韓国人を泊めてるんですから。やりましょうよ。待ってても、誰かがセッティングしてくれないですよ。無味乾燥なまま終わらせていいんですか？　この現世を。

能町　豊島さんの同人誌を出す人生と、豊島さんの同人誌を出さない人生。どっちを取りますか？

久保　出す人生に……決まってんだろう！

ヒャダ　豊島さんの良さについて、ファミレスで3時間語らう人生と、一人でかみしめる人生。どっちがいいんですか？

久保　ロイホでパフェ食いながら、3時間話してえよ！

ヒャダ　でしょ。「やる人生とやらない人生、どっちを選ぶか」って、僕らに最初に言ったのは久保さんですよ。

能町　その性質で、久保さんは今まで成功を収めてきたわけですから。

――そうです。『いいとも』に出る人生(*)を選んだあの日から。

久保　よしわかった。来年の目標は豊島ファンの人と話をする。

ヒャダ　ツイートしてみましょうか。

久保　あの……紙がいい。書くよ（愛用のノートを取り出す）。

ヒャダ　書きましょう。

*
かつて久保は顔出しのテレビ出演オファーをすべて断っていた。ところが『笑っていいとも！』からオファーがあった際、「タモリさんに会える人生と会えない人生、どちらを選ぶか」と自問自答し、「会える人生」を選択。その出演がめぐりめぐって『久保みねヒャダこじらせナイト』誕生へとつながった。

久保　来年の目標。

能町　今年でもいいんだけどね。

ヒャダ　11月の目標にしませんか？

久保　いや、無理無理無理。

能町　じゃ、来年だと長いから。せめて来年3月くらいまでにしましょうよ。今年度。

久保　（書きながら）「今年度の目標」

一同　（いつの間にか全員立ち上がって、久保を取り囲んでいる）

ヒャダ　「書け、書くんだ！」

能町　「ほら、書け！」

――なんか借金の返済みたい（笑）。

久保　「豊島将之竜王のファンの人と、ファミレスで楽しくお話をする」。「久保ミツロウ」まで書いたほうがいいですかね？

能町　書きましょう。久保美津子がいいな。ミツロウではなく美津子として。

久保　「2020年11月1日、久保美津子」

能町　もう考えるだけで楽しそう。いいな。

久保　これはツイッターにアップしたほうがいいんですか？

ヒャダ　しましょう。

――あの出発点から、まさかの着地点。

能町　いい目標ができた。こんな前向きな着地点になるとは。

ヒャダ　さあ、行きましょう。

久保　行きますか。

ヒャダ　お願いします！

久保　ううう怖い！

能町　押せーっ！

ヒャダ　押せ――っ!!

久保　（万感の思いを込め、送信ボタンを押す）

能町　……おめでとうございます。ついに一歩を踏み出しましたね。

ヒャダ　ささやかだけど、久保さんにとって大いなる一歩ですよ。

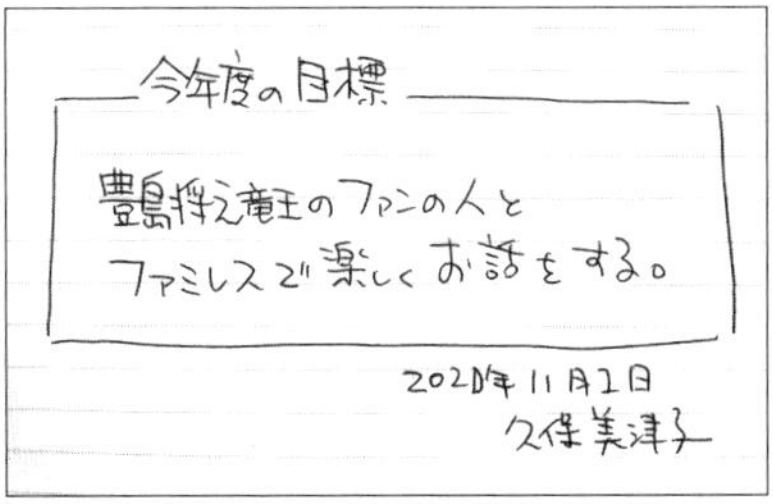
今年度の目標
豊島将之竜王のファンの人と
ファミレスで楽しくお話をする。
2020年11月1日
久保美津子

TALK-20

進路を選択したときのこと、覚えてますか？

［2020年12月掲載］

ファーストサマーウイカさんをゲストに迎えた回の、収録後のおしゃべり。ライブではヒャダインさんとウイカさんが即興芝居を繰り広げたのですが、そこから久保さんが演劇部時代の話を語り始めて……。

なぜ久保は声が通るのか

――今日のライブ、ウイカさんとヒャダインさんでエチュード(即興劇)やってましたよね(*)。千葉さんとはよくやってますけど、ウイカさんにとっては初めてだったから、プレッシャーもあったかもしれないですね。

ヒャダ いや、それがさっき木月さん(プロデューサー)に聞いたら、本人は「むしろ台本がないほうがいくらでも続けられる」と言ってたらしいですよ。

久保 エチュード、めっちゃ良かったよ。でもあの「一回芸能界を辞めてからスナックで働く」という設定を自分が出して良かったなと思った。演劇部の頃やってたんだよね。「私たちが高校を卒業して20年後、再会したという設定でやってみよう」みたいなの。みんなそれぞれ「結婚したよねー」とか言ってるんだけど、私は「今、マンガ家やっててー」みたいなことを言ってて。

ヒャダ かなえてるじゃないですか!

――演劇部では演じるほうだったんですか?

久保 ただの演劇部だったから、脚本を書いたりはしてなかった。キャラメルボックスの『ナツヤスミ語辞典』みたいに、有名な台本を選んでやってたりして。演劇部マンガやドラマに出てくるような強豪校では全然なかったんですよ。私はそこで部長をやってて、そのときの「私が部長だからなんとかしなきゃ」「一回引いて見なきゃ」みたいな経験はどこかしら今に生きてると思う。

能町 センターとして。

久保 「人前に出る」ということに関しては、そこで鍛えられたのかもしれない。

ヒャダ だったら、久保さんもエチュード参加してくださいよ。僕はそういうの得意じゃないけどやってるのに。

能町 そうですよ。最もできる人なのに。

久保 いやー、登場人物が多すぎても大変だろうなと思って。

――久保さんの声が通るのって、もしかしてその頃の経験があるから?

久保 かもしれないですね。発声練習はやってたので。

ヒャダ 「マンガ家界で一番声が通る作家、久保ミツロウ」

久保 そうなん?

*「かつて芸能人だったが今は引退しスナックをやっているファーストサマーウイカのところへ、一見さんの客としてヒャダインがやってくる」という設定。

——Eテレの『漫勉』見てても、たいていのマンガ家さんはボソボソしゃべってますよ。

能町　確かに。マンガ家ってそんなに声通らないですよね。江川達也さんだって、あれだけバラエティに出てるのに、しゃべりはモソモソしてるし。

久保　やっぱり演劇部の頃、発声練習やってたからこうなったんだ。

——そもそもなぜ演劇部だったんですか？　普通に演劇が好きだったから？

久保　高校に入学したとき、最初は美術部に行こうかなと思ってたんです。マンガが描けるから。でも「マンガ以外のことをやったほうが経験としていい気がする。でも運動はしたくない」と考えて、「舞台に立つ」というのは自分と真逆にあるものだから、それで演劇部に。

能町　そこまでちゃんと考えて部活を選んだんですね。

ヒャダ　ね。まだ16歳で。

進路指導で「マンガ家」と答えた日

能町　「マンガ家になる」というのはいつ決めたんですか？

久保　というより、マンガ以外の仕事に就くことはまったく考えてなかったんですよ。子供の頃から「学校で一番絵がうまい」と言われ続けていると、それが自分の価値の中核になってきて、一段上の存在として認められて、いじめられたりもしない……みたいなのがあったわけだよ。

——でも久保さんの通ってた高校って、進学校ですよね。マンガ家になりたいと思っても、進路指導で「マンガ家になるのは大学に行ってからでも遅くはない」みたいなこと言われそうじゃないですか。

久保　佐世保には完全な進学校って存在してなかったんですよ。私が通ってたのは進学校と普通校が一緒になったような高校で。とりあえずそこに進学して、高1の頃は「美大に行けたらいいな」とか「心理学を勉強するのもいいな」とか思ってたんです。マンガ家を目指す子が考えがちなことを。でも高1のときに進路について親と話したら、「お前を大学に行かせるには、飯も食わずに働くくらいじゃないと無理だ」とはっきり言われて。しかも「美大に行きたい」という時点で、「近場の大学に行く」という選択はあり得ないわけですよね。

――長崎には美大がないから。

久保 それで私、「じゃあ大学に行かなくてもいいんだ」って気が楽になったんですよ。「私の責任じゃないところで大学に行かなくてもいいんだ」って。だから高2からはもう大学を目指さないことにして、そこから好きなだけ自分のマンガ描いたり、同人誌作ったり、そっちのほうで生き生きとやってました。で、高3になると、親を呼び出される本格的な進路指導があるわけです。私がいたのは専門学校か短大か就職か、その3択の人が集められるコースだったんですけど、その時点で就職が決まってないのって、2人しかいなかったんですよ。私と、プロレスラー志望の前田くんの2人だけ。

能町 もう1人の子、すごく気になる。

久保 彼のその後は知らないんだけど、進路指導の前日にまずお父さんと話すわけです。「お前、卒業したらどうするんや」と言われて、「マンガで食べていきたいです」と答えたら、お父さんが顔にタオルをバッとかけて、座椅子に座って踏ん反り返ったまま動かなくなったんですよ。そのままじーっと考えて、「俺に4コマを描いてこい。それで判断する」って。

能町 お父さん、すごい。

久保 お父さんはマンガのこと詳しくないんだけど、4コマの雑誌は死ぬほど読んでたんです。植田まさしとか。それで「4コマで判断する」という課題が出されて。

ヒャダ それでその4コマはどうなったんですか？

久保 結局、いまだに描いてないんですけど。

ヒャダ 描いてないんかい！

久保 それでとりあえずお父さんにはマンガ家になることを伝えて、翌日お母さんと一緒に進路指導の面談に行くんです。担任は体育教師だったんですけど、「お前、何になりたいんだ」と言われて、私は「マンガで食べていきたい」、お母さんは「うちの子はそう言ってるんです」みたいなことを言って。そしたらその体育教師……あだ名はパジャっていうんですけど。

能町 パジャ？

久保 いつもパジャマみたいなスウェット着てるから、パジャなんです。

ヒャダ あだ名が悪口ですね。

久保 そのパジャが「マンガぁ？」み

たいに、もう半分鼻で笑うみたいな感じで言ってきて。それで担任に認められたわけじゃないけど、とりあえずそうやって就職先を決めて。それまで全然投稿してなかったから、高3になってから「投稿しなきゃ」と思い始めて、それで少ないページ数で投稿できて、反響もありそうということで『なかよし』に投稿したんですよ。賞金も良かったし。そしたら賞金が1、2万円くらいの期待賞みたいなのしか取れなくて。同じ月で7人くらいがもらえてるような。

――投稿してすぐ何かの賞をもらえるのは、すごいことでは？

久保　でも当時は「大賞取れるんじゃね？」くらいに思ってたんですよね。で、今度は『なかよし』の4コマ部門に投稿したら、8万円くらいの賞をもらったんですけど、「でもこれでマンガ家になれるかどうかはわからないな」という気持ちでいて。そうこうしてるうちに高校を卒業して、そのままファミレスでバイトしながら暮らしてたんですよ。そしたら『なかよし』のマンガスクールが出張で福岡にやって来たんです。有望なマンガ家志望の子を呼んで、持ち込んだネームを見てもらったりするという。そこに行って初めて編集さんやマンガ家さんやマンガ家志望の人たちに会ったんですけど、私そこで持ち込みの作品を描けなかったんですよ。それで編集さんと「これからどうしたいの？」「マンガ家になりたいです」「上京してアシスタントやるなら紹介はできるけど」みたいな話をして、「そういうのもアリかな」と思っていたら、しばらく後に電話がかかってきたんですよ。その人は講談社のマンガ家さんで、私が最初に投稿した期待賞の絵を見て「この人は才能がある」と思ったらしくて。

――期待賞くらいだと、掲載される絵も小さいはずですよね。

久保　そうそう。もともとそれで目をつけていたところに、『なかよし』の編集者から私が上京する気があるらしいことを聞いて、連絡してきて。その人から「自分が原作を書くから、マンガ（作画）を描かないか」と言われたんですよ。それで高校を卒業した年の6月か7月に上京して、まずいったん話を聞きに行ったんです。その人は自分が本物のマンガ家だということを私に証明したかったらしくて、仕事場でいろんな海外の作品や資料がズラーッと並んでいるのを見せたり、オーディオマニアだったから「このオーディオで聞くと音が立体的に聞こえるんだ」と言われて、目隠しをして音を聞かせられたりして。

ヒャダ 18歳の少女が、初めて会う男性の家で目隠しって。何やってんすか。

久保 今にして思うと、すごいことしてたなと思うけど（笑）。でもその人は絵を描く人を求めてるということだったから、何か追い風が吹いているような気がして、結局その1カ月後には東京に引っ越したんだよね。

――そしてマンガ家としてのキャリアがスタート。

久保 と思ったら、3日でケンカしたんですよ。「君みたいなヒステリックな人は初めてだ！」みたいなことを言われて、「こっちだってヒステリックって言われたの初めてだよ！」みたいに言い返して。今思うと、いろいろと不安な気持ちがあったからだと思うんだけど。それでその話は頓挫して、そこから（他の）マンガ家アシスタントもしながら池袋で生きる人生が始まったわけです。話が長くなりましたが。

久保、敏感になる

――2020年も終わりですけど、皆さんどんな1年でしたか。

久保 ハワイに行ったときは、「まだ仕事が終わってないのにハワイに行って大丈夫なのか」という不安な気持ちがあったんだけど、そこの部分は今も変わってない。

能町 ずっとそのまんまですよね。

久保 そこは変わらないまま、コロナ前から抱えていた自分の不安がいろいろ顕著になった。だから将棋や豊島竜王に激ハマりしたのかもしれないけど。

――でも豊島竜王にハマってから半年近くたってるはずですけど、今もまだ豊島竜王に対して敏感なままですよね。その敏感さをキープしてるのはすごいなと思うんですけど。

久保 敏感なままですね。普段の生活だと、声に出して「豊島」って言うこともないし。ルミネのショップで服を買って、配送先の確認をするときに店員が「としま区（豊島区）」と言い間違えた瞬間に、ビクッ！ですよ（笑）。思わず「そうです」って言いました。だいたい、なぜ池袋ルミネの思うけど。

店員が「豊島区」を読めないいんだって

ヒヤダ　それで感じちゃうんですね。

久保　声に出されるとね。だんだん自分の感度が変わってきていて、車で永田町を通過したときにスーツ姿の公務員を見かけて、「うわっ、スーツの男だ！」と思ったり。

——えっ、意味がよくわからない。

久保　将棋の対局って、基本はスーツを着てるときが多いんですよ。しかも普段ABEMAでずっと対局を見ているから、テレビで芸人さんを追っかけるよりもさらに長い時間、スーツ姿の男性を見続けていることになるわけです。たぶん今、人生で一番、スーツ姿の男性を見まくってる。でも見ているのは画面の中のスーツ姿ばかりだから、いざ現実で見たらハッとなったという。

——「実在するんだ⁉」という。

能町　めちゃめちゃいますよ（笑）。

久保　そう、だから感覚がちょっとおかしくなってる。「この状況はヤバい」と自分でも思ってるんですよ。画面でずっと見続けているだけで、会ってもいないわけじゃないですか。もしかしたらそのうち、画面で見続けているだけの人を「会ってる」と思い込んでしまう可能性もあるかもしれない。そういうところからストーカーが生まれたりもするわけで。だから「これは他人、これは他人」って自分に言い聞かせてます。

ヒヤダ　なるほど、そんなことになってるんですね……はい！（と言ってスマホで見つけた豊島竜王の画像をいきなり見せる）

久保　あっ、やめて！（と言って反射的にのけぞる）

能町　ちょっと久保さん（笑）。

ヒヤダ　いくらなんでも感じやすすぎじゃないですか？

久保　（豊島竜王の）カメラ目線に慣れていないから、「視界に入っちゃいけない」と思って瞬間的に避けちゃうんだよ。ボクサーがパンチを瞬間的に避けるのと一緒で。本人は将棋の内容を見てもらいたいはずなのに、あまり容姿のことばかり言うのも良くないとは思うけれども、それでも良いと思う部分については言っていきたいという気持ちは一応あるんだよね。でも私は声がでかいから、「むき出しで言うのは我慢しなきゃ」とは思ってる。

——でも久保さんが発信することで、

興味を持つ人は増えるんじゃないですかね。

ヒャダ　やっぱり僕も、久保さんや能町さんが興味持ち始めたものはつい見ちゃいますからね。

久保　ありがとう。知り合いのマンガ家さんも、私が将棋の話題をし始めたら、久しぶりにリプライくれて。「仲間はいたんだ」と思いました。あと今年、すごく久しぶりの人からＤＭが来たりもした。「ずっと心に引っかかってたことがあった」みたいなことで。

――どんな話ですか。

久保　何年か前に飲み会をしたときに、その人が「みっちゃんは昔のほうが面白かった」と言って、そのときに私がムッとした顔になったらしくて。それで、「あのとき不愉快にさせてしまって本当にごめんなさい」ってＤＭが来たんです。私は別にケンカ別れしたつもりは一切ないし、言われたことも覚えてなかったんだけど、「相手はこの何年間か、ずっとそのことを気にしてたんだ」と思って。

能町　でも、なぜ今なんですかね。何きっかけなんでしょうね。「向こうはもう気にしてないだろうな」と思いつつ、心の中にずっとたまってるやつって、確かにありますけど。

ヒャダ　たぶんコロナで心境の変化があったんじゃないですかね。

能町　やっぱりコロナなんですかね。そういうこともあるんだ。

ヒャダイン、桃鉄友達ができる

――今日のライブで驚いたのが、ヒャダインさんが近所に桃鉄友達ができたという話(＊)で。

能町　私もそれは衝撃的でした。

――志村けんさんが亡くなったあたりの時期は、沈んだ気持ちになっていたという話をされていたから、そこからかなり変わったなと思いました。

ヒャダ　そうですね。今年は低迷期と上昇期がはっきりしていて、今は昇ってる感じです。

能町　近所にできた友達って、どんな感じの人なんですか？

ヒャダ　男３人で、ボロボロの家に住んでるんですよ。で、そこにふらっと上がり込んで桃鉄をやるという。

能町　その年でそういう友達ができるってすごい。

――大学生みたいな距離感ですね。

ヒャダ　そうですね。大学生っぽい。

久保　ちなみに大学時代はそういう

＊ 仕事で知り合った人がご近所だとわかって友達になり、その人は男３人でルームシェアしているため、ルームメイトの２人とも仲良くなって、みんなで一緒に『桃太郎電鉄』をプレイしている、という話。

友達は……。

ヒャダ　いなかったです。その3人は大学時代からの友人同士なので、彼らの中ではずっと大学時代の関係性のまま空気が止まっているんでしょうね。そこに僕もお邪魔させてもらっているという。全員独身なので、誰か一人のライフステージが変われば、その暮らしも終わるのかもしれないですけど。

――いつかは終わる関係性だとしても、大人になって桃鉄友達ができるのってうらやましいことですね。

能町　そこまでその関係性をやり続けるというのは、すごい気がします。

ヒャダ　いい友人に恵まれたな、とは思いますね。「ざうおで釣りしようぜ」とか言って、みんなでざうおに行って、釣った魚を食べたりとか。

久保　いいなー、すごく楽しそう。

能町、港区女子が気になる

能町　今までと真逆のような話をして申し訳ないんですけど、最近、テキーラ一気飲み事件(*)があったじゃないですか。それを調べてたら、(起業家を)擁護してる人が見つかるんです。「飲めなきゃ拒否すりゃいいんだし、死ぬほうが悪いじゃん」みたいなことを、ある女性が言ってて。自称港区女子。けっこうフォロワーの多い人なんですけど。気になってその人のインスタやツイッターを見てみたら、なんというかずっと気を張ってるんですよ。港区女子としてのプライドが高くて、ずっと誰かのことをバカにしてて。

ヒャダ　とんがって生きてるわけですね。

能町　もちろん私はそんなのに全然憧れないんですけど、でも本人曰く、別にお金は要らないらしいんです。「私はこういうことをやってるおかげで、いろんな社長や実力者に出会える。お金なんかあったって、ブランドに使うだけで、それ以上特に使うことがない」とか言ってて。「自分なんてまだまだで、本物の港区女子は中国やドバイのお金持ちと知り合ってる」とも言ってるんですけど。それ読んで、「なんで余裕があるはずなのにこんなにピリピリしてるんだろう。彼女にとっては、今後どうなることがゴールなんだろう」と思っちゃったんですよね。言ってる内容が本当だとしたら、の話ですけど。

――確かに金持ちの余裕は感じられ

*　高級ラウンジで起業家が「テキーラ一気飲みゲーム」を開催し、それに参加させられた従業員の女性が死亡した事件。

ないですね。

能町　本当にその立ち位置に満足してたらそんなこと書かないじゃん、ってことばっかりなんです。

ヒャダ　そういうの、レディコミでよく見ます。十中八九、滅びて終わりです。レディコミでは。

能町　楽しそうにウェーイってやってる写真を自慢するだけならいいんですけど、コロナで看護師が大変だという話題に対して「大変だったら辞めればいいじゃん」みたいに、わざわざ突っかかって人の神経を逆なでするることを延々と書いていて。

――普段接している経営者たちの価値観を内面化しちゃってるんですかね。

久保　インストールしまくって。

――でも具体的な商売をやっているわけではなく、関係性や暮らしぶりのアピールだけで自らをブランディングしていくのって、たぶんそんなに長く続かないですよね。

能町　そう。「こういう子ってどうなっていくんだろう」ってなんだか気になっちゃったんです。「勝った勝った」と言い続けて、年取ったときどうなるんだろう」というのが。

ヒャダ　レディコミの主人公だったら、この人は本当は汚くて小さなアパートに住んでます。レディコミだったら。

能町　レディコミだとね。

ヒャダ　今、その人のインスタを探しあてて検証してたんですけど、この人、家で撮った写真は一枚もないです。

能町　これでコンプレックスがないわけがないから。港区に住んでるのは住んでるのかもしれないけど、けっこう普通の部屋なのかもしれない。

久保　そういう子たちは、何をもって「自分には確かな価値がある」と思うんだろう。将棋だったら「将棋が強い」というのが確かな価値になるわけじゃないですか。

能町　そこで将棋を持ってくるんだ（笑）。彼女自身はきっとそこまでお金を持ってなくて、お金を持っている人とたくさん知り合っているということが、何より素晴らしいと思い込んでるんだろうな。

久保　でも、刹那的な生き方もまた一つの人生だからね。

能町　それは確かにそうなんだけど。

人脈は桂馬

久保　私、自分が結果を出すまで頑張ることが少ないんですよ。マンガは結果を出さないといけないことだから頑張るんだけど、それ以外のことに関しては「結果を出すためには手段を選ばない」みたいに頑張ることがないんだよね。だから前回、「豊島竜王のファンと楽しく話す」と紙に書いて、それで自分の気持ちが動いたことに一番感動しちゃって、「結果までは別に求めなくていいかな」という気持ちになってるんだよね。

一同　えええええええ（困惑）!?

久保　でもこれが港区女子だったら、たぶん「友達をつくるためには手段を選ばない」となって、絶対に実現させるわけじゃないですか。だから「港区女子と比べたら、私は全然成果主義じゃないな」と感じてしまった。もし私が「港区女子みたいになりたい」という気持ちになったらどうなるんだろう。

ヒャダ　それはもう全力で応援しますよ。

久保　いろいろあって、「男はやっぱり金持ちじゃないと」という価値観になって。そしたら、2人はどうやって私のこと応援するの?

ヒャダ　紹介できる人、いなくはないです。友達の友達とかなら。

能町　私も直接の知り合いはいないけど、しみけんさんの人脈を頼れば。

久保　今、初めて「人脈を頼ってみよう」と考えてみたけど、想像したらけっこう怖いものだね。自分が全然知らない人がそこには入ってくるわけだから。

ヒャダ　桂馬みたいな感じですよね。将棋でいうと。

――目の前に駒があっても、それをヒョイッと飛び越えて、全然違う場所に行っちゃうという。

久保　そうそう、桂馬。人脈は桂馬。そして「成り金」(*)になりたい（笑）。

ヒャダ　きれいにまとまった（笑）。

久保　そして桂馬は前に進めても、もう後には戻れない。

ヒャダ　まさしく。いいたとえですね。

能町　でも成り金になったら、ちょっと戻れるんでしょ?

一同　（笑）

＊桂馬は相手の陣地に入ると、金と同じ働きをする駒（成桂）になることができる。

TALK-21

どの場所で死にたいですか？

［2021年2月掲載］

がんの闘病から死去するまでを追ったドキュメンタリー『家、ついて行ってイイですか？』特別編をきっかけに、死についての話になりました。

病院で死にたい派

——今日のライブでも話してましたけど、『家、ついて行ってイイですか？』特別編のイノマーさんのドキュメンタリーはすごい番組でしたね(*)。

能町　私、あれを見て「病院で死ぬのいいな」って思いました。昔からわりと、病院で死にたい派なんですよ。

ヒャダ　なんで？

能町　病院で死ぬと何かホッとする。

久保　まだ死んでないし（笑）。

能町　たぶんもともと病院が好きなんですよ。生まれついてから、病院生活が多かったので。

ヒャダ　能町さん、そうですよね。

能町　3歳くらいから大きな手術してるし。こないだ入院の回数を数えたんだけど、6、7回あるんですよ。全身麻酔は2、3回。病院って、症状がひどいと何もかもさらけ出さなきゃいけないんですよ。素っ裸を見られるわけだし、かえって安心するんですよね。「これ以上さらけ出すものはない」みたいな気持ちになって。だからもうすぐ死ぬ状態になったら、すべてをちゃんとやってくれる人に任せられる場所のほうがいい。「病院の人が頑張っても無理だったんだから、しょうがない」という気分で、身を任せて死にたい。だからわりと私、病院で死にたい派です。

久保　確かに「自宅で死にたい」という人の願いをかなえてあげたいとは思うけど、周りの疲労が半端なさそうではある。

能町　「家族に見守られて」というのがけっこう嫌なんですよ。今は夫（仮）がいるけど、いまだに家族という意味がわかんないし。もし今、死に瀕したらたぶん親が来ると思うんですけど、親は泣くじゃないですか。

ヒャダ　絶対そうですね。

能町　親の悲しむ顔を見ながら死ぬの厳しいな、と思って。

久保　小町は？

能町　ああ……（急に机に突っ伏す）。

久保　泣いた？　泣いた？

能町　ああ……小町を残して死ねない。

ヒャダ　俺もポンちゃん残して死ねない。

能町　でも小町が死ぬのも嫌だ。

ヒャダ　俺も嫌だ。ポンちゃんが死ぬのが一番嫌です。

能町　小町、家族だわ。

久保　小町には看取られたい？

＊ 2019年12月19日に亡くなった、バンド「オナニーマシーン」のイノマーに密着したドキュメンタリー。がんが転移し病状が悪化していく中で敢行したライブの模様や、闘病生活、さらには死の瞬間までがカメラに記録されていた。

能町　小町を抱きながら死にたい。

ヒャダ　俺もそうですね。何なら「（自分の）肉食ってくれ」って思う。

能町　私も食ってほしい、小町に。

久保　そういうものなのか……。

ヒャダ　そういうものなんです。

能町　猫飼うとそうなっちゃう。

死期がわかったらどうする？

ヒャダ　家で死んだら、警察に電話しなきゃいけないんですかね？

久保　うちのじいさんが家で死んだときは、「とりあえず医者呼ばなきゃ」ということで、かかりつけでもない近所の小児科医に連絡して死亡確認してもらったけど、その後交番のおまわりさんにも来てもらいました（*1）。

能町　自宅で死ぬとそういうのもいろいろと面倒くさいから、病院で死にたいのというのもある。ただ、昔から「孤独死で何が悪いの？」とも思ってるんですよ。「いや、孤独死いいじゃん」と思ってて。

ヒャダ　家で孤独死するときは、アルミのマットとか、ブルーシートの上で死ねればいいんですけどね。

久保　でもそういうときは大体、判断力なくなるんだなと昨年末、気付いたんだよね（*2）。だから今のうちから家財道具をできるだけ減らしていこうと思ってる。読まれたくないものは、早々にシュレッダーにかけたりして。

能町　でも「死んじゃったらもはや関係ないや」という気持ちもあるんですよ。

——死んだら恥もへったくれもない。

能町　そう。「自分はもういないんだし」という気持ちがある。

ヒャダ　もし死後の世界があって、死んだ直後の1週間は自分の死の様子を見なきゃいけなかったら……。

能町　それを考えるとつらいな。

——死後の世界はないとしても、それっぽいことは起こりうると思うんです。「ご臨終です」と言われた後も、少しの間は「なんで死んじゃったの！」みたいな声が聞こえる可能性はあるなと。

ヒャダ　もしくは「やったー！」と聞こえてきたりとか。

能町　「じいさん、やっとくたばったか」みたいな。それを聞いて「くそう」と思いながら死んでいくんですよ（笑）。

*1　かかりつけ医がいる場合は、担当医に連絡して持病に基づく死亡であることがわかれば、死亡診断書が発行される。

*2　自宅の風呂場で立ちくらみを起こして気絶した。

ヒャダ　でも本当にあるかもしれないですよね。

能町　イノマーさんのドキュメンタリーで、ちょっと思い出したことがあって。イノマーさん、最期はもう本当にガリガリで、ゴボウみたいになっちゃって「生き切った」という感じで亡くなったじゃないですか。

ヒャダ　生命力をきっちり使い果たして。

能町　10年くらい前に、劔樹人さんの友達のコツリさん(*1)という人が、ツイッターで実況しながら死んでいくのを見てたんですよ。イノマーさんのドキュメンタリーを見てたら、そのことを久しぶりに思い出して。まだ30代だったんだけど、がんでガリガリになってて、たぶん先が長くないのを自分でもわかってたと思うんです。それであるとき「危篤かう。ゃ～」ってツイートしたんですよ。たぶん「危篤なう。ぎゃ～」と打ちたかったんだと思いますけど。

――誤字に危篤感が表れている。

能町　「自分が危篤になったのを自分でツイートするんだ」と思って。でもそのときは結局死ななかったんです。「ほんまに死ぬと思いましたわ」と書いてて、「なんだ、心配したけど大丈夫だったじゃん」と思ったんだけど、その翌々日くらいに亡くなったんです。そこにすごいリアリティがあって。そのとき私、「できれば実況しながら死にたいな」と、ちょっと思ったんですよね。悲しさが紛れるし、体はつらいだろうけど、わりとその状況を楽しみながら死んでいくくらいのほうが、まだいいなって。

――巣鴨にいるおじいちゃん、おばあちゃんって、みんな「ぽっくり死にたい」と言うじゃないですか。

ヒャダ　ピンピンコロリ(*2)。

――それです。でも先日のイノマーさんもそうですけど、「余命が長くない」とわかっているからこそ、ラストライブとか、やりたいことをやって死ねるという見方もあるなと思って。

能町　難しいな……。難しいけど、知り合いが死んじゃった後だったら、さすがにぽっくりがいいですね。

久保　私の周りで早く亡くなった人は、総じて闘病じゃなく、急に亡くなったんですよね。レイ・ハラカミさんにしても、雨宮まみさんにしても。「自分の死期を知って、長く苦しみながら何かを残す」という身近な例をまだ見てないから、その生き方の

*1
劔樹人のハロヲタの友人。映画『あの頃。』に、コツリがモデルとなった「コズミン」という人物が登場している。

*2
健康寿命をできるだけ長くして、「死ぬギリギリまで元気に活動して、最期は病気で苦しんだり寝たきりになったりせず、苦しまずに死のう」という標語。界隈では「PPK」の略称で呼ばれている。対義語は長期の寝たきりを経て死ぬことを表す「NNK」(ネンネンコロリ)。

ほうがいいのかどうかはわからない。私は往生際が悪いから、わかったほうがいいような気もするけど。ただ、残り時間が短いとわかったときに、「感動的な何かを残すことを期待されてそれに応える」みたいなのは嫌なんだよ。そもそも体調が悪かったら、うまく描けない可能性もあるわけだし。

能町　私みたいな仕事だと別にライブはないし、文章を書くにしても、そんなにいいやつ書けるのかよくわからないですよね。

久保　そうなんだよね。苦しんでる状況で、名文が書ける気がしない。

ヒャダ　僕もそうですよ。そんな状況で名曲書けるのかわからない。

能町　「誰かのために何かを残す」じゃなくて、ただ自分がやりたいことをやるほうを重視したいですね。

ヒャダ　この連載でも話しましたけど、追悼ポエムは本当にやめてほしいですね。あれは気持ちが悪い。

生き延びたい！

――たまに「死ぬときに聴きたい曲」みたいなアンケート企画がありますけど、実際は自宅でバタッと倒れたときに、つけっぱなしのテレビから「しじみチャーンス！」が聞こえてきて……。

一同　（笑）

――でもそっちのほうがリアルなんじゃないかなと思って。

能町　全然あるでしょうね。

久保　私も年末にお風呂場で気絶して、目が覚めたらマルタイのゲーミングシャワーヘッドからキラキラ光りながらお湯が出てて。それ見た瞬間、「ヤバい、私がこのまま死んで発見されたら『シャワーヘッドがキラキラ光る中で死んでいた』と語り継がれてしまって、マルタイさんに申し訳が立たなくなる」と思った。

――たけし映画みたいなシチュエーションですね。

久保　そのとき私、気絶しながら頭の中でずっと「ラムのラブソング」歌ってたんだよね。

能町　なんで（笑）？

久保　お風呂入る前にツイッターを見たら、「チョコまみれ」のパッケージに「私が誰よりいちばん」と書いてあって、「ラムのラブソングか」とツイートしてる人がいたんですよ。たまたまそれが頭に残ってて、暗闇でシャワーヘッドがチカチカ光る中で気絶したときに……。

ヒャダ　「好きよ、好きよ、好きよ、うっふん」

久保　「私が誰よりいちばん……ハッ！」って（笑）。気絶してる間、すごく気持ちよくリズム取ってて楽しい気分だったんだよね。あのシャワーヘッドが私をこの世に引き戻してくれたのかもしれない。

能町　マルタイのおかげですね。

久保　あれが届いたとき、「シャワー中はほぼ目を閉じてるから見えない。瞼の裏で光り輝く世界が感じられて、あの世と交信してるっぽい」とツイートしたんだけど、まさかあれがフラグになるとは。

ヒャダ　めったなこと言うもんじゃないですよ。

能町　言霊です。

久保　無事に生きて帰ってこれて良かったなと。

能町　気をつけてくださいね。最近、友達が心筋梗塞になったし、何が起こるか本当にわからないので。

久保　生き延びたい。

ヒャダ　生き延びたい。コロナになりたくない。

能町　コロナになりたくない。

——2021年の目標を「生き延びる」にしている人、かなりたくさん見ましたよ。

久保　「実は今が一番マシな状況だった」みたいなことになっていく可能性もあるけど。

ヒャダ　「あのときまだ、1日1000人くらいで済んでたねー」とか言って。

能町　だって、百合子が橋を真っ赤にしたとき、東京の感染者12人でしたもん。

ヒャダ　僕、後悔してます。そのときのニュース、ちゃんと録ってればよかったなって。

能町　私もその画像見たとき、ちょっと信じられなかった。慣れていってるんですね、どんどん。

久保　あの頃に戻りたい……。

TALK-22

声をかけてますか？ かけられてますか？

［2021年4月掲載］

「やりたいことがあるのに気後れしている久保さんの背中を、みんなで押す」ということがだんだん増えてきた気がしますが、この回もまさにそういう展開になりました。

自分のことを嫌いな人、何人くらい認識してる？

久保　最近思うんですよ。「人間が一生涯で、自分のことを嫌いな人間を認識する平均数値ってどのくらいなんだろう」って。SNSで目立ってる人は、その数値がめっちゃ跳ね上がってるはずなんだよね。はあちゅうさんとか、ものすごい数を見てるはずだと思う。私はもうエゴサしなくなったけれども、今の若い有名人はエゴサを当たり前にやってて、自分を嫌いな人を（昔の人よりも）多く把握してるんだろうなと思うと、精神は大丈夫なのかと心配になってしまう。

――有名人だけじゃなく、そこそこフォロワーが多い一般人にも当てはまりそうですね。

久保　インターネットはどんどん進化していくけれども、それを使う人間はちゃんとそれに追い付いてきてるのかな、って。それに比べてペットは、生涯「自分は愛されてる」「自分のことを嫌いな人なんていない」と思いながら死ねるんじゃないのかな、と思って。大切にかわいがられてる犬や猫を見てると、自分のことを嫌いな存在なんて絶対認識してないだろうなと思うんだよ。そういう生き方ができたら、どれくらいハッピーなんだろう……と、時々考えてる。

能町　私、エゴサを今より盛んにやってたときに、「かわいくて売れてる芸能人の名前」と「ブス」の組み合わせで検索したことがあるんですけど、数は少ないながらも、やっぱり出てくるんですよね。「この人でもブスと言われるんだったら、もうブスという言葉には意味がないな」と思っちゃって。たぶん純粋に悪口として効果がある言葉だから言ってるだけで、美醜で言ってるわけじゃないんだと思います。

久保　自分はこれから「性格が良くて、聞き分けが良くて、みんなの羅針盤になるような人」になるのは無理だなと思ってるんだけど、かといって顔で引っ張っていく人にもなれるわけでもない。「いろいろあったけど今の自分がけっこう好き」みたいなことを言う系ではなく、もう「年々削られてきて、今の自分が好きとも言いにくい」みたいなことになってる。だから「大型犬に早くなりたい」とか、そういうことばっかり言ってるんだけど。光浦（靖子）さんが吉住さんにアドバイスする記事(*)、良かったんだ

＊　「オアシズ光浦靖子へ吉住が訊く。30代からの人生・恋愛・芸のこと」。吉住が光浦に「仕事の向き合い方」「今のうちにやっておいたほうがいいこと」「人生のなかで大切にされていること」について聞き、アドバイスをもらっている。

けど、あれを見てると「自分やべえな」と思う。

能町　光浦さんにアドバイスをもらったらいいんじゃないですか?

久保　いや、私から見ると光浦さんはちゃんと努力されてる人なので。「それに比べて私は全然ダメだ」と思っちゃって、意見をうまく聞けないかもしれない。

能町　やっぱり将棋が必要ですね。久保さんがメンタルを保つためには、豊島豊島(としまとよしま)会が必要なんだなと思います。

男の人は普段から優しくされてない?

——ここで「2021年3月31日までに豊島豊島会を開く」(*)という目標を書いたんですよね。

久保　あそこから長い紆余曲折がありましたが、なんとか間に合って。

ヒャダ　間に合って良かった。

久保　2人に背中を押してもらえなかったら私、DMなんてできなかったし。「友達が背中を押してくれるってこういうことか」と本当に思った。

——久保さんのSNSの使い方、みずみずしいですよね。今は芸能人に気軽にリプライを送る人であふれているのに、久保さんは「この人と知り合いたい」と思う人にドキドキしながらメッセージ送っていて。自分の場合だと、mixiまでさかのぼらないとそういう経験はないです。

久保　私も10年くらいそういう経験なかった。そういうタイプの勇気で、一番でかいのは能町さんに声をかけたことで。当時、能町さんに対しては「私のことをもっと知ってほしい」という図々しいファンの立場だったんだけど、それがきっかけで今は一緒に番組やイベントをやれるようになった。でもこれは女同士、同性だから良かったのかもしれない。私の場合、全力で優しくするのって明らかに同性に対してなんですよ。異性に対しては、優しくするのをちょっと手加減してる気がする。女性はどれだけ優しくしてもそれ以上発展することはないけど、男性って普段から優しくされてないらしいから。

ヒャダ　そうですね。そうかもしれない。

久保　だから優しくしてくれる女性に簡単に……。

ヒャダ　コロッといっちゃう。

＊ 豊島区在住の久保が豊島将之竜王(当時)のファンたちと竜王について語り合う会のこと。コロナ禍でまだきちんとした形では実現していないが、ファンとオンラインでささやかな交流を持つことはできたらしい。気になる相手にDMを送ることをためらっていた久保だったが、能町・ヒャダインの猛烈なプッシュで送信を決意した。

久保　「なぜ男の人はサークルクラッシャーやオタサーの姫にコロッといってしまうのかというと、基本的に男の人は普段から優しくされてないからだ」という話を聞いたことがあって、「ああ、そうだな」と思ったんだよね。

――だいたいその認識で合ってると思います。

久保　だからヒャッくんも読んだ『Bye-Bye アタシのお兄ちゃん』というマンガ(*)、あれを読んだら、おじさんがメイド喫茶にハマったのも、結局人に優しくされないからじゃないかと思って。「私、このおじさんより女の子に無料で優しくされてる」と思うと、すごく泣けてきちゃって。ひどい上から目線だけど。

能町　確かに男同士はあんまり優しくし合わないですよね。いじり合い、けなし合いをするイメージ。

ヒャダ　男同士だと、ちょっと雑な感じですよね。プレゼントを贈る文化もないし。百歩譲って誕生日プレゼントならあるかもしれないけど、「おいしいチョコレートがあったから買ってきたよ」みたいなのは全然ない。

――そう言われてみると、確かに優しくされてはいないですね。優しくしてもいないんだろうけど。

久保　だから私の中のリミッターを外した全力の優しさは、男の人にまだぶつけてないなと思って。重いリミッターをカシャン、カシャンと外して、男の人に全力で優しくしてみたいもんだなと思うけど、別にそれは見返りを求めてるわけじゃないんだよね。勘違いが起こると困る、みたいな。

――距離感の間違いって、40代でも普通にありますよね。減りはしてもたぶんゼロにはならない。

久保　ヒャッくんが言ってた「距離感の誤インストール」の話、私もよく思うわけよ。最近は動物動画を見ててそう思った。

ヒャダ　動物で？

久保　優しい飼い主さんとの関係があるから、犬は飼い主に対してうれしそうなリアクションをするわけじゃん。でも私がその場にいたら、絶対その距離感を誤インストールして、「わあ、お利口さんだね！」ってやりそうな気がするんだ。恐ろしいことだよ。

ヒャダ　それくらいはいいんじゃないですか？

能町　犬だったらいいですよ。

久保　でもこれは油断すると、人に

＊ 竹内佐千子の短編マンガ。定年を迎えた孤独なおじさんがメイド喫茶に連れていかれたことをきっかけに、今度は自分がかわいい「妹」に生まれ変わり、自分が癒やす側になるというストーリー。

対しても起こるわけだから。まずはワンコで食い止めておかないと、と思って。誤インストール、本当に怖いから。

もっとカジュアルにしゃべりたい

――僕も誤インストール怖いんですけど、でもみんなが「誤インストールやめよう」と思って、お互いに踏み込まない距離感で居続けると……。

能町　ずっと縮まらなさそう。むしろ、そっちのほうが良くない気がするんですよね。私、早くおばあちゃんになって、電車で隣の人に話しかけたいんですよ。修学旅行でやって来た学生がかわいくて、「どっから来たの?」と聞きたいんですけど、さすがに今の年齢で聞くのは早すぎると思って。おばあちゃんだったら普通にやっていいんですよね?

久保　それを思うと、本当におっさんじゃなくて良かったと思う。

能町　おっさんはそれ、一番やれないですもんね。あっさり犯罪扱いされそうだから。

久保　だからそういうところはおっさん、ちょっとかわいそうだなと思う。ウォーキングしてたら住宅街の変な小道を見つけて、「よさげだな」と思って写真を撮ることがあるんだけど、これをおっさんがやったら、たぶん怪しまれるんだろうなって。

能町　そうだね。それはそうだわ。

ヒャダ　外国の人って、同じマンションだったら、エレベーターで知らない人と会っても軽いあいさつするじゃないですか。うちのマンション、外国人そこそこいるんで、「How are you?」とか「いい天気ですね」くらいから始めてみようかと思ってるんですよ。僕、ニューヨークに住んでたら、たぶんそれやってると思うんです。「郷に入れば郷に従え」だから。でも今は日本にいるから、別にやっても変なことではないと思うんですけど、言えない。

能町　なかなかね。

久保　今朝は久しぶりに早く起きたから、コンビニ行って戻ってきたときに、同じ階の人とエレベーターですれ違ったんですよ。そういうときはあいさつするようにしてるから、ハキハキめに「こんにちは!」と言ったら、向こうは朝だからあまり声が出ないのか、「ぬ、ぬぅ……」って(笑)。

――不意打ちだったんでしょうね。

久保　いい気分だったから、「ぬぅ」と言われてもまったくマイナスに受け取らずに、ちゃんと受け入れたんだけど。でも面白かったな。いや私も、他の人に「こんにちは」と言われて、うまく声が出なかったときがあったんだよ。

ヒャダ　ありますあります。

――でもそういうコミュニケーションがサッと取れるって大事ですよね。単身者の多い東京で、建物が崩れるレベルの地震が起こったら、みんなパッと廊下に出てお互いに「大丈夫ですか!?」と言い合えるんだろうか、と考えるときはあるんですよ。

能町　東日本大震災のときは、用事で人の家に行ってたんですけど、外に出たら近所の人たちも出てたんで、ちょっと話しましたね。

ヒャダ　そういう有事じゃないとしゃべれないというのも、何なんだろうと思うんですけども。

能町　もっとカジュアルにしゃべりたい。コンビニのレジで店員に話しかけられると私はうれしいんですけど、きっと都民、特に若者はそういうの好きじゃないんでしょうね。

ヒャダ　きっとそうですね。

能町　30代くらいから、むしろそれが好きになってきたんですよ。セブンイレブンで、小腹すいてたからレジ横のクリームコロッケを買ったんですね。そしたら店員さんが……40代くらいの男性だったから店長なのかな、その人が「今日これ、もう3つ目ですよ。やっぱり人気なんですね」と言ってきて。

ヒャダ　ああ、いいですね。

能町　「これ、僕も好きで。コスパがちょうどいいですよね」みたいに話しかけられて、それが普通に良かったんですよね。そのくらいあっても全然いい。

久保　西武のデパ地下のケーキ屋に並んでたことがあったんですよ。何かケーキを食べたいと思ったから。そしたら外国人の男性から日本語で「これは何で並んでるんですか?」と聞かれて、「あ、何か並んでたんで」と答えてしまったことがあって。

ヒャダ　それ、最悪じゃないですか。

能町　それは何を言ってるかわからない。

久保　食べたことないケーキだったから、つい「何か並んでるんで」と言ったら、スッと去っていって、「はあ、私は気が利かないなあ」と思った。私はいつだって「ぬぅ」の側なんだ。

――年を取ると話しかけやすくはなるんでしょうけど、でも普段から「話しかける筋肉」を使っていないと、いざというときに「ぬぅ」的な言葉しか出てこないというのはありそうですね。

能町 私が「最高の話しかけ方だな」と思ったことがあって。都電で私含めて3人が並んで座ってたんですよ。私は端に座ってて、真ん中のおばあちゃんが私と反対側の、たぶん知らない人に話しかけてたんです。そのうち会話が途切れたんですけど、そしたらその瞬間、おばあちゃんがこっちを振り向いて、「今日は暑かったでしょう？」といきなり話しかけてきて、その後、立て続けに「橋本さん（元首相）が亡くなったのよねえ」「ボーナスはもう出たの？」「雅子さまはどうなのかしら」って次々に脈絡もなく話題が展開して、「これアリなんだ」と思いました。

ヒャダ 最初からコミュニティ感を持ってるんですかね。僕もだんだんおじさんになってくるから、そうなると話しかける対象が限られてくるんですよね。子供に話しかけるのもちょっと怪しくなってきてる。「こんにちは！」と話しかけるだけで、ギクッとされるかもしれないし。

――それで言うと、「夫婦や家族連れで歩くのがデフォルト」みたいな街があって、たまにそういう街に行くと、「居場所じゃないんだな」と痛感させられますね。

ヒャダ 二子玉（にこたま＝二子玉川）歩いてるとき、それ思いましたね。

能町 二子玉はひどいですよね。

ヒャダ 週末の二子玉を歩いたら、マジで「お前が来るような村じゃねえ、出てけ出てけ！」って、石投げられてる気分になったんですよ。

能町 二子玉と、あと豊洲もすごかったです。

ヒャダ 豊洲も石投げてくる感じありますね。二子玉の石と豊洲の石は、またちょっと違うんですけど。

具合が悪い人に、声をかけられる自分でありたい

能町 「話しかける」で言うと、「具合悪い人にはみんなちゃんと話しかけようよ」とはすごく思います。それすらやってない状況を見て、たまに嫌な気分になるんですよね。

久保 それはある。

能町　ずいぶん前、血みどろで歩いているおじいちゃんに、声をかけたことがあるんです。誰も声かけてなくて、それはダメでしょと思って。「大丈夫ですか?」と聞いても、気を張って「全然大丈夫」とか言うんだけど、「いや絶対大丈夫じゃないから、救急車呼びましょう」と言って、呼んだことがあるんですけど。みんなそれはやろうよ、と思いますね。

ヒャダ　僕もこないだ、恵比寿ガーデンプレイスで倒れてるおじいさんを見つけて。みんな素通りしてて、僕ともう1人だけが「これ、やばいですよね?」と言って、僕が交番に行って、その間にもう1人が救急車を呼んだんですけど。僕ら以外みんな素通りしてました。

久保　池袋西口公園で、夜中に大の字のように倒れてるホストらしき人がいて。「大丈夫ですか?」と声かけても全然動かないから、肌寒い時期だったし「これは良くないかも」と思って、交番に行ったら「よくあることだから」みたいな対応をされて、「これが池袋西口基準か」と思った。

能町　酔って倒れてる人もいるだろうけど、判断が難しいんですよね。見た目のイメージで「酔ってるだけ」と思っても、本当に気を失っているのかもしれないし。

久保　でもそういうときに声をかけられる自分でありたい、とは思ってる。

ヒャダ　だから僕、マンションの人には全員「こんにちは」と言うようにはしてます。

能町　うちは一戸建てで、しかも私は途中から住み始めたから(*)、近所の交流はほとんどないんだよね。でもやっぱり猫は強い。猫持って歩いてると、めっちゃ声かけられる。

ヒャダ　やっぱりそういうことなんでしょうね。

能町　隣の人とまともにしゃべったことなかったんですけど、たまたま小町を病院に連れてくときに玄関を出たタイミングで、隣のおばちゃんから声をかけられて。やっぱり猫ってすぐ声かけられますね。猫がいればいける。

ヒャダ　だから久保さんも犬を飼ってください。ピレネー犬に興味があるんでしたっけ?

久保　そう、グレート・ピレニーズ。でも飼えないよ。動画見て楽しんでるだけ。

* 最初にサムソン高橋が住み始め、のちに能町が同居するようになった。

無神経な人から人生狂わされたい願望

――でも久保さん、ずっと家にいる仕事だから、ペット飼うのは向いてるっちゃ向いてるんじゃないですか？

久保 うち、ペット飼えないマンションなんですよ。私自身、動物を育てた経験がないし。自分のところに動物が来たら、動物がかわいそう。

能町 私も最初はそう思っていました。

ヒャダ 僕もそう思っていました。

能町 猫が来る前は、自分に本当に飼えるのか不安で（マリッジ・ブルーにかけて）「猫ッジ・ブルー」になってました。「猫ニティ・ブルー」とも言いますけど。でも産んじゃえばどうにかなるんですよ。

久保 それは「こっちの意思が先か、環境が先か」みたいな話じゃないですか。うちはもう環境が無理だから、私の気持ちがいくら盛り上がっても無理なわけですよ。

能町 （まったく動じず）じゃあ環境も整えましょうか。

ヒャダ ですね。

久保 そうは言っても、その環境を新たに作るほどの出費もできないし。この話になると本当に「心を閉ざしたお母さんモード」になっちゃう。

――心を閉ざしたお母さん？

久保 （耳を塞いで「ほっといて！」のニュアンスで）「もうよか！ お母さん、もうそれはよか！ よかけん！」

ヒャダ こういうときに図々しい人がいるといいんですよね。

能町 「ほら、犬買ってきたから」

ヒャダ GACKTスタイル（＊）。

能町 もし、久保さんちにGACKTが犬連れてきたら飼います？

久保 そこまでされたら「引っ越さなきゃ」と考えるね。

能町 考えるんだ。GACKTすごいな。

久保 もしかしたら「無神経な人から人生を狂わされたい」という願望がちょっとあるのかもしれない。

ヒャダ その気持ち、わかります。

――「自分の人生は自分でコントロールしたい」というのが基本ではあるけれども、100％それだと広がりがないから、どこかで不可抗力の要素を求めている……みたいなところはありますよね。

能町 そうなんですよね。

＊ ペットロスに悩む友人の妻に、GACKTが愛犬をサプライズで譲ったという一件のこと。ちなみにGACKTがその経緯を動画で配信したところ、「犬をモノ扱いしているのでは？」などの批判が出て炎上した。

久保　コロナ禍で一番驚いたのは、そういう想像力が自分にはもうないということだったんだよね。「自分の人生にはもっといろいろあって、頑張ればこういうことができるんじゃないか」とか、そういうのがもう何もないという気持ちになってる。

能町　そんな。去年から今年にかけて豊島ブームが起こったじゃないですか。

久保　豊島先生の活躍は見たいけれども、「それを追いかける資格が私にはない」みたいな気持ちがあって。

能町　あんなに追いかけた末に、そう思ってるんですか!?

久保　でも豊島豊島会はやりたいし。

能町　大丈夫ですよ。豊島豊島会もやれるし、そのうちきっと犬も飼ってます。

久保　（マンションの）更新したばっかだし……。

マネージャー　敷金を1カ月分追加で払えば飼えるはずだよ。

一同　え？

マネージャー　でも1匹までだったと思うけど。

ヒャダ　1匹で十分ですよ。

久保　いや、でも1匹といってもグレート・ピレニーズは……。

——1匹は1匹です。

能町　これはもう敷金出すしかないでしょう。

ヒャダ　それだったら俺たちで敷金出しますよ。

能町　出します。何だったら犬届けますよ。GACKTみたいに。

ヒャダ　これで物件のせいにはできなくなりましたよ。

能町　できません。じゃあ、どうしても飼わなきゃいけないとしたら、どの犬がいいですか？

久保　いや、そんな……犬をうわべで選んじゃいけないよ。

——でも、しいて言うなら？

久保　しいて言うなら……15キロくらいはあったほうがいい。軽いのじゃなくて。

ヒャダ　15キロだと、中型犬になるんですね。

能町　ブルテリアはどうですか。かわいいですよね。

久保　いや、でもこんな感じで品定めするのって良くなくない？　良くないでしょ。

ヒャダ　だったら、どうやって出会うんですか？

能町　やっぱり今、久保さんにはG

ACKTが必要なんです。

ヒャダ 僕がGACKTになりましょう。

能町 私もGACKTになりましょう。

ヒャダ We are "GACKTS"！

夢じゃないから

久保 犬種でいうと、マッカチン（『ユーリ!!! on ICE』に登場する犬）を描いたりするから、プードルのミックス犬とかは好きなんだけど。たとえばボードゥードル。

能町 （検索して）これ、ボードゥードルっていうのか。

ヒャダ （検索して）めっちゃかわいいじゃないですか。ボードゥードルにしましょう。OK、ドゥードゥル。

久保 あの……ちょっと失礼な話していいですか？

能町 はい。

ヒャダ どうぞ。

久保 （照れながら）少し豊島先生に似た犬がいい……。

一同 （笑）

ヒャダ それなら自分で選びましょうよ。でもドゥードゥル、ちょっと豊島先生に似てますよ。

能町 ちょっと目がつぶらだし。どう名付けますか。「トヨ」ですかね。「マサ」かな。

久保 いや、それはさすがに……。

能町 「竜王」とか。

久保 竜王……いいね。

ヒャダ 呼ぶときは「竜ちゃんおいで」になりますけど。

久保 竜ちゃん……。

能町 竜ちゃん。もう固まってきた感じがする。

ヒャダ よし、2021年度の目標は「犬を飼う」。これでいいですね。

能町 いいですね。夢が膨らみますね。だって、帰ったら竜ちゃんがいるんですよ？ 今日、久保さん帰ったら「あれ？ 竜ちゃんいない」って思いますよ？

久保 （かぶりを振って）いや、いやいやいや……。

能町 いるはずなのに。

久保 こんなとこにいるはずもないよ。やめて、まだいないから！

ヒャダ なんで忘れているんですか？ もう飼ってますよ。

能町 昨日、「竜ちゃん」って名付けたじゃないですか。久保さんちに、竜ちゃん見に行っていいですか？

ヒャダ　一緒に散歩したい。

能町　代々木公園に行きたい。

ヒャダ　ドッグランで走らせたい。

久保　（うつむいて）やめて！

ヒャダ　フリスビーやりたい。

能町　竜ちゃん、フリスビーやりたい。フリスビー取れるんですか？

久保　（顔を上げて）取れると……………思うよ。

ヒャダ　犬友いっぱいできますよ。「お名前、何て言うんですか？」「竜王と言うんです」って。そのうち「あ、竜ちゃんママだ」と言われるんです。

久保　で、私がこじらせてるから、「でも私が産んだわけではないんです」とか言うんでしょ。

ヒャダ　たぶん、もうそんなこと言わないと思います。

能町　言えない体にしてやります。

久保　やめて！

ヒャダ　竜ちゃんママ。

久保　やめて！　もう夢は見させないで！

能町　夢じゃないから。

ヒャダ　夢じゃない。

――夢じゃない。

久保　夢じゃ……そんな都合のいい子はいないよ。

能町　じゃあ私たちが探しますよ。

ヒャダ　探します。我々、GACKTが。

――最近こういう展開多いですね。いいことですけど。

ヒャダ　そうですよ。実際それで我々、結果出してるんで。結果にコミットする、GACKT。

久保　あああ、この連載がどんどん私の人生を……。

――何か進捗がありましたら、ここで報告をお願いします。

ヒャダ　ええ、お知らせいたします。では今日のセッションは終わりにしましょう。

能町　また次のセラピーで。お大事に。

久保　ありがとうございました。

TALK-23

昭和の習慣、覚えてますか？

［2021年5月掲載］

前回、久保さんから「犬を飼いたい」という話が出ましたが、「あれから1カ月しかたってないし、そんなに進捗ないかもな」と思っていたら、本人の中ではどんどん気持ちが盛り上がっていたようで……。

イマジナリードッグ「竜ちゃん」

——前回出た犬を飼う話、着実に進んでるみたいですね。

久保　着実にというか、単に私がネットで調べてるだけなんだけど。行動は驚くほどしてないです。でもイマジナリーな活動……犬を飼っている設定で散歩したり、近所の散歩スポットを探したりはしてます。家の中でも「犬が噛んで破壊するかもしれないから、これ片付けとこう」とか。

能町　いいなあ。私も猫を飼うとき、「来る前に部屋の高いところきれいにしなきゃ」と思った。

久保　やっぱりあるんだ、そういうの。

ヒャダ　ずいぶん前向きになりましたね。

久保　それ以外でも、朝起きてまだ眠いときに、うちは茶色い枕カバーなんですけど、それを犬だと思って抱いて、「よしよし、もう少しで散歩行くから待っててね」というのをやってる。

ヒャダ　成長しましたね。

久保　これを成長と言っていいのか……ちょっと危険じゃないですか？

ヒャダ　何も危険じゃないです。

能町　非常にいいです。健全です。

久保　犬って、自分の都合にかかわらず、いろいろ世話してあげなきゃいけないですよね。だから自分の都合にかかわらず、決まったタイミングで何かを強制的にやろうということで、いま棋士の画像を寝る前に模写するというのをやってます。私はそれ、写経と呼んでるんですけど。

ヒャダ　写経。

久保　それを将棋用の裏アカウントでやってて。

能町　久保さん、裏アカが熱いらしいんですけど、私は知らないんです。

ヒャダ　僕も知らないです。

——ガチの裏アカだ。

久保　そこで前からやってみたかった他の将棋ファンとの交流を、少し育んでて。でもまだ会いに行けてはいないし、犬を飼うのもイマジナリーな状態なので、まだまだなんですけど。家からは出ていない。

——今日の収録で湯河原の話(*)が出てましたけど、以前この場で「湯河原に住むのがいいんじゃないか」という話が出てましたし、犬を飼う話も具体化してきて、「湯河原で犬を飼う」みたいにつながってきたなと思って。

ヒャダ　点と点が。

久保　でも最終的にそれをかなえる

＊ 2026年までに湯河原に移住するという話になった。

のは、私の意思でなきゃいけないから。

能町　そうですね。私たちは「You やっちゃいなよ」と言ってるだけで。

久保　それで「犬を飼うんだったら、今後しばらく実家に帰省できないかもしれない」と思って、実家に帰ったんです。3日間だけ。新しくなった福岡空港が見たいから、福岡空港で降りて特急みどりに乗り換えて。で、特急みどりの車窓から、「犬散歩させてる人いないかな」って探してたんだけど……。

ヒャダ　動体視力がすごい。

久保　福岡、佐賀、長崎をずっと見てたんだけど、なんと1匹しか見なかった。佐世保も車でいろいろ連れてってもらってたんだけど、犬を散歩させてる人は2～3人くらいしか見なくて。「佐世保、犬飼ってる人少なくね？」と思った。

――時間帯にもよるんですかね。

久保　あと、夏が暑い場所ではあんまり犬飼わないのかも……とか。佐賀を通ったときに、田んぼがたくさんある場所で犬を散歩させてる人を見たんだけど、暑い日だときついだろうなと思って。日光を遮るものがないから。

ヒャダ　確かに。

久保　自然豊かなところに移住できても、気軽に寄れる店があるわけでもないし、動物病院に行くのも車を持ってないと無理なわけで。

――車窓を見ながらそういうシミュレーションをしていたと。

久保　それでいくと、今住んでる場所は30分歩いただけで散歩させてる人を6組くらい見るし、調べてみたら動物病院も多かった。大自然はないけれど、犬仲間に会いやすいし、駆け込めるところも多いし、飼うのに適してるのかもしれない。実家に帰ったのは一つ確認したいことがあったからで、子供の頃、野犬を連れて帰ったことがあるんですよ。

ヒャダ　つらい話になりそう。

久保　その犬がおたふく風邪みたいに顔が膨れて、それで保健所に連れていかれちゃったんです……私の記憶では。そのトラウマと一度向き合わなきゃと思って、お母さんに「私、子供の頃、野犬連れて帰ってきたことがあって、保健所に連れていったよね」と聞いたら、「覚えとらん。お父さん覚えとる？」「おいは知らん」「えっ？」っていう。私の記憶はなんだったんだ。

――親の視点では「取るに足りないこと」として処理されているのかもしれないし。

能町　それはあると思う。

久保　兄に確認してみるか。「自分がトラウマに思っていること、案外他人は覚えてない説」ある。

ヒャダ　本当にそんなもんです。人間あるあるです。

「昭和、今考えるとめちゃくちゃ説」動物編

能町　小学生の頃の記憶とか、今思い返すと本当だったのかわからないものがたくさんあります。

久保　お兄ちゃんから聞いた証言なんだけど、「日本で2番目に水質が汚い」と言われていた近所の川で私が溺れて、親に見つかったら怒られるから、こっそり風呂に入って隠蔽工作をしたことがあるらしい。でも自分の記憶はないんだよね。

能町　その感じ、逆にリアリティありますけど、本当にいろいろあいまいになりますよね。大人になってからの記憶ですら、前後関係あいまいになったりするし。小学生のときなんですけど、3階の教室に猫が入ってきたことがあって。

ヒャダ　かわいいエピソードじゃないですか。

能町　そのときの担任がちょっとした名物先生で。当時50代半ばくらいだったんですけど、50代とは思えないくらいに完全にハゲてて、お茶の水博士みたいな髪型の人だったんです。歯が半分くらいないんですけど入れ歯を作ってなくて、しかも濃い茨城弁だから、けっこう何言ってるかわかんない。いろいろ雑なんだけど、教室でボードゲームやってても怒らないし、生徒からはまあまあ人気があったんです。で、猫が入ってきた話に戻るんですけど、そこに先生……「パゲ」って呼んでたんですけど、パゲが入ってきて、「邪魔だから」みたいな感じで、3階のベランダから猫を投げた。

一同　え――っ！

能町　という記憶があるんです。でも、それ本当かなと思ってて。

――いくら雑でもそこまでしない気もするし、昭和の雑さってそういう要素があった気もするし。

ヒャダ　動物の命に関しての価値観がごろっと違うこと、時々ありますよね。北海道出身の人と話してたら、

家に親子のキツネが迷い込んで、そのキツネを親父と兄貴がボコボコにしたというエピソードを聞いて。

久保　そんな……。

能町　ボコボコにする意味がよくわからない。

ヒャダ　「それが普通」みたいな感覚で話してたんですよね。

能町　でも昔は猫、犬の飼い方も本当にひどかったですよね。

ヒャダ　こないだ『水曜日のダウンタウン』で「昭和、いま考えるとめちゃくちゃ説」をやってましたけど、犬の飼い方も1960年代に戻したら……。

能町　ヤバいですよね。テレビじゃ映せないと思います。

ヒャダ　中高の同級生が番犬を飼ってたんですよ。汚れてて素朴な犬だったんですけど、「名前なんていうの？」と聞いたら「ない」と言われて。

能町　ないんだ。

ヒャダ　だから純粋に番犬なんです。セコムみたいな。

能町　道具としての犬。

ヒャダ　でもどんなに汚い犬でも、飼ってたらかわいいと思うんですよ。なんで名前を付けていなかったのか、今でも理由がわからないですね。

能町　それで思い出したけど、仕事で爬虫類を飼う人向けの雑誌を読んだことがあるんです。中身は飼育のノウハウとか、「こんなヘビが流行ってます」みたいな情報が載ってるんですけど、ヘビコレクターって基本、名前付けないらしいんです。

一同　へえ――。

能町　ヘビを飼う人って大半が男で、その雑誌の読者もだいたい男なんですね。男のヘビ飼いにとって、ヘビはコレクションみたいなんです。並べて、色とか柄とかを楽しむ感じ。

ヒャダ　ミニ四駆みたいなもんですね。

能町　かわいいとかじゃないんでしょうね。その雑誌が「最近は女の読者もいるらしいぞ」ということで、女性の単身者の特集をやった号を買ったんです。たぶん編集部も男ばっかりなんだろうけど、女性がヘビを飼うことに関して、頑張っていろいろ書いてるわけです。そこで「女性はどうやらヘビに名前を付けるらしい」みたいな話が書いてあって。「へー、そうなんだ！」みたいなノリなんですよ。

――「新人類登場！」みたいな。もはや何が普通なのか、感覚がグラつきますね。

能町　「ヘビ界隈ってそんななんだ！」と思ってびっくりしました。

ヒャダ　さっきの「犬に名前は付けない」というのと、同じ文化なんですかね。

――「大事にはしてても、人間と畜生の線引きは明確にある」みたいな。

コロナ禍とペット

久保　今は動物愛護法が変わって、飼えなくなったペットの引き取りを保健所がしてくれなくなったんですよ。飼い主が亡くなるとか、入院から戻れないみたいな、よっぽどの条件がない限り。

能町　今はそうなんですね。

久保　それで保護犬を引き取る人のYouTubeを見てたら、北関東のほうで、10年以上前から自宅の庭で50〜60匹くらいの犬を飼って、ろくに世話をしてない人の話題が出てて。役所やボランティアの人が話し合いをするんだけど、犬を引き取らせてくれなくて、ずっと膠着状態が続いてたらしい。散歩もさせてないし、犬同士のケンカで命を落とす子もいるようなひどい飼育環境だったんだけど、突然「急展開を迎えました」みたいな話になって。

――何が起こったんです？

久保　飼い主の人が別の犯罪で捕まった。公式に犬を管理できない状況になったので、捕まってる間に1匹でも多くレスキューしようといろんなボランティアさんがたくさん引き取って、今面倒を見てるみたいで。

ヒャダ　良かった。

久保　ひどい飼い方をしてる人の新しい解決法、「別件で捕まる」。

能町　最近も大田区で、46歳の自称占い師が動物愛護法違反で逮捕されてましたね。犬とかヘビとかウサギとかいろいろ、総勢50匹以上を全然飼い切れてなくて。もともと数匹は飼ってたらしいんだけど、コロナ禍で趣味の海外旅行に行けなくなった代償に動物を次々に飼い始めて、収拾がつかなくなった。コロナの影響って、こんなところにも出るのかと思いました。

久保　コロナじゃなくても、この人は何か起こしてたのでは？

能町　起こしてるんでしょうけど。うちの同居人（サムソン高橋）もコロナで海外旅行に行けない分、買い物に走ったんですよ。似たようなパタゴニアのフリースをいくつも買ったり、靴もたくさん買ったりしてて。

久保　普段は財布の紐を締めてるイメージなのに、その辺お金をかけてますよね。

能町　そうなんです。財布の紐がヤバくなっちゃって。コロナって人をこういう方向に狂わせたりもするのかと思って。買ったのが動物じゃないだけいいんですけど。

――自称占い師、飼った数もすごいけど、種類もすごかったですよね。確かワニも飼ってて。

能町　（ニュース記事を見ながら）犬7匹、猫2匹、ハムスター2匹、インコ2羽、ウサギ16羽、ハリネズミ2匹、モモンガ1匹、フクロウ1羽、イグアナ1匹、リクガメ3匹、ニシキヘビ2匹、オオトカゲ1匹、ワニ1匹など、合計24種類・58匹（&羽）。

久保　ノアの箱舟じゃん！

――しかもそのほとんどが、この1年で飼い始めたやつだという。

久保　私が犬を飼いたいのもコロナ禍が理由だと思われたら心外なんだけど……。

ヒャダ　誰もそんなこと思わないです。

いきなり素敵な物件案内

久保　でもまだ出会ってもいないのに、理想だけ言ってるのってなんだか恥ずかしくて。「もしかして出会い系アプリで『若くて、かわいくて、自分に尽くしてくれる子と会いたい』と理想ばかり言ってるおじさんと同じなんじゃないか？」と思って、時々ウワーッとぶり返しが来るんだよ。でも「あえてそこを乗り越えなきゃ」というのを初めて経験している気がする。

能町　犬、猫は出会いだから、出会っちゃったら、最初の想像と違う犬でも大好きになる可能性が高いと思います。

ヒャダ　もう当たりはつけてるんですよね？

久保　譲渡会の当たりはつけてるんですけど。

ヒャダ　その譲渡会はいつですか？　フィックスさせましょう。

久保　それが緊急事態宣言で中止も多くて……。里親募集サイト見てて気になる子は何匹か……。

ヒャダ　見に行きましょう。見に行くだけならすぐでもいいですよね？

久保　場所によっては、飼う前提じゃないと行っちゃいけないところがあるんですよ。

能町　目星はつけておかないといけないんだ。

久保　あと、まだ飼うと決まってなくても、ペット可の物件である証明は見せないといけない。

――まず先に環境を整えろと。飼うことに対して、期待と不安の両方があると思いますけど、実際のところどっちが大きいですか？

久保　まだ不安が大きいです。「具合悪くて1日寝込むこともあるのに大丈夫かな？」とか、「自分が掃除しないときれいにならない環境で、犬の面倒を見て、掃除もするってできるんだろうか？」とか。あと、「ワンコのために朝起きれるのかな？」とか。

能町　起きれますよ。起こされます。

――頭の中で考えてるだけじゃなくて、実際に散歩のシミュレーションをしてみたり、枕を抱いてみたり、フィジカルな部分には踏み込んでいるわけだから、気持ちの階段は着実に上ってるんじゃないですか。

久保　なるほど、フィジカル。家の中で、見えない犬にちょっと話しかけたりもしてます。あと（散歩用の）ウィンドブレーカーを買いました。

ヒャダ　それなら、我々からも何かプレゼントしますよ。何がいいですか？

久保　ケージ。

ヒャダ　ケージ、わかりました（さっそくスマホで検索）。

久保　高いよね、やっぱりいいよ。まだサイズも決まってないし。

ヒャダ　でもケージが家にあったら……。

久保　気持ちが盛り上がりそう。

能町　盛り上がるというか、「なんでいないんだろう？」ってなっちゃいそう。

久保　そこに（犬に見立てた）枕を置く。

ヒャダ　それはちょっとサイコみが増してきます（笑）。

能町　ケージはまだ早すぎるなら、何がいいかな。

ヒャダ　ペットシーツはどうです？

久保　いいね。人間が使ってもいいしね！

一同　（笑）

能町　あと、今日の収録で言ってた「2026年までに湯河原移住」というのも実現させましょう。じゃあ私は湯河原の物件を調べようかな。

久保　物件探しまでしてたら終わらないよ！　5年後の話だよ。

能町　今の状況を確認するだけです。戸建て希望ですよね。庭があったほうがいいもんね。

久保　そうだね……いやいや、そんなのないない。

能町　「奥さま、ご予算のほう伺ってよろしいですか？」

久保　ええー……そんなに予算ないよ。

能町　「では私どものほうで、おすすめを何軒か紹介させていただきますね。こちらなんていかがでしょう？　湯河原駅から3・5キロ、車で15分の立地です。現在、賃貸中の物件となっておりまして、当面居住する予定はないけれども、ゆくゆくは……とお考えの方にうってつけの物件です」

久保　「賃貸中の物件。そんなのあるんですか？」

能町　「こちらの物件、オーナーチェンジという形になります。6万円の家賃ですので、もしオーナーチェンジされると、久保様に毎月6万円の家賃が振り込まれるという形になります。温泉もございまして、山並みを一望できます。吹き抜けありの、3階建ての住宅となっております」

久保　「3階建て！」

能町　「間取りで言いますと2LDKなので、お一人でもちょうどいいかなと。建物の面積としては79平米、土地面積が266平米、お一人とワンコちゃんでしたら、ちょうどいいかなと」

ヒャダ　「温泉も、広い庭も付いている3階建ての住宅。理想的な物件ですね！」

能町　「これでお値段おいくらだと思われますか？」

久保　「わりとお高いんでしょ？」

ヒャダ　「80平米ですからね。場所からいっても8000万くらいするんじゃないですか？」

能町　「そうおっしゃる方もいらっしゃいます。ですが、こちらの物件……500万円です！」

一同　やっっっっっす!!

ヒャダ　買いましょう、500万ですよ！

能町　これ、本当にスクショして送ります。

久保　そんな物件、本当にあるんだ……いや買えないけど。

能町　「奥さまは車を運転されない

ということで、バス停から徒歩1分の物件もご紹介いたします。非常に便利な場所なんですが、こちらお庭はちょっと難しくて、リゾートマンションなんです」

久保「でもマンションもいいですよね」

能町「春はすぐ目の前に桜が咲いて、眺望も素晴らしいんです。2階の3LDK、管理人常在で屋内プールもございます」

久保「ひゃー、プールも！」

能町「こちら別荘にも向きますし、永住物件にもできます。面積は65・9平米、バルコニーが10平米ございますので、ガーデニングを楽しむこともできます。先ほどの物件よりもかなり便利なのですが、やっぱり気になるのはお値段のほうですよね？」

久保「夢みたいな物件だけど、やっぱりお高いですよね？」

ヒャダ「プールも付いてるわけでしょ？ これは1億いっちゃいますよね」

能町「1億を心配される方もいらっしゃるんですけど、こちら私たち勉強させていただきまして………450万円！」

一同（全員バンザイ）やっっっっっっっっっっす!!!

久保 どひゃーーー！

ヒャダ 1億円と思ったら、なんと450万円。1億円の消費税にも満たない。

能町「ぜひ検討していただけたらと思います」。これもスクショ送っときますね。

ヒャダ ペットシーツも今注文しましたよ。

久保 みんなありがとう……。──だんだん外堀が埋まっていきますね。

久保 お店のオープンテラスで、犬を膝の上で軽く抱きながらスマホをいじるイメージを思い浮かべてる。

能町 それは幸せそう。

ヒャダ 僕も猫を膝の上に置いて、それをスマホ台にしてますよ。

能町 私もそういうことやる。

久保 ダメだ。そんなこと言ってたら、かわいい女の子と付き合いたいおじさんと何ら変わんない。

ヒャダ 一度の人生ですよ。一度しかないんです。犬を飼う人生と飼わない人生、どっちがいいですか？

能町 どっちがいいですか？

久保 今なら「飼う人生」と言える。

ヒヤダ　言った！　言質取りましたよ。

久保　犬を飼う準備の気持ちに、すごい時間を費やしてしまった……。

——時間はかかったけど、遅くはないですよ。2021年、いい年にしましょう。

能町　いい年にしましょう。

ヒヤダ　始まったばっかりです。

●その後日のツイート

@kubomitsurou
実家の母がインスタをうっかり始めたみたいで、私のアカウントもフォローさせてあげたんですが、昨日から枕を犬に見立てて愛で始める娘の投稿に狂気を感じないか若干不安です。(まだワンコとは出会っていません)
wag
ペットシーツ
午後10:18 · 2021年4月20日

@kubomitsurou
竜ちゃん、ただいま。竜ちゃんダーメ、食べられないよ。
午前0:04 · 2021年5月3日

TALK-24

取り返せない失敗はありますか？

［2021年6月掲載］

この日のオンラインライブのゲストは佐久間宣行さん。ライブ中は「好きなお土産」の話で盛り上がり、楽屋でもその話を続けていたのですが、能町さんが本番での発言をずっと気にしている様子で……。

口に出すと壊れてしまうもの

能町　私、まだ恥ずかしいです。佐久間さんにオファーしてしまったことが(*1)。

久保　あれ、急に何だったの？　何かの魔が差した？

能町　自分でも「どうしちゃったんだ」と思いました。

ヒャダ　おっちょこちょいの女の子みたいでした。少女マンガに出てくる、いきなり間違えて告白してしまって、カーッとなる女の子。

久保　「違うの！　そ、そういう意味じゃ……！」

──「本当はこういうことが言いたかったのに」みたいなのはあるんですか？

能町　いや、本音は本音だったと思います。ただ、あれをもうちょっとうまく言いたかったんだけど……。

ヒャダ　いきなりゴールに入れちゃった。

能町　超ストレートに出しちゃったという。別に、具体的に出たい番組があるわけじゃないんですよ。佐久間さんの（担当番組が醸し出す）あの感じいいな、と最近すごく思ってて。

ヒャダ　でも結果良かったんじゃないですかね。

能町　良かったのかなあ。

ヒャダ　「『共感百景』(*2)はやりたい」とおっしゃってましたし。

能町　でもやっぱりダメだ……たぶん明日になってもまだ恥ずかしいと思う。

ヒャダ　確かに「え？」とは思いましたよ。「能町さん、何かお聞きになりたいことありますか？」と言ったら、いきなり「私を番組に出してください」って。

──突然の告白みたいな感じ。

久保　「私をAV女優にしてください」くらいの感じで。

能町　その勢いですよね。なんであんな感じになっちゃったんだ……。

──でも本心なわけですから。

能町　本心は本心ですけどね。何だろう、ちょうどよく説明するのは難しいんですけど。今、『生きるとか死ぬとか父親とか』というドラマをやってるじゃないですか。あれ見てて、「あの中に私が入れてたらいいのに」と思うんです。でも今の私の立ち位置だとあそこに入らないのもわかってるから、入れてほしいとは思わない。もっと自然な流れでオファーされて、「ああいう感じの場所」にいれた

*1　オンラインライブの本番中、能町がゲストの佐久間宣行に対して、唐突に「佐久間さんの番組に出してほしい」と申し出たこと。

*2　あるテーマに基づいた「あるあるネタ」を“共感詩”として発表するというルールのバラエティ番組。能町も出演していた。

ら最高なんですけど。「これぞ、みたいなちょうどいいやつに、ちょうどいいオファーをもらえたら最高」みたいな感じというか。

――ぼんやりとつかめてきました。ちょうどいいやつに、ちょうどいい形でオファーされたいから、「直訴」みたいなトーンはそぐわないという。

能町　うらやましいのかもしれないです、あの感じが。あの感じに片足ちょっと突っ込みたいけど、本当に片足突っ込んだら全然なじまなくて、暗い気持ちで終わるということも確信してて。だから言いづらいんですよ。

久保　自分から「仲間に入れて」って、大人になってからなかなかないし。

能町　言えないよね。

久保　でも私、人生でもうちょっと「自分から選んでる感」を織り交ぜとかないと、精神的な支えが弱くなってくる気がするんだよね。他人から頼まれたから頑張れた仕事もたくさんあるんだけど、そればっかりだと自分の心が弱くなったときに、「でもいろんな人に気を使ってもらって、助けられてやってきて、なんだか迷惑かけてしまったな……」みたいな方向に気持ちが揺れちゃうんだよ。「これは自分でやりたくてやったことだ」というのを何本か持っていないと、いざというときの支えにならないというか。だから能町さんがああやって口に出したのは、「ああ、こういうパターンもいいな」と思ったんだけど。

能町　いや、でもやっぱりああいう言い方はダメだったと思います。ああいうのは良くない。ずいぶん前のテレビで見たんですけど、ある芸人さんの言動で、共感性羞恥じゃないけど、「もうハグし合いたい」と思ったことがあって。その芸人さんには、ひそかに慕っているけどいまいち踏み込めないちょっと先輩の芸人さんがいて、番組内で名前を出して「飲みに連れていってください！」って呼びかけてたんです。ノリというよりは9割本気な感じで。で、ここからは私の勝手な推測ですけど、それはあまりうまい方向にはいかなかったんじゃないかと思ってるんです。その2人は今も活躍してるんですけど、特に親しいとも聞かないし。たぶん呼びかけられた本人はオンエアを見てるだろうし、見たら一度は気を使って、何らかのアクションがあったと思うんですけど……。「仲が悪くもないけど、そんなに親しくもない」くらいなんだろうなって。

――というか、むしろそれを口に出したことで、余計うまくいかなかった可能性もある。黙ってたら違う展開もあったかもしれないのに。

能町　そうそう、そうなんです。言われた側が逆にギクシャクしちゃうという。

ヒャダ　（少女マンガ風に）「友達のままでいればよかった……言ったから関係が壊れちゃった」

能町　それなんですよ。

ヒャダ　「私のバカーーッ！」

轍を一度作っておく

――難しい問題だと思いながら聞いてたんですけど、久保さんが言うように、自分で主体的に「私はこれがやりたい」と選択すべき場面はあると思うんです。でも自分が何に向いてるのかって、自分ではわからないところもあって。それこそ久保さんが『笑っていいとも！』に出たのだって、（現「久保みねヒャダ」演出の）木月さんが「この人は向いてる」と思ってオファーしたというところがある。だから目利きの人が「この人はきっとここにハマるだろう」と感じて、本人にとっては思ってもみないオファーをする。そしてそれがハマる……ということは往々にしてあると思うんです。

ヒャダ　そこは目利きへの信頼度次第なんでしょうね。

久保　そう。それがうまくいくといいけれど、最初はよくわからなくてとりあえず引き受けてみたものの、後からいろいろ出てきて、やっぱり引き受けるんじゃなかった……みたいに思うことも、過去にはあったわけですよ。特に断る理由もないから引き受けて頑張ったけれども、もう二度と同じことはするまい……という経験が。

ヒャダ　でも、そういう轍（わだち）を一度作っておくのは重要なんじゃないですかね。同じ過ちを今の年齢でやると、エグいことになるじゃないですか。若いうちに一回、「今後はもう絶対やるべきじゃない」というものを経験しておく。一回やけどしておくのって、その後の人生にとってはたぶん良かったんです。

久保　うん、そう思う。

ヒャダ　と思って、僕は自分を慰めてます。「あれやるんじゃなかった」って。

能町　人との付き合いって、恋愛だけじゃないわけですよね。恋愛だったら「付き合うかフラれるか」で、結果がすごくわかりやすいんですけど、「単純に仲良くしたい」くらいの感じだと、うまくいかなかったときのサインがよくわかんない。どこまでいったら「これはもう諦めたほうがいい」となるのか、基準が見えづらいですよね。

久保　ないよね。

能町　ないですよね。だから引きずるんだろうな。

久保　能町さんがこんなに引きずってるの、なかなか珍しいですね。

ヒャダ　何があったんでしょうね。能町さんにしては下手くそでしたよね。

能町　下手くそすぎですよね。

久保　でも人生、謎に下手くそすぎるときはある。

能町　私、今までいろんなことを間違ってきたんですよ。これ系の失敗談はもう大量にある。だから今日のも、その流れの中での失敗の一つです。……もういろいろ思い出してきちゃったから、話してもいいですか？

（詳細は省きますが、話しているうちに記憶の扉が開いて、次々に思い出されてきた能町さんの過去の失敗談をみんなで聞きました。能町さんがたびたびティッシュで涙をぬぐう場面も……）

ル・ポールに教えてあげたい！

――（感情が乗った話をひとしきり聞いて）なんでそんなに今日のことを引きずっているのか不思議だったんですけど、過去の話を聞くと、なるほどとは思いました。

ヒャダ　これは能町さんの問題なので、とやかく言うつもりはないです。他者が気軽に介在するべきことじゃない。でも傍目から見たら、失敗ではないという気がします。

久保　そういう場面でうまく立ち回れるみね子も、あんまり見たくない気もする。

能町　まあねえ。

久保　虎視眈々みたいなやつよりかは、爆破感があるほうがいい。（爆破した後で）「うん、あの道はもう進めないな」みたいな。

能町　毎回爆破しては敷き直そうとしちゃうんですよね。

――今日のは「過去と同じ過ちをやっ

ちゃった」という意味で落ち込んだわけですか？　それとも過去の過ちそのものを、まだ割り切れてない？

能町　両方ですね。今また同じ過ちをしたことで、過去のものが余震としてもう一回来た、みたいな。こないだ東日本大震災の余震がありましたけど、ああいうのが自分にもまだあるんですよ。

ヒャダ　久保さん、ハグしてあげてください。

能町　それはダメです。それやられたら泣いちゃうから。

ヒャダ　そうですか？　こういうときはハグが一番ですよ。

能町　いやいやいや……。

久保　どこでそんなことを覚えたの？

ヒャダ　『ル・ポールのドラァグ・レース』（Ｎｅｔｆｌｉｘ）で学びました。

久保　でもハグは……。

ヒャダ　今じゃなくていいです。あとで一回ハグしてみてください。

能町　ダメだって。泣いちゃう。

ヒャダ　ハグってすごいらしいですよ。経験ないですけど。

久保　どこでそんなの覚えたの？

ヒャダ　『ル・ポールのドラァグ・レース』です。『ル・ポールのドラァグ・レース』で、「何かつらいことがあったときにはハグよ」とル・ポールが言ってハグしたら、何かパーンと飛んでいく感じがあったんですよ。だから久保さん。

久保　私がハグに抵抗あるのは、こういうノリのときに「じゃハグするね」というタイプの知り合いがいて、そのたびに何か白けてたからなんだよね。

ヒャダ　でも今は人生に何回かある、本当にハグが必要な瞬間だと思うんです。ル・ポールも言ってました。

久保　私、ル・ポールほど器でかくないから。

能町　ハグは大丈夫です。ノーハグで。

久保　器用じゃない。本当はみね子はそこまで器用じゃないよね。

能町　器用じゃない。何か今、あんまり仲良くなれなかった系の思い出が、ずるずるたくさん出てきてる。

ヒャダ　あるある。

久保　あるの？

ヒャダ　それはありますよ。

久保　フタしてる？

ヒャダ　フタしてます。そういうときは椎名林檎の曲を聴いてごまかしてます。「目抜き通り」という曲に「惚れた人が選んでくれないときも」という歌詞があるんですよ。……好きなお土産の話、もう一回しません？

久保　そうしよう。お土産でリセットだ。

能町　六花亭の十勝日誌。あれはお土産界の革命児です。六花亭のあらゆるお菓子を箱にパンパンに詰め込んで一つの商品にしてしまった、とんでもないものです。

久保　このコロナ禍で良かったのは、六花亭のおやつを宅配で頼んで、ちょびちょびと家で食う楽しみを知れたことだね。

ヒャダ　あと、コロナ禍で飲み会もなくなったじゃないですか。

久保　うん。飲み会のつらかった記憶が、だんだん遠い日の花火のように思えてきてる。遠い日の花火だと思って油断して近くに寄ると、「うわっ、死傷者が出てるじゃないか！」みたいな記憶なんだけど。

能町　本当にそうですよ。

ヒャダ　そういったのが、世の中から「友達の友達の飲み会」みたいなのがなくなったんで、それに行かない自分、行けない自分に引け目を感じなくて良くなった。行きたい自分もいたわけですよ。そっちの世界に入りたい自分もいたんですけど、それに行けない自分、行かない自分、呼ばれない自分、選ばれない自分というのがいて、鬱屈としてたんですけど、コロナ禍でそういったものが消滅したので、その点ではすごい楽です。能町さんもぜひ椎名林檎を聴いてください。

能町　ああ、でも今日は疲れた……。

久保　こんなに傷だらけの能町さん、初めてだよ。

能町　今日の勇み足に至るまでの過去が文庫本5冊くらいあって、それが一気に思い出されちゃったから。

ヒャダ　あの行動への後悔、我々が思ってたのと厚みが違いました。

能町　あの感じになると、（記憶の）蛇口の開け方がよくわかんなくなるんですよ。

久保　しかも蛇口をひねったら「血⁉」みたいな。

ヒャダ　年齢的なものもあるんですかね？　僕も、自分のバイオリズムの波が前よりも大きくなってるような感覚はあるんです。ハイになったり落ち込んだりする、その振り幅が客観的に見て大きくなってる。

——みんないろいろ抱えてるんですね。

久保　これ、3人で円陣組めばいいんじゃない?

ヒャダ　組みます?

能町　円陣組んだことない。

久保　円陣組もうよ。組んだことないじゃん、人生で。

（全員立ち上がって向かい合う）

ヒャダ　何か踏み込むんですよね?

能町　踏み込むの?

ヒャダ　「何とかー、おい」みたいな。右足でドンとやるんですよ。

（慣れない手つきで円陣を組み、全員下を向いたまま）

能町　何これ、なんでこんなことになってんの(笑)。

久保　かけ声何だっけ?

ヒャダ　「こじらせ、おー」じゃないですか。

（一瞬の沈黙）

久保　こじらせ――っ!!!

一同　お――っ!!!

（なぜか拍手が巻き起こる）

久保　私がキャプテンになってしまった(笑)。

能町　久保さんがキャプテンだよ。

久保　いいね。ハグの代わりにみんなで円陣。欧米人に教えたい、円陣。

ヒャダ　そう、ル・ポールに教えたい!

能町　円陣、人生で組んだことあったかな。

ヒャダ　俺、たぶん初です。

久保　私も初円陣だ。

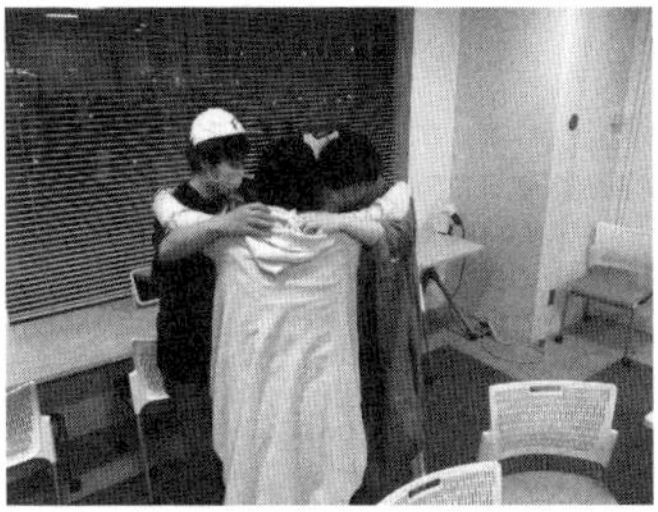
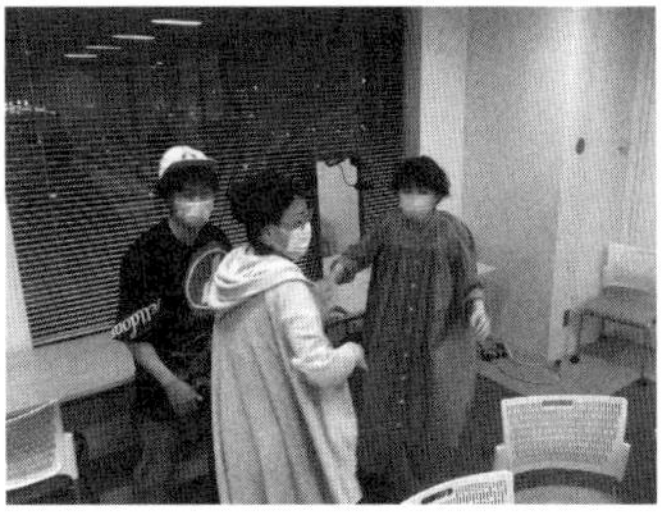

突然のことだったのであわてて撮りました。

TALK-25

暮らし方を変えていますか？

［2021年7月掲載］

この日のゲストは、カナダに留学する直前の光浦靖子さん。タレント活動を一時休止して留学するという大きな転機を迎えていたわけですが、久保さんや能町さんもまた転機を迎えていたようで……。

今、ここで行動しないと後悔する！

ヒャダ　明日、久保さんがついに犬を見に行くんですすよ。

久保　お見合いします。

――おめでとうございます。まだ早いですけど。

能町　実は私も変化があって。私はヒショをします。

ヒャダ　えっ!?

――誰の!?

能町　セクレタリー（秘書）じゃないですよ。避暑です。暑さから逃げるほう。

ヒャダ　あー、びっくりした。セクレタリーかと思いました。

能町　避暑地に行くんです。動きました。

ヒャダ　皆さん、ライフステージが変わってるんですよ。

久保　どっちからいきますか？

ヒャダ　犬からいきましょう。

久保　ずっと気になってチェックしていた保護犬の子がいたんですよ。「自分じゃないところに飼われたほうがいいんじゃないか」とか、「自分じゃ力不足なんじゃないか」とか、いろいろもやもや思ってたんですけど。私が気になってる子は、保護犬のボランティアをやっている人のホームページには載ってるけれども、保護犬を閲覧するアプリには載ってなかったんですよ。

――保護犬のマッチングアプリみたいなのがあるんですよね。

久保　保護団体のＨＰに載ってる子がそのアプリに載ると、勝手に「正式デビュー」みたいに感じてて。その子だけずっと載ってなくて、「なんで載らないんだろう？」と思ってたら、アプリにその子の情報がやっと載ったんですよ。

ヒャダ　ついにデビューした！

久保　そう。「デビューした！」と思って、そのページを見てたら……。そのアプリ、メッセージが送られた数や、お気に入りに入れた数が表示されるんですね。

――そんなのわかるんだ。本当にマッチングアプリみたい。

久保　だから、めちゃくちゃかわいい小型犬の子犬とかが掲載されると、ものすごい数のメッセージが来て、すぐに募集終了になったりするんですよ。逆に、飼うのが難しそうな子はいつまでもメッセージがなかったりとか、そういうのが可視化されるわけです。

――なかなかシビアな世界ですねえ。

久保　で、デビューしたての私のお気に入りの子に、早々にメッセージが「1」と表示されていたんです。それを見たら、「どうしよう……この子のかわいさが見つかってしまった」と焦り始めて。自分が犬を飼えるのかどうか、ずっともやもや悩んではいたけど、「今ここで行動しないと『あのとき行動していれば……』と後悔するかもしれない」と思ったんですよ。それで、申し込みアンケートを出そうと思って文章を書いたんだけど、深夜に書いたラブレターみたいな、「いかに自分はこの子に片思いをしたか」みたいな熱い文章なんですよ。「もしこの子を飼えなくても、ボランティアさんの紹介文もとても好きで、今後も活動を応援していま す！」みたいなことも書いて。さらに、メッセージを送るときには（そのアプリの）自分のアカウントを登録しなきゃいけないんですね。それにツイッターのアカウントも載せられるんですよ。「少しでも自分をアピールする材料になれば」と思って、恥を忍んで久保ミツロウのツイッターアカウントをリンクさせて。さらにアカウントの背景写真も変えられるから、その子の似顔絵を……。

一同　（笑）

久保　それをこっそりとアカウントの背景にして、「似顔絵も描いてしまいました！」とかアピール文に入れて。

――出し惜しみのなさがすごい。

久保　でも「正直、飼育経験がないから、まだ自分の足りない部分をわかってませんが」みたいな悩みも書いて、ぎっしり濃いやつを送信したんですよ。で、朝起きたら「恥ずかしい～～！」ってなっちゃって。「なんて押しの強いやり方したんだ……」と思ってツイッターのリンクも消して、「恥ずかしいことしちゃった」と反省してたら、返事が来て。

ヒャダ　どんなリアクションだったんですか？

久保　「お気持ちはよくわかりました」みたいな感じで受け止めていただいたんですけど、「申し訳ないのですが、概要に記載しました通り、アプリのアンケートフォームではなく、こちらのホームページからいま一度お送りください」って。

一同　（笑）

久保　私が焦りすぎてて、説明をちゃんと読んでなくて。それで冷静になってから、改めてそのボランティアさんのホームページから申し込みアンケートを出したんですよ。そしたら、一回熱いものを出しすぎた反動で、今度はやたらと自分の感情を抑えた内容になってしまって。「なぜこの犬を選んだんですか？」みたいな質問に対して、最初に申し込んだときは「完全に美少女だからです！」みたいなノリで出したんですよ。

ヒャダ　「超ウルトラスーパーかわいくて！」みたいな。

久保　最初はそんなノリで書いてたくせに、次は「保護犬を飼っておられる方のご意見を伺っているうちに、引き取りたいと思うようになりました」みたいな文になって……。

能町　おとなしくなっちゃった。

――相手は超ハイテンションの文と、めちゃ抑制の利いた文、両方読んでるわけですからね。

久保　だから冷静に書いた文も恥ずかしくなって後悔して、もはや何がちょうどいいのかわからない状態になって。

能町　「ちょうどいい」は難しいよ。

久保　そしたら「じゃあ一度お電話でお話を」ということになって、ボランティアさんと話すことになったんですけど、「大変熱い文章で、それと絵も描いてくださって、正直どう返事したらいいか悩みました」って。

ヒャダ　素直な方なんですね。

久保　「やはり引かれましたか」と思って（笑）。いろいろ話しているうちにわかってもらえたんですけど、改めて聞いてみると、その子はびっくりするくらいまだ人馴れしてないんですよ。以前、ここで多頭飼育崩壊のニュースの話をしたと思うんですけど、あそこからレスキューされた子なんですね。

――あの現場から。つまりずっと飼育放棄されてきた犬なんですね。

久保　ボランティアさんはあの現場から何匹か引き取ったんだけど、その何匹かの中でも、その子はまだ散歩もできてないし、人馴れもしてなくて、ボランティアさんいわく、「どんな人が飼い主として一番いいのかまったく想像もつかない」らしかったんですね。「ひょっとしたら引き取り手がずっと現れないまま、自分のところでずっと世話をするのかも」くらいの覚悟はされていて。それで私が申し込んできたから、けっこう意外だったみたいなんですよ。アプリで先に届いてたメッセージのほうは、なぜかすぐアカウント消したそうで。私が「もっと飼育経験がある人のほうがいいんじゃないかと悩んでる」と聞いたら、「犬を飼った経験のある玄人の方が向いてるとは限らないんです」と言われて。

——それはなぜ？

久保　「犬を飼ってる人って自信があるんですよ」って。大丈夫と信じても、脱走したりするらしくて。普通の家庭犬として生きていくにはまだちょっとハードルが高い子なんです。だから、そういう子を「ぜひ引き取ってください」とは言いづらいし、慣れてる人でも強引な飼い方になっちゃうかもしれないし……ということで悩んでるところに、私が猛烈な推しアピールをぶっ込んできたから「本当に大丈夫なんですか？」と思ったらしくて。人馴れしてないから、ちょっと目線もらえただけで「あ、今目線もらえた」みたいな、そういうところに小さな喜びを見いだすような状態らしいんです。

思い入れあるほうが負けそうな気がする

——相手が心配しているその大変さについては、どう思ったんですか？

久保　私、それを聞いて逆にすごくホッとしたんですよ。肩の荷が下りたっていうか、「もしこの子を飼ったとしても、私は『かわいいお利口さんなペット自慢』とかの競争には参加しなくていいんだ。自分はこの子との関係性の中でベストを尽くしていくだけでいいんだ」と思って、すごく気が楽になったんですね。だからその子とお散歩に行くまでの道のりが長くても、それはそれでいいか、みたいな。私はそのことを特にマイナスとは思わない。とは言うものの、会ったら印象が変わるかもしれないし、私の気が変わるかもしれないということを向こうは気にされてて。「じゃあ一度お見合いしましょう」ということで明日会うことになったんです。

能町　お見合いってどういうことをするんですか？

久保　とりあえず会う。元から人好きじゃない犬だから、よっぽど私に向かって吠えて吠えてしょうがないみたいなことだと、NGになるのかもしれないけれども、そういう子でもないんだろうし。

能町　むしろビクビクしてるかもし

れないね。

久保　ビクビクはしてるらしくて。

ヒャダ　かわいそう。

久保　でも問題は「私が勝手に盛り上がりすぎてて、会ってみて何かが冷める可能性があるかもしれない」ということで、それをずっと考えてて。なんでこんなに「自分だけが先に盛り上がってるものはうまくいかない」と思ってしまうんだろうなっていう。もっとかわいい子や人懐っこそうな子もいるけれども、私にとってそこはおまけであって、それがないからといって目的から外れてるわけではない、とは思えるんです。でも「思い入れあるほうが負けそうな気がする」ということの感じ、「昔から育ってること」の敗北感は何なんだろう」というのをもやもやと考えていて。

――「気持ちが強いほうがむしろ負ける」みたいな感覚、確かにありますね。妄想ではなく、体験の積み重ねからくる実感として。

久保　そう、あるんですよ。女性の場合で言うと、「一番好きな人とは結婚しないほうがいい」みたいな、ある種の呪いがあって。だから「一番好き」ということには、何か落とし穴があるんじゃないかと思ってしまう。いやむしろ「一番好き」ということで、今までうまくいったことあるのか？」とも思ったり。そういう不安はあるけれども、それは犬側の問題ではなく、全部こっちの心の問題でしかないから、「私の心構え次第でなんとかなるのかな」ともちょっと思ってるんですけど。

ヒャダ　光浦さんが言ってることと、すごく似てる気がします。「とりあえず行ってみる」という。光浦さんもずっと自問自答の日々を送っていたけど、とりあえず環境を変えてみる(*)ということをやったわけじゃないですか。「とりあえず環境を変える」という大きなステップを踏むのは、めちゃくちゃでかいですよ。

久保　「飼い始めたけど懐かない」とか、孤独死とか、いろんな悪いパターンも動画で見てきたんですよ。そしたらYouTubeに、清原（和博）が犬を飼うかどうか悩む動画があって。「残りの人生、一緒にいてくれる存在が欲しい」みたいなことでペットショップに行って、かわいい犬を次々と抱くんだけど、いったん保留するんです。今度はブリーダーさんのところに行ってボーダーコリーの子

＊ 2021年7月からカナダ・バンクーバーに留学。

犬を抱いて、今までで一番手応えを感じて飼うかどうか考えるみたいな感じだったんですよ(*)。でもコメント欄を見ると、「かわいいだけじゃ飼えませんよ」とか書いてあって。

能町　みんなそういうこと言うよね。

久保　「かわいいだけじゃ飼えませんよ」問題。「かわいい」と口にしただけで、「かわいい以外の要素を認めない」と言ってるわけでもないのに、「かわいい」と言ってる人に対して「犬のフンまでちゃんと世話できるんですか?」みたいに言ってくるという。「いや、するつもりだからかわいい子選んでるんだけど?」と思って、清原のことがだんだん他人事に思えなくなってくる。

——清原にシンクロしてしまう。

久保　そう。コメントで保護犬を勧められたりもしてるけど、「保護犬だから清原でも飼える」というものでもないしな……と思ってて。あと、「足が悪いのに、毎日お散歩できるんですか?」とか。

ヒャダ　基本、みんな清原のことを下に見てますよね。人としてリスペクトしてるなら、そういうことを言わないと思う。

久保　そうなんだよ。「これから死んでいく人間がペット飼っちゃいけない」みたいなコメントも、大概おごり高ぶりというか。どれだけ考えたってダメになるときはダメになるし。飼い主が早くに孤独死して、その後警察に見つかってるのに、警察が保護しなくて猫も死んじゃったという事件があったんですよ。それに対して「ペットより先に死ぬ人間が猫を飼っちゃダメだ」みたいに言う人がいたんだけど、まずその人が孤独死したことに思いをはせるべきなんじゃないかと思うし、そこに思いをはせられない人が「ペットを飼ってはいけない」と言うのもさあ……。

ヒャダ　「まずその人のことをおもんぱかろうよ」と思いますよね。でも明日楽しみですね。結果教えてくださいよ。

能町　写真が撮れたら送ってください。

久保　そうやって自分勝手なことばかり考えて悩んでたんだけど……。

ヒャダ　そんなもん、会ったらポン!ですわ。

能町　疲労がポン!ですわ。

久保　あと、ヒャッくんにこの話をしたとき、「うまくいかないときのBプランを考えたほうがいいですよ」と

> ＊ 後日、清原はその子犬を飼い始めた。

言っていただいたんですけど、でも今はだいぶハードルの高い子を目標にしてて、他の人見知りな子でも飼ってみたいし、Bプランには移行しやすいかなと思ってる。

ヒャダ　でも、飼いやすい飼いにくい抜きにして、久保さんがビビッとくる相手じゃないとダメなわけじゃないですか。

久保　そうですね。

ヒャダ　だから一番ビビッときてる相手にフラれたら、やっぱりショックじゃないですか。そこを切り替えるネクストビビビが必要なのかもなと思って。

能町　もしうまくいかなかったら、失恋の回復期間は多少いるでしょうね。

ヒャダ　「はい次！」というわけにはいかない。

久保　でも犬だけじゃなくて、やっぱりやりとりをするボランティアさんと気が合うかどうかも大きな問題なので、もし今回、その子を引き取れなくても、その方に改めて他の保護犬を相談できたらいいなと思ってる。

――保護犬も、人で選ぶ要素があるわけですね。

久保　そうです。引き取って終わりではなくて、今後もやりとりしていくことになるわけだから。今回連絡を取った人とはやりとりしやすかったし、その人が多頭飼育崩壊から引き取ったPerfume的な犬がいて、私がお見合いするのはその中のあーちゃんポジションの子なんだけど、他にものっちポジション、かしゆかポジションの子もいるんですよ。3匹とも超かわいいってことです。こっちはお散歩できてるらしいんだけど。

ヒャダ　お散歩できるようになったら、ぜひ能町さんの避暑地に。

――つながった。では能町さんの話をお聞きしましょうか。

オリンピックが後押しした避暑

能町　避暑に行くんですよ。青森に。

久保　長く滞在するんだよね。

能町　2カ月半。猫と一緒に。

ヒャダ　長っ！

――どこかを借りて？

能町　借ります。というか借りちゃいました。今日、契約のメール来ました。オーシャンビューです。

ヒャダ　いいなー。

能町　オーシャンビューはたまたまだったんです。この話すると長くなるんだけど、もともと避暑をしたいとずっと思ってたんですよ。もう東京の夏が嫌で、毎年、遊び半分で物件だけは調べていたんです。でも仕事の関係もあるし、なかなか踏み切れなくて。で、これは全然別の話なんですけど、今年の6月に、本当は西表島に友達と2人で旅行に行くつもりだったんです。宿も取って飛行機も取ったんですけど、5月下旬から、石垣島でコロナの感染者が激増してきて。それで行くか行くまいかずっと決め切れずにいて、そしたら出発の5日前に友達が仕事で会った人が陽性になったんです。それで「ああ、諦めがついた。これはもう絶対行けない」と思って。それで全部キャンセルしたんですけど、5日間まるまる空いちゃったから、「じゃあ目をつけてた物件を見に行こう」と思って、青森で内見して決めてきた……というわけなんです。

――ひょうたんから駒というか、塞翁が馬というか。

能町　でも、青森はもともと街に賃貸物件が少ないんですよ。私が考えていた条件に合うものは、ネットではごく数件しか出てこなかったんです。で、目星をつけてたマンションを内見したら、不動産屋さんが「このマンション、本当は4部屋空いてるんですよ」と言ってきて。

ヒャダ　なぜ隠す？

――見栄張ってた？

能町　理由はよくわからないんですよ。で、4部屋あるんだったら全部見たいと思って。でもその4部屋が間取りも家賃もけっこう違うんですよ。一つだけ突出して高い部屋があって、そこは完全に予算オーバーなんだけど、一応見てみようと思って入ったらその部屋、テーブル、椅子、テレビ、棚、ベッド完備だったんですよ。全部あったんです。不動産屋さんも知らなくて、2人でびっくりしてたんですけど。

久保　ロッジかよ、っていう。

能町　不動産屋さんと一緒に「こんなのあったんですね」と話してたんですけど、そこがめちゃくちゃオーシャンビューだったんです。

ヒャダ　かーーっ、いい感じじゃないですか！

能町　予算オーバーだったけど、あのオーシャンビューと家具を見ちゃったら、「ここじゃないところにしたら絶対後悔するな」と思って。

――家具付きだったら、むしろお得なくらいでは。

ヒャダ　ですよね。いいな、オリンピックのない世界。

能町　だからオリンピックが後押ししてくれました。オリンピックがなかったら避暑に行かなかったかもしれないです。「オリンピックの時期に東京にいない」って、たぶんすごい気持ちが楽だろうなと思って。「なんか遠いところでオリンピックやってるな」みたいな気持ちになりたくて。そういうふうにしてしまいました。猫と共に逃げます。

久保　まあ、もしオリンピックがなかったにしても、能町さんはただ過ごしやすいところに行くだけだから。

能町　それと私、明日ワクチン打つんですよ。

ヒャダ　うらやましい。うちの区は全然来ないです。能町さんからその話聞いたんで、区のワクチンセンターに電話したら、けんもほろろでした。

久保　うちもまだ来ない。私、無事に46歳迎えられるのかな。

――自分も周りもワクチンを打って、「だいたい大丈夫」ということになったら、まず何をしたいです？

ヒャダ　海外旅行。

能町　普通に飲み会したいです。

久保　私、犬を飼い始めることを思うと、もう海外旅行は難しくなるなと思ってて。

ヒャダ　確かに。じゃあ「もう大丈夫だよ」となったら何をしたいですか？

能町　（こじらせライブに）客を入れてもいいんじゃないのかな。

久保　そうだ、それ！

ヒャダ　お客さんとハイタッチしたい。

――またお客さん全員に、舌打ちしてもらいましょうよ。

久保　みんなで舌打ち、なんて危険なことをやらせてたんだ（笑）。でも客入れ、やりたい。

ヒャダ　客入れはマジでしたいですね。今日のライブも、お客さん入れてたら「おお～」とか「ああ～」という声が聞けたと思うんですよ。

久保　光浦さんにみんなの歓声を聞かせたかったな。「みんな光浦さんのこと好きだよ」というのを伝えたかった。

ヒャダ　ついに留学に行けるということで、ちょっと爽快感ありましたよね。

――みんなライフステージがどんどん変わってきてますね。

ヒャダ　僕は何も変わってないです！　みんながうらやましい。

TALK-26

今の自分を、過去の自分は想像していましたか？

［2021年8月掲載］

将来に対して不安を覚えたり、悲観的になったりすることは誰しもあるはず。でも思うんです。いい想像にせよ、悪い想像にせよ、10年スパンで考えたら未来が想像通りになることってほとんどないんじゃないかって。この回で未来人の久保さんが言ってることだって、絶対にないわけじゃない。実現してほしくないけど。

運命の出会いを待っていたら、絶対に出会えない

——りゅうちゃん（犬）を正式に飼うことになったそうで。おめでとうございます。

久保　ありがとうございます。前さんに聞きたかったんですけど、私、何をきっかけで「犬飼いたい」と言い始めたんでしたっけ？　よく思い出せなくて。

——この取材の場で、久保さんが「最近、ピレネー犬の動画をよく見てる」と言ってたから、その流れで「犬を飼ったらどうですか？」という話になったんです。ずっと家にいるなら、犬を飼ってもいいんじゃないかと思って。

能町　ピレネー犬の動画は、もしかしたら私が教えたのがきっかけ？

久保　そうですね。能町さんとおすすめYouTubeの話をしてて、それに影響されて動画を見るようになって。

——話を聞いてて、「本当は飼いたいと思っているのに、自分の欲望にフタをしてるんじゃないかな？」と、なんとなく思ったんですよ。たぶん能町さんもヒャダインさんもそれを感じ取ったから、民衆がハンマーでベルリンの壁壊すみたいに、みんなで久保さんにグイグイいって。

ヒャダ　そうですね。

能町　ほんとそう。

久保　で、そうなってからは「自分がもし犬を飼うんだったら」という視点で犬の動画や写真を見始めたんですよね。でも「偶然この子に出会えて」という感じではなく、1～2カ月以上保護犬のサイトを常に監視して、チェックしてたかわいい子がもらわれていく様子を見て、「きっとそっちのほうがいい飼い主なんだろうな」みたいに思ったり。そういうのを繰り返した中で、自分のフックに引っかかったのがこの子なので、もう運命の出会いとは思わないですね。

ヒャダ　能動的に動きまくった結果という。

久保　そう。偶然の出会いを待ってたら、絶対飼えなかったと思う。だから出会い系アプリで結婚相手を探す人の気持ちがやっとわかった。つまり、「自然な出会いに任せてたら結婚なんてできない」ってことなんですよね。

そりゃそうだ。偶然の出会いで結婚できる人もたくさんいるけど、できない人には偶然の出会いは全然来な

いという。会ってからの相性もあるし、人間と比べるものじゃないですけど。

――一緒に暮らすのは慣れました？

久保　まだ「家に生き物がいる」というのが不思議な感じで。自分がこれからの長い犬生（けんせい）を短くする健康被害を与えちゃうんじゃないか……と不安になったりする。私、昔からよく見てた夢があって、動物を飼ってるんだけど、「しまった！何日間も餌も水もあげてない！」ってハッと気付くの。

能町　それ怖い。

久保　それで「うわあああああ！」ってなる夢をよく見てたんですよ。でも実際に飼い始めたら、よくハンスト（餌を食べないこと）するから、私が寝坊してもあんまり関係ないし、「かまってかまって」みたいなことも今のところ一切ない。だから「あれ？犬飼っても自分の人生全然削られてないな？」みたいな不思議な感覚で。そんな中、夢にりゅうちゃんが出てきたんです。りゅうちゃんはすっかり懐いてて、私におんぶされてる。

能町　何それ、どんな夢。

久保　「わっ、こんなに懐いてくれるの？」と思ったら、ふと「私、他にも小動物を飼ってるぞ」って気付くの。なぜか私はハムスター飼ってた。しかも、「私、ハムスターを飼ってて、もずっと餌も水もあげてない！」と思ってケージを見たら、干からびたハムスターと小さくなって生き延びてるハムスターがいて、「わあああああ！」となってガバッと起きるという。「動物の世話ができてない夢」がネクストステージにいってしもうた。悩みは尽きないんだなと思った。

――でもそれは、そういうプレッシャーにさらされながら飼ってることの表れなので。当事者の心理はわからないですけど、多頭飼育崩壊の飼い主って、もうそういう感覚がなくなっているのかもしれないです。

ヒャダ　ですね。間違いなく。

久保　異変に気付いていても、病院にも連れていかず、「それが自然な死に方だったよね」みたいに言う人もきっといるんですよね。犬は飼い主を選べないわけだし、自分は気付いてあげられる側になりたいなと思ってる。そういう試行錯誤とおびえは常に持ってたほうがいいなって。ただ、（保護犬の）ボランティアの方と話してると、「無理しすぎないほうがいい」とは言われます。ちょっと雑なくらいがいいい、心の中にいる農家のおばちゃんが「ああ、もうポッとしとけばいいの」と言うくらいの感覚持ってたほうがいいですよ、と言われて。インスタの育児マンガが好きでよく読むんだけど、ほんとにその通りだなって今、実感してます。子供が偏食だったり、育て方に悩んだりしてるのを「あるある」って思う。

ヒャダ　「私が悪いお母さんだから」って自分のこと責めたりとか。

能町　のぶみを思い出してしまった。でも最近、猫の話を書いてるから、飼い始めた頃のことを思い出そうと思ってLINEをさかのぼって見てたんです。そしたら私、ふざけてのぶみっぽく「小町はお母さんを選んで生まれてきたんだよ」みたいなことを書いてたんですけど、読んで思わずグッときちゃった。

――のぶみサイドに。

能町　私、簡単にのぶみサイドに行っちゃうわと思って。

久保　YouTubeで、亡くなった犬からメソメソしている飼い主に向けたメッセージみたいな動画があるんですよ。「僕がいなくなったからって泣いてないかい?」みたいなやつ。「やべえ、いつかこれに感動する日が来てしまうのか」って思う。

能町　それはやられそうな気がする。

ヒャダ　でも久保さん、いつもおっしゃってますよね。「死者の声を勝手に代弁するな」って。

久保　と思うんだけど、でもペットを飼う行為ってたいがい人間の欺瞞なので、勝手にペットの心を考えるのは醍醐味でもあるんですよね。そうすることで少しでもその子に対して愛情深くなれるなら、それでいいんじゃないかと思えるようになってきました。でも、いつか私が「●●だワン」ってセリフを付けて、インスタ投稿するようになったらどうしよう。

能町　それはそれで歓迎しますよ。

ヒャダ　「●●だワン」って言い方、最悪だワン!

能町　でも私もちょっとニャンっぽくなっちゃうもんね。

ヒャダ　ニヤニしてるんですか。

能町　ニャンですか?って言いそうになる。

久保　世の中に残ってるその文化って、やはり込み上げてくる何かが形作っているもんなんだなと思うね。

10年後から来た使者の言うこと、信じますか？

能町　久保さんは、半年前からは考えられないほど変わりましたよね。

久保　1年前の私にメッセージを送るとするなら、「お前はこの1年で、でかい推しができる！　そして犬を飼う！」。

能町　そうだ、1年前はまだ豊島さん推しじゃないんだ。2～3年前からしたら、もう体型も違うし。すごいですよ、ここのところの大変化。

ヒャダ　タイムトラベルで2～3年前の久保さんが来たら、「この人、誰？」って言うと思います。

久保　2～3年前からすると、もっとすごい変化だよね。体重と犬と推しと。

ヒャダ　「そんなわけない！」

能町　「ウソだ！　私に犬なんか飼えるわけない！」

ヒャダ　「こんなに痩せるわけないじゃん！」

久保　「あと、ハワイにも行ったんだよね」

ヒャダ　「そんなの絶対ウソ！」

久保　「あと、地上波のCMにも出るよ！」(*)

ヒャダ　「出られるわけないじゃん、ウソつき！」

能町　というか、10年前までさかのぼったら、もっと大変なことになってますよ。10年前の自分には、まず「冠番組を持つよ」という話から始めるからね。

久保　あと、地球上で400万人が同じ感染症で死んでる。

ヒャダ　それは思いますね。一昨年の自分に言ってやりたいですもん。そういうの本当にあったら、どこまで信じるんでしょうね。突然ものすごく素っ頓狂なことを言われるわけですよ。「北極なくなるよ」とか。

能町　急には信じないでしょうね。

ヒャダ　マンガのストーリーなんかで主人公が友達に荒唐無稽な事実を伝えて、「本当なんだ！　信じてくれ！」と言うんだけど、信じてもらえないやつあるじゃないですか。ああいうストーリーを見るたびに、「俺はどこまで信じられるだろう」と考えるんですけど、俺、何だか信じられる気がするんですよね。もしくは久保さんが「ねえ、聞いて。私、ちょっと未来を見てきたんだけど、未来はこうなってた」と言ったときに、可能性っ

＊『2021FNS歌謡祭 夏』で、「本麒麟」の特別CMに久保みねヒャダの3人で出演。

て2つじゃないですか。「久保さん、イカれたな」か「マジか」という。でも僕はそういうとき、「久保さん、イカれたな」とは思わない気がするんです。

久保 「ちょっと未来見てきたんだけど、うんこ食うらしいよ！」

一同 （笑）

ヒャダ 「マジっすか！」

久保 「うんこブームが来る。今のうちから食べたほうがいい」

能町 人のうんこを移植して、腸内環境を改善するという話もありますしね。

久保 私にとっての驚愕の未来が「うんこ食えるらしいぜ」は、ちょっとひどかったね。すみません。

――でも未来って、現在の視点からするとだいたい荒唐無稽じゃないですか？ 2〜3年後の未来なら想像の範囲かもしれませんけど、10年後だったら何聞かされても荒唐無稽に感じると思う。

ヒャダ そうですね。有吉（弘行）さんがこんな形でブレイクするなんて、一昔前は誰も思ってなかっただろうし。

能町 10年前の自分に会ったら、何を教えるかな。

久保 「鈴木保奈美と石橋貴明、離婚したぞ！」

ヒャダ 「でしょうね」

一同 （笑）

久保 最近見たニュースで一番「でしょうね」感がすごい。

ヒャダ 鮮明に覚えているのは、5年くらい前に「YouTuber専門学校ができた」というニュースを見たとき、めちゃめちゃ鼻で笑ったんですよ。

能町 それはわかる。

ヒャダ 「ふっ、アホか」って。でも今となっては「鼻で笑ってすみませんでした」と思ってます。

久保 ヒャッくん自身がもうYouTuberになってるしね。

能町 10年前だったら「星野源がとんでもないスターになるよ」というのはわかんないですね。

久保 それはある。

ヒャダ 「SAKEROCKのあの人が!?」ってなりますよね。それくらい未来は予想がつかないから、次の10年後から使者が来たら、何言われても受け止めます。未来のお2人からいきなり荒唐無稽なことを言われても全然受け止めます。

久保 「うんこ食えるよ！」

一同　（笑）

――「荒唐無稽＝うんこ食う」という固定観念なんなんですか。

久保　10年前からすると思わぬ展開にはなってるけど、でもベタなことはかなってない。

――「ベタなことはかなってない」というのも、現時点での話であって、この先どうなるかはわからないですよ。

ヒャダ　下手な期待はしないですけど、絶望しすぎるのも何か違うかなと思います。本当に何があるかはわからないので。「僕、10年後から来たんですけど、能町さんはもう相撲に飽きてます」

能町　それは相当なことがあったんでしょうね。その代わりに何に夢中になったんだろう。

ヒャダ　「レゴブロックです」

能町　レゴかー。今のうちにレアなものを買っておこうかな。

ヒャダ　「久保さんは10年後、マザーコンピューターになってます」

久保　なれるんだ!?

ヒャダ　「ついになれました。民間初です」

能町　公のやつはもうあるんだ（笑）。

TALK-27

地元のこと、覚えていますか？

［2021年10月掲載］

この日のゲストは永野さん。彼がライブで地元宮崎への愛憎（ほぼ憎）を語ったことに触発されて、楽屋でのおしゃべりでも3人の地元の記憶が引きずり出されていきました。

もっと文化に飢えるべきだ！

ヒャダ　永野さんの宮崎への憎しみ、すごかったですね。

能町　宮崎って、どこか不思議な県なんですよ。私の中では「ひねくれた野心家」のイメージがありますね。東村アキコさんもそうだし、東国原英夫さんも。

ヒャダ　もちろん永野さんも。

能町　エビちゃん（蛯原友里）もそうなんですよね。ひねくれてるかどうかは知らないですけど、野心家感はある。あと、紗栄子。

――今挙がった人たち、みんな「地元を飛び出したまま宮崎に帰ってこない」イメージがありますね。地元に帰ってぶらりロケ番組に出るイメージがない。

能町　地元ぶらり旅、紗栄子とエビちゃんは絶対しないですもんね(*)。

ヒャダ　永野さんが「宮崎を出ていくやつは敵だと思われてる」と言ってましたもんね。

能町　じゃあ永野さん、宮崎出身の友達も全然いない？

ヒャダ　いないですね。

――今日のライブ、永野さんの毒々しい語りが、いつもと違う盛り上がりを生んでましたね。

能町　「これこそこじらせ」という感じがしましたね。それに引っ張られて、私の茨城への恨みがついに出てしまいました。

ヒャダ　「変化がない」っていう。

能町　変化ないんだよ、本当に。

ヒャダ　永野さん、「宮崎にはチャンネルが2つしかない。なんでこんな目に遭わなきゃいけないんだ！」と言ってましたね。

久保　私も昔は長崎でテレ東系が見られなかったから、「福岡うらやましい」と思ってたし。テレ東のネット局って案外少ないんだよね（全国で6局）。でも今はTVerで見られるから。

ヒャダ　そういう意味でも、TVerは画期的ですよね。でも永野さん、「『どこでも東京の番組を見られるから、どこに住んでもいい』という今の風潮が嫌い」と言ってましたよね。

能町　「もっと文化に飢えるべきだ！」って。

ヒャダ　「みんな東京を目指すべき！」っていう。

久保　方言への当たりが強いのも、すごかった。「芸人ってこうであって

＊ と思ってたら、エビちゃんは宮崎の観光CMに出演していました。

いいんだよな」と思った。

ヒャダ　「孤高のピン芸人」と言われるだけありますよね。

おばあちゃん、自分と切り離して好きになれますか？

能町　久保さんって、地元から仕事で呼ばれたことあるんですか？　佐世保から。

久保　ないね。企画の段階で断ってしまったのはあるけど。

能町　オファーあったのはあったんですね。

久保　別に地元で嫌な思いしたわけじゃないのに、心のどこかで「たまたま私と地元が一緒で、たまたま中高が同じだったからというだけで、他と違う特別な扱いを受けようとするのはどうなんだろう」と思ってるところがある。

――「故郷に錦を飾る」みたいな感覚、全然ないんですか？

久保　ないですね。

能町　それでも久保さんはオファーはあったんですよね。私、牛久から一声もかかったことないです。別に牛久を褒めてるわけでもないですけど、牛久で育ったことはまあまあ言ってると思うんですよ。でも、牛久からお仕事いただいたり、インタビュー受けたりとか、本当に一度もないんです。逆にすっきりしてますけど。

――オファーが来たら受ける気持ちはあります？

能町　うーん……。

久保　同級生が声かける可能性もあるんじゃない？

能町　いや、仲のいい同級生で牛久に残ってる人は一人もいない。そもそも、なんで牛久に残る人がいるのかわからないんですよ。永野さんは宮崎のことをいろいろ言ってましたけど、でも宮崎に残る人って、もともと宮崎という地に根を下ろしてる人がたぶん残ってるわけじゃないですか。「代々そこに住んでる」みたいな。牛久はニュータウン的な町だから、それもないんですよ。

ヒャダ　なるほど。

能町　「たまたまそこに家を買っただけ」みたいな人が多いから。私、そんなに上京欲があったわけでもないんですけど、でも「牛久がふるさと」という感覚が全然なくて。成人式のときに同窓会行ったら、予想以上にみんな牛久に残ってて、引きました。

「なんでこんなつまらない町から誰も出ないの?」と思って。

ヒャダ　上昇志向とかは……。

能町　全然ないんだと思います。同窓会に来たのが地元にいる人ばかりだったのかもしれないけど、とにかく地元にいましたね。

久保　佐世保に残ってる私の友達も、佐世保から出ようとしたことない人のほうが多いかな。身もふたもないことを言っちゃうと、地元にお世話にはなったけど、好きな場所かと言われると、「はて……」みたいな感じになる。

能町　私はお世話になったとも思わないですね。お世話になってもないし、好きでもないです。でも、人から悪く言われるとちょっとむかつきます。

久保　最近考えるのは「おばあちゃんのことが好きという感情は、どのくらいその〝好き〟という気持ちを自分と切り離してるのか?」みたいなことで。

能町　自分と切り離す?

久保　世の中の「おばあちゃんが好き」と言う人のほとんどは、「おばあちゃんが自分に優しくしてくれるから」という都合で、おばあちゃんのことを好きになってるだけだと思うんですよ。

能町　ああ、なるほど。でも私は別です。完全に切り離してます。人として好き。

久保　それが大事だと思う。「自分に特別扱いをしてくれるわけじゃないおばあさんを好きになることが、(一人の人間として)独立したことになるんじゃないか」とよく思ってたから。自分にとって見返りが何にもない人が、勝手に幸せになっててもらいたい。「自分に何にもしてくれてないこと前提でいかに好きでいられるか」という考えでいくと、自分が生まれ育った町や、行ってみて良かった町じゃなくても、勝手な憧れで好きな町を選んでもいいんだと思う。何なら自分の親のことも、純粋に人として好きか、今までの関係を全部リセットされて親と仲良くなれるかと言われると……。

能町　親は自分と密接すぎるから、切り離すのが難しい。おばあちゃんのほうがちょっと距離がある関係だから、自分と切り離して好きになれる感じはする。

久保　芸能人のファンだって、「自分にサービスしてくれたから好き」という気持ちもわかるけど、それよりももっと自分の中の「突き放した好き」を突き詰めたいな、と推しに対して思うわけよ。今までの関係性込みで好きかどうかじゃなく、そこを切り離したところで好きなものを追いかけてもいいのでは……と思ってる。「たまたま生まれた地元が好きで、親も好き」という運のいい人はいるけれど、そうじゃない人も世の中きっとたくさんいるだろうから。「自分の好きで選ぶ」という挑戦が、若いうちからできるといいよなと思う。

能町　それで言うと、やっぱり青森は私のアナザーホームタウンですね。青森プチ移住は大成功だと思うんですけど、観光地にはあんまり行ってなくて、住んでる感のあることばっかりしてるんですよ。今まで行ったところだと、ジムとストレッチと、あとコンタクト作りに行ったりとか。ジムでついてくれるトレーナーと雑談するんですけど、「東京から青森に来た」ってちょっと言いづらいんですよね。理由が訳わかんないから。結局、何となくはしゃべったんですけど、その人にも「もともと青森に住んでて、戻ってきたわけではないんですね」と言われて。「こういう人、あんまりいないんだろうな」と思いましたね。でも私の中では居心地いいんです。

久保　それなら良かった。今までネットで「田舎暮らししてみたけど、想像と違って嫌だった」みたいな極端なパターンばかり見てたから。

能町　私、田舎暮らしだと思ってないんですよ。まあまあ都会に住みたいと思ってたんで。地方の都市部に住みたい。だから青森移住はうまいことやったなって感じですね。牛久は全然第一のふるさとじゃなくて、もはや青森のほうを第一のふるさとにしちゃったほうが都合がいいくらいです。牛久で暮らすのは、本当に考えづらい。

ヒャダ　僕、8月が異常なまでに大阪仕事が多くて、大阪に5回帰ったんですよ。大人になるまで大阪にいたんですけど、大阪にお友達もいなかったし、ませてもいなかったんで、飲み屋さんやご飯屋さんを全然知らなくて。でも今、大阪を歩くと、ちょっと歩いただけで、おしゃれな店やおいしそうな店がいっぱい見つかるんですよ。今までは「ホームタウンだから」という色眼鏡があったから、ちょっとディグれない感じがあったんですけど、ホームタウンという意識を一回外して……それこそさっきのおばあちゃんの話と一緒で一回関係性を外して、一つの都市として見たときに、大阪は魅力的なんじゃないかな、と最近思っていて。実家と関係なく、大阪という街を見つめてみようと考えてます。

牛久に暮らすということ

能町　それはいいことですね。いや、大阪はそれができる街ですよ。牛久はできないから、ほんとに。

ヒャダ　選択肢がないですからね。

能町　一つの町として見て、改めてつまらない町だなって。

一同　（笑）

――そりゃ牛久から仕事来ませんよ（笑）。

能町　そりゃそうですよね。散歩の連載をやってるんですけど、牛久で気になる場所があって、久しぶりにそこに歩いていったんですよ。その途中にある国道を、たぶん20年ぶりに歩いていったら、ひどいありさまになってて。おそらくもともとファミレスだったものが居抜きになって、一回自動車屋になった後、それもつぶれて自動車屋の事務所になってるとか、前は石丸電気だったのが、居抜きで逆に地元のリフォーム会社に戻っちゃってるとか。すべてのチェーン店の箱物が一回は居抜きになってて、お店ですらなくなったりしてるんですよ。

ヒャダ　全員、諦めたんですね。

能町　いわゆる「（駅周辺よりも）バイパスのほうが栄えてる」を、さらに一段階超えてるんですよ。バイパスが栄えた後、さびれてる。

ヒャダ　もはやそれは限界都市じゃないですか。

能町　ほんと限界なんですよね。

――もともとはベッドタウンなんですよね？

能町　ベッドタウンですね。もっとさかのぼれば、ただの農村なんですけど。

――能町さんのお父さんも、そこから東京に通勤してたわけですよね。

能町　まず親が就職で上京するんですけど、東京に通勤する前提で牛久に家を買ったんですよ。当時は遠距離通勤が当たり前だったし、何より「マイホームを買って一人前」みたいな時代だったし。そこからわりとすぐ転職して、同じように都心の会社に勤めるあてがあったらしいんです。もう就職試験もほぼ受かってて。

ヒャダ　なるほど。

能町　だいたいドアトゥドアで片道1時間30分で、当時としてはまあ許容範囲なんですよ。でもそのくらいの通勤時間を前提にして牛久に家買ったのに、最終的に何かの理由で落ちたらしくて。そこから少し無職期間があった……というのは、大人になってから聞いたんですけど。うちの父親が、就職活動はもちろんしてたけど、すぐには決まらないから、家で一人でトランプのソリティアをやってたらしいんですよ。

ヒャダ　わ――――っ！

能町　しゃっしゃっしゃっしゃっ、と器用に切って、ぺろぺろぺろっ、とやって。お父さんがソリティアやってる音が、うちのお母さんはトラウマだったらしいです。

一同　（笑）

ヒャダ　文字通りの「暇つぶし」ですよね。

能町　それから就職は決まったんですけど、勤め先が世田谷区のほうだったんですよ。だからまず牛久から東京まで出て、そこから東京を横断するような感じなんです。片道2時間くらいかかる。でも結局、そこに30年くらい勤めましたね。

久保　それはお父さん頑張ったね。

能町　今思うと、「お父さんよくやったな」と思いますけど。だって私が起きたらもう家出てるか、出る準備してるかで、夜も一緒にご飯食べないほうが多かったんですよ。帰ってくるのが夜10時くらいだから。私が子供のときに……すいません、思い出語りが止まんないんですけど。

久保　大丈夫、大丈夫。

能町　子供のとき、お父さんが忘れものをして、平日にお母さんと一緒に会社に届けに行ったことがあるんです。で、駅を降りて、お父さんの会社に歩いていく途中で畑があったんですよ。それを見て、「東京の会社だと思ってたのに、こんな田舎の会社!?」と思って、ショックを受けましたね。

ヒャダ　「お父さんかわいそう」って。

能町　しかも、当時のラッシュって半端なかったんですよ。牛久駅の時点ですでに座れないんです。

一同　えええ!?

能町　牛久って座れないんです。どうしても座りたいときは、牛久から

3つ先の取手に行って、そこで取手始発を待つという手があるんですけど、当時は基本、牛久からは座れなかったんです。だいたい、牛久の一つ手前で席が埋まるんですよ。

――ということは、その辺から大勢通ってたってことですよね。

能町　みんなそれで1時間立ちっぱなしです。

久保　それが日本の経済を支えてたんだね……。

能町　一回、父親と一緒にそのラッシュ時に乗ったことがあったんですけど、柏あたりがもう地獄で。

久保　「柏は地獄」

能町　柏に電車が着くと、電車は15両もあるのに、駅のホームで待ってる人が一つのドアに対して、30人くらい並んでるんですよ。でも電車は柏に着いた時点でパンパンなんです。

ヒャダ　そんなの、どうやって収納しろと……。

能町　ドアが開いたらみんなダーッと殺到して、いったん入ったら後ろから押されるから押されるがままになって、最後の人は背中から行って押し込んで、ドアの上の部分に手をかけて踏ん張ってどうにかギリギリで体をドアより内側に入れるんです。

ヒャダ　はいはい、いますね。

能町　それでシュン、とドアが閉まって、ホームには乗り切れなかった人が5人くらい残って次を待つという感じ。あれを見て私、「本当に通勤したくない」と思ったんですよね。

久保　私、ベッドタウンというものを経験したことがないから、通勤、通学に1時間以上かけるとか、想像もつかなくて。

ヒャダ　いや、できないですね。

久保　地方出身者のわりには、「目的地までバスで20～30分以内に着かないと困る」くらいの感覚がずっとある。だから、今も池袋から離れられないんだよね。

能町　だから東京の郊外に住むのは、私の中であり得ないんですよ。都心に行くたびにラッシュに巻き込まれるので。都心に住めないんだったら、県庁所在地みたいな地方都市のほうが全然いいです。

――当時はスマホがないから、1時間か2時間ぎゅうぎゅうになって、ただ揺られてるだけだったんですかね。雑誌を読む隙間もなさそうだし。

能町　ただただ、それです。せいぜい文庫本を必死に読む程度。

ヒヤダ　新聞を奇跡的な小ささで読む方もいますよね。

久保　そりゃ新聞買うよね。そんなに時間があるなら。

能町　また帰りの常磐線が地獄なんですよ。ラッシュはさすがに朝より緩めなんですけど、弛緩度がすごくて、ほぼ飲み屋になっちゃってるんですよ。乗って飲むのが当たり前で、みんな缶チューハイとか抱えて乗るんです。だから電車に乗った時点でめちゃめちゃおつまみ臭いんですよ。たまに吐いてる人もいるし。ほんと常磐線は地獄です……だから、やっぱり牛久は愛せない。

久保　そういえば私、不便なところにまだ住んだことがない。

能町　牛久は不便というほど不便でもないんですよ。日用品の買い物くらいなら、地元で済ませられる。スーパーも近いし、コンビニも普通にあるし、生活に不便ってことはないんですけど、文化的なものは本当にないです。駅前の大きなスーパーもつぶれちゃったし。牛久のひどさを言うと止まらなくなるんですけど、私が小学生のときは駅前になぜか関西系スーパーのイズミヤがあったんです。4階建ての。で、その隣に6階建ての西友があったんですよ。ちょっとしたデパート扱いできるような。先に建ったのは西友なんですけど、駅により近い場所にイズミヤができたから、西友が廃れて、私が中1くらいのときにつぶれたんですよ。その後、駅の一等地なのに西友の建物は10年間くらい何のテナントも入らなくて、どんどん廃虚になってって、今は何かの会社が入ってるんですけど、お店ではないんです。

——イズミヤのほうは？

能町　イズミヤはその後いったんは栄えたんですけど、結局それもバイパス沿いの店とかにどんどん客を取られていって、5年くらい前につぶれて。だから今、牛久駅前は「ほぼ廃墟」と「ほぼ廃墟」が並んでる状態（笑）。ほんとにひどいです。

——で、さっきの話だと、バイパス沿いの店も居抜きになったりしていると。

久保　そういう町ってこれから10年後とか、どうなっていくんだろうね。市長、どういう町を目指してるんだろう。

能町　人口はまだ減ってないんですよ。ニュータウン（ひたち野うしく）を造ってるから、粘ってるんでしょうけど。

久保　（スマホを見ながら）あれ？　『るるぶ牛久』（*1）が出てるよ。

ヒャダ　何でもあるな、牛久。なぜ作った。「るるぶ」。

能町　何もないよ、大仏とワインしかないですよ。

久保　「都心から50分　日帰りショートトリップ」って。泊まらせない（笑）。

能町　泊まらせる気がない。ろくなホテルないから、しょうがない。

服屋、カラオケ、ライブハウス、すべてが恐怖だった

――あれ見ました？　最近話題になった『かまいたちの知らんけど』のイズミヤ閉店の回。

能町　見たかったけど、見てないんですよ。

――ずっと慣れ親しんできたイズミヤ上新庄店（大阪市東淀川区）が閉店すると聞いて、かまいたちの濱家さんが閉店直前のイズミヤ上新庄店を訪れるんです。そしたら少年時代の記憶がどんどんあふれ出して、あらゆるフロア、あらゆる店舗について語りだすという回で（*2）。

能町　そういうのいいな。私これだけ牛久への憎しみをぶつけてますけど、個別に言えば、いろいろ出てくると思うんですよ。私もイズミヤ牛久店には思い出がけっこうあります。

――イズミヤ上新庄店を知ってる人は視聴者の一部なんですけど、みんなそれぞれ「思い出のスーパー」と重ね合わせて見たみたいで。

能町　私も現地に行ったらいろいろ記憶が出てくると思います。

ヒャダ　僕もジャスコ沢ノ町店（大阪市住吉区）は本当に好きでしたからね。ジュース飲んだり、ゲームしたりしたの、すごく楽しかった。今はもうなくなりましたけど。

能町　私は文教堂牛久店（現在は閉店）だな。『完全自殺マニュアル』を全部立ち読みしたのと、『VOW！』買ったのもあそこだし。

久保　私はジャスコ佐世保店（現・イオン佐世保）でランキン・タクシーのCD買ったなー。

能町　ジャスコに置いてるんだ、ランキン・タクシー。

久保　平和堂というCDショップがあって、そことジャスコに入ってる福家書店が頑張ってたんですよ。その福家書店で、性の目覚めというわけ

*1　2018年発行の『るるぶ牛久特別編集版』

*2　『かまいたちの知らんけど』#34。Amazon Primeの「大阪チャンネルセレクト」で視聴可能。

じゃないけど、少しスケベなやつを頑張って立ち読みしてたんですよね。

能町 よくやれますね(笑)。

久保 『くりいむレモン』(*)シリーズ(笑)。

ヒャダ あ――っ、エッチなんだ!エッチなんだ!

久保 『くりいむレモン』の小説版があったんですよ。お兄ちゃんが『ニュータイプ』というアニメ雑誌を毎月購読してたから、それを読んで「どうやら『くりいむレモン』というエロいやつがあるらしいぞ」と知って、その本屋で「『ニュータイプ』で見たやつの小説版だ」と思って、一生懸命中身を確認して。その本屋、同人誌も置いてたんだよね。

ヒャダ 意識が高い。

能町 文化がちゃんとある。

久保 そこらへん、今考えると充実してたし、そして私は怖いもの知らずだったなと思う。(アニメ雑誌の)『ファンロード』も『OUT』も読んでたし、文化的に満足してたわ、佐世保で。

能町 文化度、超高いですよね。

ヒャダ 永野さんと能町さんにはなかったやつですよね。

服屋怖い

――能町さんが「街に出る」といったら、やっぱり東京だったんですか?

能町 まず柏が最初にあるんですけど、でも私は柏に行ったことはほとんどないです。だから結局東京なんですけど、そもそも私におしゃれ度がないので、怖くて行けないんですよ。東京で買い物とか怖くて考えられない。

ヒャダ 『ケンミンSHOW』で似たようなこと言ってましたね。「みんな柏で止まる」みたいなこと。

能町 柏で止まる人もいるけど、私はそもそもそれもしてなくて。ちゃんと自分で欲しい服を選んで買ったの、上京してからです。高校まではろくに買ってない。

久保 藤井聡太三冠は、「まだ自分で服を買ったことがない」と言ってたね。

能町 それに近い。まずどこに行ったらいいか、わからないんですよ。服を売ってる場所って、近所だとイズミヤなんです。イズミヤしかないんです。ヒャッくんはいつから自分で服を買ってました?

*アダルトアニメの草分け的作品。数々の続編が制作されたほか、ゲーム・実写・小説など、メディアの幅を広げて展開していった。

ヒャダ　高校からですね。高校1年生で買い始めましたけど……もう恐怖体験ですよね。

能町　恐怖ですよね。

ヒャダ　天王寺で買いました。天王寺のジーンズショップでちょっとお安めなやつを。まあ怖かったです。

能町　私が高校出る頃に牛久にライトオンができたんですけど、ライトオンですら怖かった。

ヒャダ　僕が買ったのも似たようなところです。でも怖かったです。怖がりなんで、一応『ファインボーイズ』とか『メンズノンノ』とか読み込んで、理論武装はしていったんですよ。「この形の服はカットソー」とか。

能町　間違えないように。

ヒャダ　間違えないように理論武装はしていったんですけど、でも話しかけられたら、それだけでめちゃめちゃ怖いですから。

久保　2人ともそういう経験、すごく遅いんだね。

能町　だって店がないんですもん。イズミヤとライトオンしかなかったら、どうしたらいいんですか。おしゃれ関係は怖かった記憶しかないです。

ヒャダ　おしゃれ関係は怖い。

――ヒャダインさんと能町さんが言う「怖さ」って、「店員からバカにされるかもしれない怖さ」？　それとも「見知らぬ町に行く怖さ」ですか？

能町　「大人すぎる」という。牛久からに土浦に買い物に行ってる同級生がいたんですけど、私の中だとほぼ「酒飲んでる」くらいの感覚でした。「中学生でそんなことしてるなんて」っていう。

ヒャダ　今の感覚で言うと、「知らないスナックに一人で入る」みたいな。

能町　それに近いものはあるかも。中学生だけでカラオケ行ってると聞いても怖かったです。「悪すぎる」と思って。

ヒャダ　僕も「カラオケ屋の中でタバコと大麻と乱交してる」と思ってました。本当に思ってました。

能町　わかります、そういう感じはあります。

久保　ベッドタウンって、健全なんだね。

能町　だって悪いことする人が行くところがないんです。

久保　地方に住んでいた身からすると、「東京に近いからライブとか行けていいな」と思ってたんだけど。

能町　ライブなんて、怖えーよ（茨城弁で）！　だってライブに行ったら、みんなタバコ吸って、セックスしてるんですよ？

ヒャダ　そうです。大麻やって、乱交してます！

能町　あんな暗いところ、みんなセックスしてるに決まってるじゃないですか！

ヒャダ　そうですよ、乱交してますよ！

能町　怖いですよ！

ヒャダ　怖い！

――でも当時はネットもないわけだし、本当に未知の世界だったら、大げさでなくそれくらい思うんですかね。

久保　そう考えると、佐世保は佐世保でちょっと特殊な町だったな。九州の端っこだけど、もともと軍港という気質もあって、文化的に停滞してた感じはなかった。子供でもガンガン買い物に行ってたし、映画も見に行ってたし。だから私、別に佐世保のことは嫌いじゃないんだよね。嫌いじゃないけど、好きで選んだ町ではないという。

ヒャダ　そうですね。ガチャですからね。

久保　ガチャだね。だから「地元にご恩返しして生きていこう」みたいに思う必要はないんだよ。地元に縛られずに、新しい地元を探したっていいし、海外に行ったっていいと思う。じゃあ地元に縛られて生きるのがダメかというと、それがかえって個性になることもあるから、それはそれでいいと思うし。なんだか地元への感情が引きずり出されてしまった……永野さん、何気にいろいろ刺激していきますね。

ヒャダ　ずいぶんな毒薬だったと思いますよ。

久保　ワクチンの毒性ってこういうことか。

――副反応がどんどん出てきてるので、おしまいにしましょう。

能町　今、私、牛久への思いがすごいあふれ出てきてる。

ヒャダ　愛憎入り交じった感情が。

能町　愛0・5：憎9・5くらいの感じですけど。

TALK-28

運命の分岐点となった日はありますか？

［2022年1月掲載］

コロナ禍に入ってからは、ずっとオンラインライブでやってきたわけですが、この回は約2年ぶりの有観客ライブ。旅企画「久保みねヒャダ旅劇場　十年目の熱海」を見ながら、会場みんなで笑うという幸せなひとときを、久しぶりに過ごしたのでした。

「平成の記憶」は断捨離できない!?

――今日はライブ中、やたらと「平成の記憶」が吹き出しまくってましたね。『マジカル頭脳パワー!!』の話題が出てきたりして。

ヒャダ　そういうのはもう2021年に置いていきます。そのために出しただけなんで。いいかげん成仏させないと。

能町　「置いていく」と言っても、結局その話をすることで記憶を強化してるだけなんですよね（笑）。

ヒャダ　そうなんですよ（笑）。1回抜いた毛みたいな感じで、余計太いのが生えてくる。

久保　令和で意識する断捨離は「平成の記憶」だということでそうなったんだけど、ただ強化するだけだったという。

能町　なんであんなに90年代や平成の話をすると面白いのか……。

ヒャダ　平成って、ちょっと中途半端で面白かったんでしょうね。

能町　熱海旅行のVTRでも、編集でカットされてるんですけど、私もう平成の話をめちゃくちゃ言ってたんですよね。大量に思い出して。

ヒャダ　そうでしたね。

能町　相原勇が『笑ってヨロシク』で、だいたい「丹古母鬼馬二」と言ってボケてたこととか。

一同　（笑）

久保　丹古母鬼馬二がボケで通じる時代だったってすごいね。

ヒャダ　「誰ですか？」ってなりますからね。

能町　なすびの話もしてましたね。

ヒャダ　ゆうゆ（岩井由紀子）ですか？

能町　いや、『電波少年』のほう。

ヒャダ　ああ、そっちのなすびさん。

能町　あ、ゆうゆのほうでもいいです。

久保　「ゆうゆのなすび」って、なんのことだっけ？

能町　ゆうゆはフリップにいつもなすびの絵を描いてたんです。『クイズ！年の差なんて』で。

ヒャダ　本当にいらないでしょ（笑）。その記憶、捨てましょうよ。

久保　録画してない映像をこんなに覚えてるって、すごいと思うんですよね。

能町　1回しか見てないのに覚えてるんですよね。『電波少年』で、なすびが手書きで日記書いてたんですけど、何かをゲットしたときに「効果覿面（てきめん）です」と書いてて。「覿面」を漢字で書けたんですよ。で、松本明子さんが「頭いいんだねえ」と言ってたのを覚えてます。

久保　なぜそれを思い出してしまうのか。

能町　なんでこんな記憶が脳に残ってるのか。

ヒャダ　（スマホを見つつ）「ゆうゆ　なすび」で画像検索したら、元気な画像しか出てこなくていいですね（笑）。

——平成って、共通言語が豊富にありましたよね。ここ最近、会う人に「どんなメディアを見てますか？」と聞いてるんですけど、若い人の中でも見てるメディアがかなりバラバラなんです。

ヒャダ　今の時代はバラバラですよ。もはや、みんなが知ってるものなんてないです。

人生の記録は残すべき？

ヒャダ　今日のライブの感想でめちゃめちゃ面白かったのがあって。ちょっと読みますね。「最初に見たのが、深夜アニメと間違えてたまたま録画した久保ヒャダの初回特番で、それが面白くて、ずっと見続けてきた番組なんだけど、もうすぐ10周年なのが感慨深い」。ここまでは普通じゃないですか。

一同　うん。

ヒャダ　「小6から見続けて」

一同　（笑）

ヒャダ　「受験の息抜きとかに見てた番組なのに、もう22歳なんていうのが泣けちゃう。ずっと続いてほしい」

能町　もうお酒も飲めるようになってしまって……。

——小6から22歳までの10年間って大事な時間じゃないですか。

ヒャダ　人格形成でめちゃめちゃ大事な時期ですよ。

能町　そう考えると10年って、すごいことですね。

久保　私たち、どんな大人に思われてるんだか。

ヒャダ　好きなものがみんな局所化してるので、みんなが知ってる言葉ってないんですよね。「若い人なら知ってるでしょ」って感じでもないですからね。

能町　「あるある」みたいなのも、なくなっていっちゃうんですかね。

——若い人も含めて、「マツケンサンバ」はギリギリ共通言語になってるんですかね。

久保　確かに、まぁまぁ若い人が「本当に今年（２０２１年）はマツケンサンバめっちゃ聞いた」とツイッターに書いてて、「やっぱ聞くんだ」と思った。でもたとえばスポーツで感動的な試合が行われても、見てない人からすると、何もないのと同然じゃないですか。それは将棋でもそうだし。今、犬を飼ってるけど、「犬を飼ってることなんか他人からするとどうでもよかったりするんだよな」と思うし。犬を飼ってることの情報発信をしてるわけじゃないから、「今のこの記憶って私の中だけにしかなくて、他人には本当に何も残してないのと同然なんだな」って最近すごく思う。

能町　私、自分でつけてる日記がまさにそれだなと思って。デジタルでつけてるから、私が死んだら本当に……私以外は誰も見ないやつだから、ネットの藻屑になるんですよね。

久保　70歳で旦那と離婚して、一人暮らしを始めて、やっと自分の人生を……っていう人がいて、やっぱり今まで自分のために生きてないから、「YouTubeで他の人の動画を見て、自分も人生の記録を残したいから始めます」と言ってYouTubeデビューしてて。「70歳になってやっぱりそこ来るんだな」って思う。

——記録のない人生にむなしさを感じるみたいな。

久保　私も記録を残していないことが多すぎて、不安になるときがあるんだよね。SNSがなかったらそんなこと思わなかったのかもしれないけど。

能町　でも日記は昔からありますよ。私のおじいちゃんは死ぬ日まで日記書いてましたからね。

一同　えええええ！

能町　突然死んじゃったんですよ、おじいちゃん。私は4歳だったから知らないんですけど、亡くなる日、普通に近所に竹を取りに行ってることを書いてて。何かで竹が必要だったんですよね。「竹を切りに行った」と書いてる日記を見たのはすごく覚えてます。で、その日の日記を書いて、夜寝てるときに急にぽっくり。

ヒャダ　いい死に方。本人としてはめちゃめちゃ楽な死に方ですよね。周りはたまったもんじゃないですけど。気持ちの整理も遺品の整理もマジつかないし。でも本人にとってはそれが一番楽ですよね。

ヒャダ　日記はやっぱり面白いですよ。

久保　書こう。

ヒャダ　でも自分の日記読むの好きじゃないから……。

ヒャダ　僕もそうなんです。

能町　そうなんですか？　私、自分の日記読むの、めちゃくちゃ好きなんですよ（笑）。「こんなに面白いのに人に見せられなくて残念」って思ってる。

——気持ちを吐き出すためじゃなく、一応「その日がどうだった」と記録するために書いてるってことですか？

能町　そうです。まあ吐き出してもいるけど、後からけっこう見返します。「去年の今日、何してたんだろう？」とか普通に見ます。

ヒャダ　僕は見たくない……。

久保　私も。自分に読ませるための自分の文章の自意識が、自分で我慢ならなくなって。だから私、過去のメモとか文章とか、うっかり死んで他人に読まれたくないから、ガンガン消してってるんだよね。

能町　全部残しておきたいな、私は。

ヒャダ　消したらマジでなかったことになりますからね。誰も覚えてないし、誰も記録してないし。

能町　去年の12月12日の日記を見たら、駅でお菓子配ってるフィリピンの子にお金をあげたと書いてます。

ヒャダ　最近いますよね。

——声かけられたことあります。「お金に困ってるので500円でお菓子を買ってくれ」と言われて。

能町　怪しそうだなと思ったんですけど、話をしてみたくてお金をあげちゃったんですよね。でもお菓子はおいしくなかったです。

——日記つけてない人でも、SNSが結果的に「自分の記録」になってる人はいますよね。

ヒャダ　僕もそうですね。

——その当時めちゃくちゃ話題になったことで、いちいち「●●の話ですが」と話題を明記するのが野暮に感じるから、前提をすっ飛ばして感想だけ書いたりするんですけど、時間たってから見ると何の話題だかさっぱりわからない……みたいなことがたびたびあって自分で嫌になります。

能町　そう！　わかんないんですよね。それはある。

ポジティブさの呪縛にとらわれすぎ？

――今回の熱海旅行のVTRは本当に良かったです。VTRも良かったし、みんなで同じVTRを見てワイワイする感じや、面白いシーンで思わず拍手が出た感じも良かった。

久保　みんなで見てゲラゲラ笑えるって、あれは本当に有観客じゃないと味わえない醍醐味だよね。私もあの熱海は「早くVTR見たいな～」と思ってたし。

ヒャダ　ライブの感想に、いいのがありました。「ナマ感があって、これ！っていう気持ちが得られました。それと同時に『生きてるだけで素晴らしい』みたいにコロナで思いすぎてたのかと、角が取れた自分に気付きました。もうちょっと尖って生きていこうと思いました」……「生きてるだけで良かった」って思いすぎてたらしいです。

久保　でもそれはある。私も永野さんを見て「あ、いちいち感謝して生きていかなくてもいいんだな」って気持ちが芽生えたし。

ヒャダ　そうですね（笑）。

久保　「上手に感謝できなきゃいけないのかな」とか、いろいろ思っちゃうんですよね。

ヒャダ　やっぱり永野さんは、すごいスパイスとなったゲストだったと思います。

能町　いいスパイスだったと思う。みんないろんな人が気を使いすぎてるのを見聞きすると、ちょっと疲れちゃうんですよね。芸能人が叩かれないように発言してるのを聞いちゃうと、「そんなに気を使わなくていいじゃん」と思っちゃう。

久保　「恩返ししていきたいです！」と言ってる若い子を見ると、「いや、恩を返すのはずっと後でいいから」って思っちゃうんですよ。

能町　「野球が好きだから野球をやってる」でいいのに、なんか「夢を与える」とか言わないといけなくなっちゃって。

ヒャダ　そうですよね。「夢を与える」って何だよと思います。

久保　でも、ロケに行くたびに思ってた「他で見るロケよりうちでやるロケが一番面白いな」という感覚がまた味わえて良かったです。

10年前、すべての始まりとなったあの日

——10周年を強調してましたけど、年明けて2022年が10周年イヤーなんですよね。

能町　そうですね。2012年に『久保ミツロウ・能町みね子のオールナイトニッポン』も始まったんですよね。同じ年なんですよ。

久保　ちょうど……。

久保・ヒャダ　10年前に〜♪（The虎舞竜風に）

能町　というか、久保さんとラジオを始める前に、私と久保さんは3回くらいしか会ってないんですよね。

久保　うん。

——えっ、そうなんですか⁉

久保・能町　そうです。

能町　だから友達というほど親しかったかというと……。

久保　そうでもなく。ただ、何か勢いはあったんだよね。震災の後というのもあって。

能町　それもちょっとあった。

久保　後悔しない生き方を考えてた時期だったんですよ。顔出ししてイベントをやることに対しても、やれるとは思ってなかったけど、マンガを描く以外で伝えられることがあるんじゃないか……とか考えてて。あの頃、愚痴もいっぱいたまってたもんね。

能町　愚痴はたまってました。何回も言ってるけど、そもそも私が愚痴の電話をしたのがあらゆることのスタートだから。2011年だったかな。私が久保さんに愚痴の電話をしたXデー。たぶん震災の後だったと思う。

——何が起こったんですか？

能町　確か深夜の1時半に電話したんですよね。

久保　そうそう。今、そんな時間に電話しようってないもんね。

能町　先にメールで「電話していいですか？」みたいなことは聞いたけど……でも電話した時点ではまだ2、3回しか会ってないんですよね（笑）。

ヒャダ　すごいことですよね。

久保　で、その電話の後、「うちらのトーク、なんかいけるぜ！」って感じになって。

能町　ノリにノッてましたね〜。

ヒャダ　「俺らオモロい、このトークは金になるぜ！」

久保　これたぶん、お笑い芸人が経験するパターンだよね。

能町　そもそも、なんで私がイラ立っ

ていたかというと……某サブカル分野で活動する知り合いの男の人から飲み会に誘われたんですよ。で、行ったんです。その人の友達くらいしか来ないだろうと思っていたら、誰の友達だかわからない女が2人来て、その女2人がスカートの中を半分見せてたんですよ。「え、何この人たち？」と思って。

――「見えた」んじゃなくて、「見せてた」？

能町　偏見丸出しで言うと、サブカル大好きっ子みたいな2人組で。掘りごたつ式の店だったんですけど、掘りごたつに入る前に軽い段があるんです。で、その2人はわりと短めの、膝より上のスカートをはいてて、なぜか掘りごたつに足を下ろさずに、その手前の段に足をついて、体育座りみたいにして座ってるんですよ。

――それはまあ見えますすね。

能町　男の人も流れ的にツッコまざるを得ないから、その場にいた人が「そんなんじゃパンツ見えちゃうよ？」みたいなことを酔った勢いで言うんです。でもその2人はそう言われても「え～～～（笑）」とか言いながら、全然足を下ろさないんですよ（笑）。

――その知り合いの人のファンで、飲み会に参加するチャンスを得たから、なんとかして「つながりたい」という。

能町　「恐ろしい！　こんな女がいるのか！」と思って。でもその場ではそんなこと言えないから「このモヤモヤを誰かに伝えたい……！　そうだ、久保さんだ!!」って。そこからのスタートです。

ヒャダ　それ聞いて久保さんは何て言ったんですか？

久保　ほとんど覚えてないんだけど、そういう存在に興味を持っていた頃だったから、「やっぱいるんだ」みたいな反応をしたと思う。

能町　「東京は恐ろしい！」って。

久保　「有名人とつながりたい欲」がめっちゃ高い子ってやっぱりいて、当時は私もそういうのを肉眼で目撃してたわけですよ。飲み会に行ったときに。最近はそういうジャンルを見ることができなくなったから、懐かしく感じちゃって。連れてこられた系の女の子とか。

――連れてこられた系というのは？

久保　ホストのマンガを描くときの取材で、ホストの紹介本みたいなのを作ってる男の人がいて、「その人に業界の話を聞こう」ということになったんですよ。担当編集さんがセッティングしてくれて、中華料理屋の円卓で話を聞いたんですけど、なぜか若い女の子を連れてきてて、「今度この子をプロデュースしようと思うんですよ」と言ってて。

一同　おお～。

久保　「私らに紹介してどうしろと？」と思ったけど、一緒にいたのが『週刊少年マガジン』の編集さんだったから、たぶん業界にコネを作らせて、あわよくばグラビアを……みたいな魂胆だったんだろうなと。

能町　怖い怖い。

久保　その若い女の子が、地方から出てきたらしい若い子で、本当に白のピタッとしたTシャツで、巨乳なのが丸わかりで……。

一同　うわ――！

久保　お人形さんみたいに自分から何も話さず、ニコッってしてるだけなんですよ。「こんな子がいるんだ」と思って。で、別に会話が弾むわけじゃないし、その子がホストの話をしてくれるわけじゃないし、ただただその男の人がうさんくさいから「あの人とはもう連絡取るのやめよう」ということで終わりました。あの子、今どうしてるんだろう。

ヒャダ　僕も似たようなことはありました。いろんな音楽関係者が集まるパーティで、うさんくさいプロデューサーから「うちでちょっと預かってる子なんですよ～。よろしくお願いします～」みたいなことを言われたりして。その女の子が、久保さんが言ってたような、いかにも従順そうな子だったんですよね。僕はそういうの、うまいこと逃げ続けてきたんですけど。

能町　何をよろしくさせるつもりなんだ（笑）。

久保　プロデューサーが脚本家の人に新人の女優さんを紹介して、「後は2人で」って置いていったという話も、聞いたことがあるよ。

ヒャダ　女衒じゃないですか！

能町　怖っ！

久保　結局その後、連れ回されたりはせずに帰されたらしいんだけど。で、その女優が●●●●（現在はベテランの人）だったっていう。

ヒャダ　ああ～、本当に売れて良かったですね。

久保　「あの時代の歪んだ世界で連れ回されていた子たちって、今はどう生きてるんだろう」って気になっちゃうね。

ヒャダ　いろいろ経験して、人間としての意思を獲得したんでしょうか。

能町　田舎に帰ったのかなあ。

久保　私も人に紹介される立場の人間だったことがあるんだけど、何にも、本当にな〜んにも女らしさを売りにせず、ただヘラヘラとしていただけだった。

ヒャダ　それは重要ですよ。そこでマクラ的な匂いを出して、おこたに入らず土手を見せてたら、今の久保さんはいないですよ。

能町　あのとき、おこたに入らなかった女2人は今、何をしてるんだろう。

——その話って、2人ともパンツ見せてたってことですか？　Wパンツ？

能町　2人ともです。Wパンツ。

ヒャダ　ってことはもう、そういうことをし慣れている……協定が組まれているってことですよね。「こうやって気を引こうね」みたいな。

——でもその2人がパンツ見せてなかったら、能町さんがまだ面識の浅い久保さんに電話することはなかったわけで。運命の分かれ道みたいなものですよね。パンツを見せたことで久保さんと能町さんがつながり、番組が誕生した。本人たちはそんな自覚ないでしょうけど、歴史の転換点となるパンツ見せだという気がします。

TALK-29

言葉をすぐに出せますか？

［2022年4月掲載］

浅草公会堂で開催されたライブの、本番前のおしゃべり。ちょうどこの頃、世間ではウィル・スミスのビンタ事件が連日話題になっていましたが、やはりこの場でも話題になりました。

大阪の声かけはノーモーション

久保　犬の散歩中に、「犬を飼ってる人同士、あいさつをしたほうがいいかな」と思ってあいさつするんだけど、まあ半分以上は無視されるんですよ。「知らない人に毎日声をかけては無視される」ということをずっと繰り返していて、私すごい経験積んでるなと思う。

ヒャダ　さっきの「都会の人はあいさつ無視する問題」ですけど、こないだ大阪の番組で地元ロケをしたんです。道で人とすれ違うときに「こんにちは」ってあいさつしたら、100％返してくるんですよ。

能町　ああ、大阪はすごいですよね。

ヒャダ　大阪のコール＆レスポンス、ヤバかったです。無駄な照れがない。

能町　東京だと、最初にちょっと助走つけてから来るんですけど、大阪はいきなり来る。あれは好き。大阪でキャリーバッグをロッカーに預けたかったんだけど、全部埋まってて、「どうしよう」と思って、一瞬ぼーっとしてたんですよ。そしたら後ろにいたおっちゃんが、「向こうにもようけあるで」って。1ターン目でそれだったんですよ。あれはいい。

久保　きっと外国だったら、そういう会話もあるのかもしれない。でも東京だとまずないよね。

能町　東京はないですよね。あと、大阪で相撲を見ていたことがあったんですけど、私が応援してる明瀬山という力士がいて、私は勝手に「パンの山」って名前を付けてるんです。それは相撲ファンの間ではわりと知れ渡ってるんですけど、でも会場で「パンの山」と呼ぶのは失礼だから、「明瀬山！」って大きな声で言ったんですよ。まだコロナ禍じゃない時期だったから。そしたら前の席のおばちゃんがわざわざ振り向いて「パンの山ちゃうんかい」って言ってきて（笑）。

ヒャダ　ツッコミ（笑）。

能町　そうそう。その人と、それまで全然しゃべってないんですよ。

――そのタイミングで来るってことは、「声をかけようか、かけまいか」という葛藤がゼロってことですよね。

能町　そう。まったく振りかぶらずノーモーションで来る。

久保　いい感じで返事を返してくれたり、向こうから話しかけてくる人って、やっぱりおばちゃん、おばあちゃんなんですよね。ちょっと離れて犬とすれ違うときも、向こうから「あらあら、かわいい」と声をかけてきて。梵天丸もかくありたいですわ。「思ったことをすぐ口にしちゃうおばちゃんキャラを、何としてもモノにせねば」と頑張ってるんですけど、なかなかなれない。

能町　いつからおばちゃんになれるんだろう。

――「パンの山ちゃうんか！」の例を見ても、もう頭で考えず体で反応してる感じがしますよね。

「愛する者のために」が突きつける疎外感

能町　反射がすごいですよね。ウィル・スミスのビンタ事件(*)で、中年はみんな野坂昭如と大島渚を思い出したじゃないですか。野坂昭如に殴られた大島渚が、ちょっとグラッとするんだけど、反射的に反撃するんですよね。「びっくりする」という過程が全然ない。

久保　野坂昭如のパンチ、こんなにきれいに入ってるんだね。

ヒャダ　ドボン！って音がしてますからね。

――キックボクシングの心得がちょっとあったみたいですね。

久保　そういえばウィル・スミスも殴り方すごかった。叩き方か。

――ビンタのわりにはゴン！って音がしてるから、掌底みたいな感じだったのかも。

久保　あれを「忠臣蔵」にたとえてる人がいて、なるほどねと思った。「殿中でござる！　殿中でござる！」って。

能町　確かに殿中感ありますけどね。廊下長いし。

ヒャダ　だから日本人はウィル・スミスのほうに肩入れするんでしょうね。

能町　記事だけ見たときは「ウィル・スミス、もっともだな」と思ったけど、動画見たら、けっこう引きました。「目いっぱいやってるじゃん」と思っちゃって。

久保　ドラマや映画でもよくあるけど、「愛する者のために」というう大義名分が付くと、ドン引きしちゃうんですよね。どんな行動であっても、「愛する妻のために」「愛する家族のために」というのが入ると、「はいはい、もういいです」みたいになる。その前提をいまひとつ共有できないから。

＊　アカデミー賞授賞式で司会のクリス・ロックが、ウィル・スミスの妻で脱毛症に悩むジェイダ・ピンケット・スミスをジョークでネタにし、そのことに腹を立てたウィルがステージに上がり、クリスを平手打ちした事件。

ヒャダ　ほんとそうですね。

久保　「愛する妻が人前で侮辱されたら、あんなふうになってしまうのもしょうがない。あれはカッコいい」みたいに言われると、「ああ、この人は『愛する●●のために文化』の人だ」と思って、シュンとなっちゃう。

ヒャダ　ね。「僕は侮辱されても、誰も代わりに殴ってくれないいんだろうな」と思って寂しい気持ちになります。

久保　なる。

ヒャダ　今回の件で一番しっくりきた記事があったんですよ。日本とアメリカで反応が違うのは、日本人の中で「愛する妻」というのは「弱い者だ」という考え方があるからだと。そういう人は「弱い者に攻撃されたから、代わりに自分が反撃した」と言うけど、アメリカは奥さんも一人の人間として強い者だと考えるから、ウィル・スミスは勝手なことするなよ……という記事だったんですけど。

久保　そうなの。私、妻を自分と同化させちゃう文化はちょっと慣れ親しんでなくて。

ヒャダ　わかる。内包しすぎ。

久保　だから妻が侮辱されて代わりに旦那が怒るというのも、「いやいや妻の人格はどうなっちゃうの？」という気持ちがある。だからむしろ全然関係ない人が怒ったほうがまだ良かったのかもしれない。

ヒャダ　アメリカの記事では最後、「ジェイダも一人の大人だ」という言葉で締めてました。

能町　私、あの報道でえぐいなと思ったのが、「アメリカの調査会社がアンケートを取ったら、ウィル・スミス擁護派には低所得層が多いという結果が出た」というやつで。「なんてきつい記事なんだ」と思っちゃった。「そんなこと調べないで！」って。

ヒャダ　「愛する者のために」というのは、それだけで一気にキュンとさせるものがあるってことなんでしょうね。

能町　でも所得と結びつけるのは、いくら調査の結果でも「そんなの悲しいからやめて！」と思っちゃう。

久保　そして自分は誰かにとっての愛する者ではないから、「私は外側なんだな」といつも思う。殴る気持ちはよくわかるけどね。

その場で言い返せる瞬発力は必要？

――でも実を言うと、ウィル・スミスの

ニュースを見たとき、「あの瞬発力で怒れるのってうらやましいな」と思ったんですよ。「なんで妻の代わりに夫が」というのはあるにせよ、侮辱されてすぐリアクション起こせるのってうらやましいなと。

ヒャダ　そうなんですよ。

久保　わかる！

――面と向かって侮辱されても、その瞬間は場の空気に押されて言い返せずに、家に帰ってからどんどん悔しくなるパターン、あるじゃないですか。

ヒャダ　その瞬間はつい、ヘラヘラしちゃうんですよね。それ、ヒコロヒーさんも同じ話をしてました。「私、すぐ怒れなくて、家に帰ってからムカムカしてしまうんです」って。彼女と同居してる「太陽の小町」のつるさんは、いじわるを言う瞬発力がものすごいらしいんです。僕も何か失礼なことを言われたら、パッといじわるな言葉を返せるようになりたいんですよね。

能町　すぐに返せる瞬発力って難しいですよね。

久保　自分もその場の瞬発力がなくて、言い返せなかったことがある。でもそういうときって同時に「自分も無意識に他人にそういうことを言ってしまっているんじゃないか？」という気持ちも湧き起こってきて、もやもやした気持ちをどう処理したらいいのかわからなくなる。

能町　瞬発力で言い返したい気持ちもあるんだけど、でも今は瞬発力重視になりすぎてる気もするんですよ。

久保　そうですね。

能町　それも嫌なんですよ。ひろゆきが言い合いに強いのって、瞬発力だけで処理してるからだと思うんですよね。

ヒャダ　いや、ほんとそうなんですよ。

能町　ひろゆきに言われたことを、じっくり考えたり調べたりすれば反論できるのかもしれないけど、いきなりパッと言われても、すぐには返せないじゃないですか。丁寧に考えようと思ったらなおのこと。

久保　大事なことってほんとに、持ち帰って決めたほうがいいんだよ。「その場で決めろ」という圧を受けても、その場で決めなくてもいいんだよ……と、新社会人に言いたい。「大事なことは持ち帰れ」！

能町　持ち帰る。でもその場で怒りたい気持ちもわかる。

久保　とはいえ、後から粘着的に

YouTubeで「あのとき実はこうだった」という告発動画あげられるのも嫌ですよね。

ヒャダ　ガーシーじゃないですか（笑）。

自分を守ったまま終わりを迎えられるか？

この日は同じ会場で、こじらせライブの前の時間帯に「ガチャピン・ムック　スプリングコンサート」が開催されていました。楽屋でのトーク中、ステージを終えたガチャピンとムックが舞台裏に戻ってきてトークは一時中断、全員それを見物に行く一コマがあり（結局見えなかった）、そのイメージが頭にありつつトークを再開したため、次の話が出てきたと思われます。

能町　デーモン閣下が昔、『オールナイトニッポン』やってたじゃないですか。誰かが言ってたんだけど、昔はラジオのためにわざわざ塗……じゃなかった、「悪魔」の姿にならずに来てたらしいんです。「世を忍ぶ仮の姿」にサングラスをかける程度で。でもだんだん閣下の中で、そこのベールを分厚めにしたくなってきたっぽくて、そのうちラジオ局に来るときも「世を忍ぶ仮の姿」をまったく見せないようになったって。

ヒャダ　すごいですね。徹底してますね。

能町　そこは徹底するんだって。

ヒャダ　VTuberみたいなアプローチですね。

能町　でもジャガーさんで、いい例ができたなと思いましたね。ああいうふうに終わることができるんだなって。お星様に帰ったんでしたっけ？

ヒャダ　ジャガー星に帰ったんですよね（*）。

能町　ちゃんと「ジャガー星に帰った」で終わらせることができるんだと思って。

久保　こんなこと言っちゃあれだけど、「亡くなったときにどういう報道をされるのか」の準備って、みんなどう考えてるんだろう。

能町　どうなんだろう。考えてるんですかね？

ヒャダ　でもちゃんと準備しておかないと、ニュースでめちゃめちゃ現実的に報道されるんじゃないですか。「デーモン閣下こと小暮●●さん」みたいな。

＊ 千葉のローカルタレント・ジャガー。ジャガー星から千葉にやってきて活動していたが、2021年10月、所属事務所より「大好きな地球よりJAGUAR星に帰還いたしました。ここに地球でのご厚誼を深く感謝するとともに、謹んでお知らせ申し上げます」と発表された。

久保　しかも年齢まで言われて。ややだやだ。

ヒャダ　「胃がんで亡くなりました。76歳でした」

能町　うわー、それやだな。

ヒャダ　「デーモン閣下こと小暮●●さんは、人気バンド・聖飢魔IIのボーカルとして知られ……」

久保・能町　やだやだやだやだ！

――でもデーモン閣下は、綿密な指示書を準備してそうな気がしますけど。

ヒャダ　そうですね。法的に有効なやつを。

能町　そうですよね。今までもちゃんとしてきましたもんね。

ヒャダ　比べるのもなんですけど、DJ KOOさんは「DJ KOO」であることを隠すつもりがまったくないんですよね。新しい形だなと思います。

能町　普段もあれで歩いてるんですもんね。普通にお子さんもいるし。PTAの集まりにもあのまんま行ってそうですよね。

久保　それをやっても、すり減らないんでしょうね。

ヒャダ　それが自分らしくいられる方法なのかもしれないですね。

久保　私、ほんとに「人の記憶に残りたくない」とずっと思ってるんですけど、犬の散歩で日常的に出歩くようになって、「あいさつしてもこんなに無視されるんだ」と気付いて。DJ KOOさんみたいな目立つ人たちとは、真逆の生き方をしてる。能町さんも比較的派手めだから、声をかけられたりするんじゃないですか？

能町　ごくたまに声をかけられたりはします。でもワーッとたくさん人が寄ってくるような知名度でもキャラクターでもないから。一人がぽつっと声かけてきて、それで終わり。

無視されても あいさつを続ける理由

――さっきの久保さんの話ですけど、あいさつして無視されることがたびたびあるんですよね？　へこたれて、「もうあいさつするのやめよう」と思うときはないんですか？

久保　そこはいろいろあって。めちゃくちゃへこむときもあるんですよ。でもかなり至近距離でお互いに犬を散歩させてるわけだから、「犬同士が仲良くするきっかけを飼い主が人見知りをして減らしちゃいけない」という気持ちであいさつしてます。

ヒャダ　すごい親心！

久保　それをきっかけに、今後また会ったときに（犬同士が）たくさん仲良くしてくれたら……みたいな気持ちで私はあいさつをしてるんで。めっちゃ至近距離、1メートルの距離であいさつを無視されるときもあって、「ダイレクト無視、これはつらい」となるんですけど、こっちは勝手にあいさつしたいからしてるので、もう空気、（犬の）影武者みたいに思われてるんだって受け止めてます。「あいさつされないからひどい」じゃなく、「あいさつしたいからしてる人間の一方的な傷つきだから」というふうに。

能町　でも向こうも犬連れてて、あいさつを無視することがあるって、ちょっとすごいですね。

久保　でも「マスクをしてるから口が動いてるかよくわからない」というのもあるのかもしれない。こっちもそこまでハキハキ言ってるわけでもないし。

能町　「瞬間すぎてわからなかった」とかもあるのかな？

久保　「自分はあいさつされないだろう」と思って歩いてて、あいさつされても「他の人にしてるんじゃないか」と思ってるとか。

能町　「自分へのあいさつじゃない」と思ってることはありますよね。

ヒャダ　ありますよね。間違ってたら恥ずかしいし。

久保　自分がうまく返せないときもあるんですよ。公園で毎朝集まってる飼い主のグループがあって、それはすでにできあがってるグループだから、ちょっとあいさつには行けなくて。中には大きな声で犬をしつけてる人がいて、私そういう人は苦手なので、あまり近づかないようにしてたんですね。でもこないだ、遠くから「お茶あるよー」って声が私に向かって聞こえたんですよ。

一同　おおー。

久保　「え、私にしたの？」と思ったけど、近づきづらくて、思いっきり無視してすたすたと通り過ぎたことがあって。まあそのときの罪悪感たるや……。

ヒャダ　それは罪悪感ありますね。

久保　でもその後で「毎朝行く公園で気まずくなったらどうしよう」という気持ちも出てきて。飼い主の事情を犬に背負わせたくないわけだよ。ただでさえ家で飼い主と2人っきりなのに。だから私の中で、あいさつは「子供のためにどうするか」という問題に今はなってる。

共生のための強制

久保　若い頃の人見知りって「自分は陰キャだから」とか、「自分から声かけられない」とかだと思うけど、大人になってからの人見知りって「いったんそこで仲良くなってヤバい人だったら切りづらいから」というのもあると思うんですよ。それなら最初から人見知りのフリをして、ちょっと付き合いを制限しよう……というほうにシフトしちゃったなって思います。それは若いときの人見知りと違う、人生経験の蓄積からくるものなんですよね。

能町　仕事で会った人との距離の取り方、すごく難しいですよね。結局、仲良くなれるかどうかなんて、何回も会ってるうちにだんだん距離が詰まっていくものじゃないですか。1回会っただけでガンガン距離詰めてくる人って、ちょっとどうしたらいいかわからないんですよ。仲良くなってないのに、LINEで個人宛てに「今度こういうイベントやるのでぜひ」みたいなメッセージもらっても返答に困るし、そうしているうちにまたメッセージがどんどん来るから、既読無視がたまっていくという。

ヒャダ　僕は心の中でそういう人を「マルチ野郎」と呼んでいます。「マルチ野郎だから既読無視が当然、僕は悪くない」と思うようにすれば、心が痛まないです。だってそういう人は絶対、マルチみたいにいろんな人に五月雨式に送ってるんですよ。

能町　たぶん何十通と送ってるんでしょうね。

久保　人見知りはネクストステージが何段階もあるなと思わされるね。また10年くらいしたら違うステージが来るんだろうか。

能町　60、70になってもやっぱり人見知りするんですかね？　いや、するんですよね。きっと。

ヒャダ　よく独身の人が、「このまま一人でいて孤独死は嫌だから、みんなで老人ホーム建てようよ」とか言うじゃないですか。

久保　おおお、それはやだ。

能町　絶対何か起こるよ。

ヒヤダ　ほんとにそう思いますよ。

久保　私、「相手が嫌」というよりも、「自分が他人に合わせなきゃいけない」というのがダメなんですよ。自分のチューニングを相手に合わせなきゃいけないのが日常の脅迫になるのがつらい。

ヒヤダ　まさしく。40代ですらしんどいのに、もうろくした70代とか80代で、そのチューニングができるわけがないじゃないですか。だからそういうこと考えてる人は、今からトレーニングしとかなきゃいけないのかもしれないです、強制的に。共生のための強制。

能町　何の準備もしないままだと、きっとケンカになりますよ。

久保　だから今、誰かと同居できてるのは素晴らしい経験だよ、能町さん。

TALK-30

助けてボタン、押せますか？

［2022年8月掲載］

毎年、夏の暑さがレベルアップしてません？　熱中症の危険性が以前にも増して身近になってきているわけですが、その熱中症の話から「助けてと言えるかどうか問題」に話が及んでいきました。切実な話です。

熱中症は突然に

ヒャダ　今日、半パンはいてますすけど、足首はこうなんですよ（くるぶしが隠れるショートソックス）。僕、（ベリーショートのソックスで）足首出したり、ロールアップしたりすると、一気におなかピーピーになっちゃうんです。

能町　足首なんだ。

ヒャダ　よく「首と言われてるところは絶対あっためろ」みたいなこと言うじゃないですか。首、手首、足首。足首がほんとにダメなんですよ。

久保　確かに出てるの見たことない。

ヒャダ　だから冷えって、ほんとに嫌なんです。

久保　私も冷えがずっと怖い。家に犬がいるとエアコンずっとつけなきゃいけないから、夏でも部屋は寒くて、けっこう着込んだりしてる。でも寝室はエアコンつけてないから、まあけっこうな確率で熱中症っぽくなりますね。

能町　いやいやいや、それは。

久保　寝るときは体が冷えた状態なんですよ。でもそこからクワーッと暑くなって。犬の散歩のために早起きしてると、昼まで起き続けられなくて早めに昼寝するんですよ。そうすると、一番ホットな時間帯に「あ、熱中症」みたいな。

ヒャダ　それは気を付けてくださいね。

久保　この間起きて、「うわー、なんか熱中症っぽい」と思ったら、トイレで目が見えなくなりました。

一同　え？

久保　倒れてはないです。ブラックアウトまではいってないけど、「私、今、目が見えてなかった!?」みたいな感じになって、「怖っ！」って。

能町　怖い怖い怖い。

久保　見えてないけど気付かないいんですよ。「あれ、何だろう？　変な感じ」って。

一同　ええええ！

久保　だから具合が悪くなったときって、もう意識が絶対しっかりしてないんだよね。1回、風呂場で倒れたときも思ったけど、「コントロールできなさ怖えー！」と思っちゃって。

ヒャダ　ガチなやつじゃないですか。

能町　よく復活しましたね。

久保　でも何度かやってる。

能町　ちょっと怖い。

久保　起きたときに死ぬほど汗かい

てたりとか、犬の散歩で汗かきすぎたせいで、家の中でクラクラしちゃったりとか。一応、塩タブレットは持ってるんですけど、ニュースで言ってる通り短時間でもなりやすいし、布団の中でもなりやすいし。というか、布団に入るまでは寒かったわけだから。なかなか難しい。で、冷え問題に話を戻すと、若い子はもうすべての首を出してるわけじゃん。「守れるのか、それで?」って思っちゃう。

――守らない。それが若さなんでしょうね。

能町、先見の明

久保　言われてみると、子供の頃ってそういうところの寒さに気を付けたことはなかったね。あと、暑さについても、夏はもちろん暑かったけど、ラジオ体操行く時間に歩いてて「蒸し暑い」なんて思ったことなかったなって。

ヒャダ　ないですね。

久保　朝、犬の散歩に行くと、近所の公園でラジオ体操やってるんですけど、もう危険な状態なんですよね。朝の時点で30℃超えてたりするから。

能町　今の青森(能町の避暑地)の夏が、子供の頃に経験した茨城の夏くらいの気がします。

久保　でも長崎にいた頃、記録的な渇水があったな。フォルクスでバイトしてた時代。

ヒャダ　出た! パフェを適当に作っていたときの頃ですね。

能町　パフェ適当時代。

久保　皿が洗えないんよ。断水しちゃうから。だから苦心して、お皿にラップやアルミホイルをしてから料理出すとか、そういうことをやってた。あの頃はそれが「めったに起こらない特別な出来事」だと思ってたけど、今はそれに匹敵する自然災害がしょっちゅう起こってる。

ヒャダ　どの天変地異がどこで起こるか、ルーレットみたいになってますよね。

能町　夏は特に、必ずどこかで起きますよね。そもそも暑さが相当きてますし。

久保　きてるね。今、土の中まで暑いから、ミミズが土の中にいられなくなって道路にはい出して、大量に死んでるんです。

ヒャダ　干からびて死んでますよね。

久保　あんな壮絶な死に方を選ぶミミズって、すごいなって。「ここにいるよりも俺は地上に出て干からびて死ぬ！」みたいな（笑）。

——**苦しさのあまり、もっと苦しいところに行っちゃうっていう。**

ヒャダ　6月の酷暑って、変でしたよね（*1）。めちゃめちゃ暑いのに、セミが鳴いてないから。

久保　だって今までの東京の夏って、こっちが夏だと自覚する前にセミが鳴いて、「ちょっと待って、もう夏が来たとか勘弁してよ！」みたいな気持ちだったのに。

ヒャダ　だから能町さんが青森に行ったの（*2）、もう最適解すぎるなって。

久保　いや、ほんと正解だよ。

能町　私も「こんなに当たるかね」って思っちゃいました。それでまた、東京に帰ってきたタイミングがわりと涼しめだし。気候には恵まれまくってる。

ヒャダ　どこに行けばいいんでしょうね。日本は気候だけじゃなく物価もおかしくなってるし、かといって海外に行くにも円が弱くなっちゃってるし。

能町　海外もよく考えるんですよ。語学と仕事のことはいったん置いといて、どこの国がいいかと考えてみるんですけど、意外と最適解が出ないんです。台湾いいかなとも思ったけど、意外とそうでもない感じだし。

ヒャダ　今は特に（中国との）緊張状態が続いてますしね。

能町　そういうことを考えていくと、いろいろ最悪なところもあるけど、結局「日本にいる」という選択肢になっちゃう。

飼い主の「死ぬときはここで死ぬ」という覚悟

——このところでかい事件が次々に起きてるから、みんな忘れてると思いますけど、ちょっと前まで「電気が足りない、どうしよう！」って言ってたんですよね（*3）。

久保　この暑さだと、電力がひっ迫しても、悪いが協力はできん。

ヒャダ　悪いが地球に厳しくいかせてもらう。

久保　でも「もし大きな災害が起きたら、犬と一緒に逃げるのってけっこう難しいな」って最近改めて感じてる。

能町　いや大変でしょうね。

久保　結局、行き着いた答えが「どんな状況になっても、家が壊れてな

*1　この年の6月は全国的に記録的な暑さだった。東京では6月25日から9日間連続で猛暑日（35℃超え）を観測。

*2　2021年より、夏の間は青森に住むという避暑生活をスタートさせた。

*3　2022年3月、初めての「電力需給ひっ迫警報」が発令。福島県沖で発生した地震の影響で、火力発電所が運転を停止したことが主な原因。

かったらもうここにいるしかない」っていう。

ヒャダ　僕もそうですね。まさしく。

久保　YouTubeで、100匹くらい生き物飼ってる一人暮らしの女の人がいてさ（*）。

能町　そんなことできるの？　ちょっと怖い。

久保　まあ大半はそんなに大きくない生き物、モルモットとか小さい爬虫類とかなんだけど。

能町　ああ、モルモットとか。それでもすごいね。

久保　そうすると、やっぱりコメント欄で、意地悪な人が「地震が起きたら生き物はどうするんですか？　連れて逃げられないですよね？」みたいな書き込みをするわけだよ。でもその人は「逃げませんから」みたいに返事してて。それでもいろいろ言ってくる人はいるけど、やっぱり飼ってる側としては「死ぬときはここで死ぬ」という気持ちだよなって。

ヒャダ　自分もそうですね。避難所へ行かないかもしれないです。

久保　そうなんだ。私は避難所に犬ごと行くのが厳しかったら、犬を家に置いてまめに見にくるとかかな。「家がつぶれてなかったら」という前提だけど。家が倒壊したときは、たぶん犬と一緒に死んでるんだろうな。

ヒャダ　猫と一緒に死ねるなら、それはそれでいいと思います。

能町　それが一番。

久保　でも「逃げて」って言われたら、置いてけないよね。

能町　置いてけない。

ヒャダ　置いてくのは、もう絶対ないっすね。

能町　最悪の場合は、もう猫を逃がす。

ヒャダ　うちの子はそれ無理だ。ネズミも捕れないだろうし、外で闘える力がないから。

能町　でもすごい地震が来て「もうここにいられない」となって、避難所に行っても「猫は絶対ダメです」と言われたら、家に閉じ込めておくよりは逃がしちゃうほうが、まだ助かる可能性はあるかもしれない。もちろん猫ごと移動できるのがベストですけど。

「勉強すれば何かを得られる」という感覚、今もある？

――その話でいくと、車があると便利

＊
熱帯魚、モルモット、爬虫類など約100匹の生き物を飼育する「こうちゃがーでん」さん。

なんじゃないですか？

能町　車で？　でも実際、家がなくなって車で生活してる人がいるんですよね。ちょっと前にドキュメンタリーでやってました。

――道の駅の駐車場に住んでるみたいな。

能町　ああいう人の中には、犬を連れてる人もたぶんいますよね。

久保　教習所、調べたことはあるんだけど、信頼できそうな教習所ってだいぶ離れてるんですよ。でも根本の根本は、私、車運転するのたぶん好きじゃないという。

ヒャダ　好きになりますって。僕ももともと嫌いでしたもん。けど、運転するようになったら、なんだかんだ楽しいなって思えてきますよ。

――都心は交通量多いから緊張しそうですけど、地方で乗ったら楽しいいんじゃないですか？

能町　いや、怖い。怖いです。

久保　能町さんがそんなに怖がるなんて。

ヒャダ　能町さんが一番、運転の拒否感が強いですね。

能町　絶対に事故ります。

久保　なんで取れたの、免許。

能町　教習所で、エンスト4回してもハンコ押してくれたんですよ。私、本当に集中力がないんです。絶対によそ見するし、寝ます。自信がなさすぎる。信号とか、普通に見落とすと思う。

――じゃあ免許取ってからまったく運転してない？

能町　免許取った直後にちょっとだけ。でも、それも誰かと一緒に乗ってるときに、ちょこっと運転させてもらったくらいですね。一人で運転したことは一度もないです。運転は怖い。

久保　あと、事故に巻き込まれるのが怖い。

能町　それもある。

久保　自分もボーッとする瞬間があるし、昔より今のほうがそういう時間が多いので。これは車じゃなくて歩きの話なんだけど、コロナ禍で家にこもってた時期に、久しぶりに買い物に出たら、人と人との距離の空け方がわかんなくなったんですよ。向こうから人が来てるのに、「自分がよけたほうがいい」という感覚をすっかり忘れてて。

一同　え？

久保　「人に道を譲る」という感覚が鈍っちゃって、なぜか「向こうがよけてくれる」と思い込んでたんですよ。ギリギリでかわしたんだけど、「あれ？　なんで私、向こうがよけてくれるって思い込んでたの？」と思って。ちょっと感覚が鈍ったり疲れてたりするときって、そういう思い込みが強くなるような気がして。歩きだったから良かったけど、これが車だったら超怖いと思って。

ヒャダ　それ、めちゃめちゃ怖いですね。

久保　「気を付けていれば大丈夫」って言われそうだけど、そういうスイッチって無意識に入るものだと思うから。

ヒャダ　わかりました……もうお2人には勧めません。

久保　でも勧めてくれてありがとうございます。5年後くらいになったら「やっぱり取ろう」と思えるかもしれない。「勉強すれば何かを得られる」という感覚が、私たぶん薄いというか、苦手意識があるんですよ。免許みたいに「勉強すればこの資格が取れる」という感覚、若い頃に経験していれば良かったんだろうけど、それがないまま来ちゃったから。学びに対する意識が低いことに、自分でもちょっと引いてるところがある。たまにニュースで「高齢になって大学に通う人」を見ると、「あのモードのスイッチ入るのすごくない？」って思っちゃう。

ヒャダ　ああいう人、すごいっすよね。

久保　大学の勉強とか、語学を学ぶとか、たとえそれが空回りでも実際に行動して学校に行くって、これから思えるんだろうか……と考えると、うわー！ってなる。そういう意味でも、自分で行動起こさないとこれからどんどん鈍っていきそう。ヒャッくん、そういうのあります？　今から勉強したいものって。

ヒャダ　語学はやってたんですけど、コロナ禍で「もう使わないな」と思ってしまって、ストップしましたね。実際使わないですし。海外に行ったら「しゃべれなかった、悔しい」という思い出ができて、帰国してしゃかりきに勉強するんでしょうけど、今の状態だったらないかもしんないですね。

「傷つきやすさ」と「図々しさ」の間で

ヒャダ　それで思い出したんですけど、海外でお世話になった方が一時帰国したという連絡が来たから、じゃあ食事でも……と誘ったんですよ。そしたら逆にパーティに誘われてしまって。海外在住経験者が集まるような。でも行ったらたぶん日本語と英語が飛び交っていて、英語が飛び交ったときには僕、一気にのけ者になるわけじゃないですか。

久保　そこまで考えてたんだ。

ヒャダ　話についていけなくて、ただニコニコしてるだけになるんじゃないか……と考えたらつらくなってしまって。

久保　そういうの、わかる。私、そこまで気持ちが入っていないのに、ぼんやりと流されてどこかの集まりに出かけるのはもうやめようと思ってて。それやってると、驚くほど出かけなくなったりするんだけど。若くて体力があるうちだったら、そういうのに乗ってもいいけど、年々そういう誘いに乗っかる体力が落ちてると思うんだよね。まだ深く仲良くなったわけではない人の誘いの場に行って、まったく知らない人たちに対応する体力、たぶん落ちてる。

――僕もいまだにそういう経験をするんですけど、ちょっと実感してることがあって。もしかして……若いときより傷つきやすくなってません？

一同　ああ――。

久保　なってます。めちゃくちゃ……。

ヒャダ　それはほんと、そうですね。

久保　最近よく思うのが、「あの頃はただ図々しく生きてただけだったな」って。

ヒャダ　そうですね。鈍感にね。

久保　「すごく仲良かったんじゃなくて、図々しさで乗り切ってただけだった」ということに気付いて、カーッと恥ずかしくなる。最近、犬を飼うことでできた知り合いがいてさ。すごくいい人だし、前もその人の車に乗せてもらったりしたんですけど。

ヒャダ　素敵なことじゃないですか。

久保　でも「相手の車に乗ること前提で甘えてしまってるんじゃないか。甘えようとしている人みたいに思われたくない」というガードが自分の中にできて、誘いづらくなってしまって。

――相手から迷惑そうなリアクション取られたわけじゃないんでしょ？

久保　それはないんだけど。なぜそう思うようになったかというと、ネットでたまたまママ友グループの愚痴みたいなやつを見てしまって。グループの中で大きい車を持ってる奥さんがいて、いつもその人がみんなを乗せて回ることになってるという。

ヒャダ　ドライバーになっちゃって。

久保　「自然とそういう役割になってるのが嫌だ」という書き込みを見て、「自分も相手にそうしてるんじゃないか？」と思っちゃって。私は何も与えることができないのに。ギブ&テイクの関係になれないわけだよ。

ヒャダ　久保さんにも何か背負うものがあったら、対等になるんですかね？

久保　そう思うんだけど、独り身で犬飼ってるのと、ご夫婦で犬飼ってるご家庭とでは、そもそも条件が違うから。たぶん私がテイク側に回ってしまう。

ヒャダ　僕、「年を取ったら鈍感になって、町のおばちゃんみたいにいろんな人に話しかけたりできるのかな？」と思ってたんですけど、意外にセンシティブになるものなんですかね？

久保　図々しいおばちゃん演技も日々頑張ってるけど、難しい。

ヒャダ　となると、いよいよヤバくないすか？　老後。

久保　そうなの。

ヒャダ　もっともっと人に頼らなきゃいけないわけじゃないですか。

能町　なのに、もっと人間関係が狭くなっちゃうと。

久保　都会はまだほっといてくれる空気感があるんだけど、海外や田舎で暮らすのは厳ち〜！って。

助けてボタンを押す勇気

ヒャダ　厳ち〜！と言っても、これから圧倒的に頼らなきゃいけないわけでしょ？　デイケアとか。「あれができない」「これができない」って自分から言わなきゃいけないわけじゃないですか。「私、これができないんで助けてもらっていいですか？」って、今までの人生で言ったことあります？

久保　そういうのを言う側の気持ちに寄り添っていきたいとは思ってる。でも今までの人生を振り返ったとき、私って「寂しい」が行動原理にないんですよ。「寂しいから会いたい」「寂しいから電話する」という感覚がない。

——犬はどうなんですか？

久保　犬を飼い始めたのも寂しいからじゃなくて、「犬を飼える体力があるうちに飼いたい」のほうが行動原理としては強くて。でも、今は犬がいて当たり前だと思ってるけど、いなくなったら絶対寂しくなるだろうなというのもあって。それで寂しくなってまた別の犬を……という人もいるんだろうけど、たぶん私はそうしないんじゃないかな。だから「前の犬の存在が大きくてもう次は飼わない」という人の気持ちは、ちょっとわかる。とはいえ、これからどんどん「寂しさを行動原理になんかしないんだからね！」って言ってられなくなるんだよね。

ヒャダ 言ってられないっすよ！

能町 怖いですか？　寂しさを人に表現するのって。

久保 怖い。気持ち悪い。人に絶対聞かれたくない。

能町 それはプライド的なことですか？

久保 そうかもしれない。でもよくわかんない。何なんだろう。

ヒャダ そこらへん、マジでなんとかしないと、本当にヤバいっすよ。僕もそうですけど。

――「寂しい」と言わないのがカッコいいと思っているわけではないんでしょ？

久保 全然ない。

ヒャダ 自分の孤独なんかに人様を……。

久保 巻き込んじゃいけないっていう。

ヒャダ でもそこのリミッター外さないと、マジで死にますよ。

能町 リミッター、私はあんまりないんですよ。

ヒャダ それがうらやましいです。

能町 直接的に「寂しい、助けてくれ」とは言わないけど。でも「寂しい」という行動原理で動くことは全然あります。

ヒャダ なら、生きます。生き永らえます。

能町 それもあって、たぶん2人暮らしを選択したんだろうなと。

ヒャダ そうすよね。

能町 寂しいっていうか、一人でいると心の状態が絶対良くないと感じたから、「これは寂しいとほぼ同じなんだな」と思って、そうなりました。

ヒャダ セルフマネジメントとして他者を用意するっていう。

久保 そこは偉いよ。

ヒャダ 「自分なんかのために人様を動かして申し訳ない」と思ってたら、もうきつくなってきますよ。

能町 「自分なんかのために人様を動かして申し訳ない」と我慢してた

のが積もり積もって、結果的に「自分なんかのために人様をめちゃくちゃ動かす」という羽目になる可能性もありますからね。

久保　それもあるし、「今の段階ですでに人に迷惑をかけてるんだぞ」という話になると、「早くこの世から消えなきゃ」みたいな気持ちになっちゃうから。

能町　でも消えたら消えたで迷惑かかるんでね。

――だから「パーフェクトに「迷惑かけない」って不可能なんですよ。

能町　そうなんです。

ヒャダ　不可能なんだったら、もういっそ「爽やかに人に迷惑をかけたい」っていう。

能町　私、「人に頼らない」と思いすぎてる人に正直むかつくこともあるんですよ。友達と旅行してて、その相手が「人には頼らない」と決めてるタイプだったんです。私にはいろいろしてくれるんだけど、自分のことは自分でやるという。「それくらい私にもやらせてよ」というときでも全部自分でやっちゃうから、ちょっとイライラしてたんです。で、最終日に新幹線で帰るとき、友達の荷物がすごく大きいのに一人で網棚に上げようとしてるんですよ。「2人で上げたほうがいいから、私もやるよ」と言ったら、「いい。自分でやるから」と言われて、カチンときちゃって。「そういうこと言うの、本当にダメだからね！」と言って、無理やり押したことがありました。

久保　優しいな、能町さん。

能町　リミッターが外れすぎないのも、コミュニケーションとして問題が出てくると思いますね。

――「信頼されてない」みたいな感じに映るわけだから。

能町　そう、そうなんです。

久保　昔、親とケンカしたときのことを思い出した。ケンカしてても、ノートを買うお金はもらわなきゃいけないわけですよ。でもそういうのも完全に拒否してて。「自分を許してほしいとは思わない。あなたを怒らせた私はそのままで、許してもらうくらいなら視界から消えていくほうを選ぶ」みたいな。それで結局またブチ切れられたんだけど（笑）。

能町　それは良くない。

ヒャダ　それずっとやってたら、死にますよ。今までは「強がって生きてて、無理してるね」って感じでしたけど、これからはそれが生き死にに関わるフェーズに入ってきましたから。我々は。

――「助けてボタン」押す練習をするべきです。

能町　そう。それは結局、「人と向き合うことを面倒くさいと思ってしまってる」ってことだと思うので。

久保　コロナ禍になってから人付き合いに関して距離を置くようになった実感はあって。「人と会わなくてもけっこう平気だ」という気持ちがちょっと強化されてる。犬を飼い始めたこともあって、「私、人間のことがそんなに好きじゃなかったかもしれない」みたいに思い始めてるし。

ヒャダ　それはそれでいいと思うんですよ。でも「助けてボタン」を押せないのはヤバいです。

能町　やっぱり、冷房つけないで寝てるおじいちゃんが死ぬのは、それだと思うんですよね。

久保　私の熱中症のこと?

能町　そう。その延長線にあると思うんですよ。「冷房なんてずっとつけてこなかったんだから大丈夫だ」って寝て、暑さで体調がおかしくなっても、「こんなもん、ずっと耐えてきた」って我慢して、「助けてボタン」を押さずにいたら死んでたっていう。

久保　わしじゃよ……(笑)。

能町　嫌、やめて。

久保　完全にわしじゃよ……。

ヒャダ　そういうの、ほんとやめてください。久保さんが死んだら、りゅうちゃんはどうなるんですか。

久保　私がベッドで息を引き取ろうとしてるときに、犬がそばに来てくれてクーン、クーン……みたいな感動的な終わりはないなと確信はしてる。でも勝手に一人で逝くのはなしにしようと思ってます。思ってますけど、「消えるボタン」があったらそっちのほうを押しちゃいそう。

能町　ダメです。押すのは「助けてボタン」にしてください。

ヒャダ　こうすればいいんですよ。「おばあちゃん、これが消えるボタンよ」って渡しておいて……。

久保　「消えたくなったら押してね」っつって。「あいよ」ポチッ。

ヒャダ　そしたら助けに駆けつけます。

久保　「あれ、消えない?　消えないよ?」

能町　消えさせませんよ。

TALK-31

出会いはオーガニックなほうがいいですか？

［2022年10月掲載］

この日のゲストは、ぼる塾。ライブでは、久保さんと田辺智加さんの新大久保ロケが上映されました。お互い興味があるのに友達への一歩をなかなか踏み出せない2人に焦れたぼる塾メンバーや能町さん・ヒャダインさんが、グッと後押ししてついに2人は友達になった！と思ったのですが……。

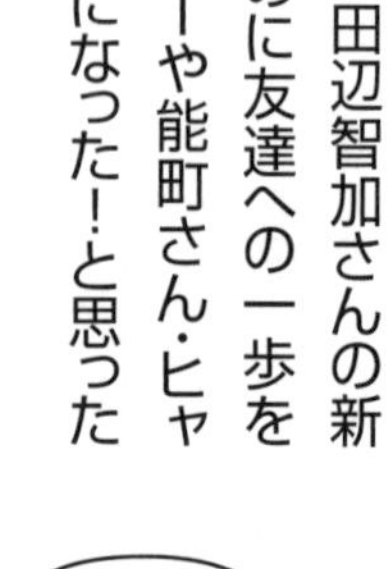

出会いはオーガニックorケミカル？

――今日のライブ、ツイッターのリアクション見てたら、泣いた人が何人かいましたね(*)。

久保　え、どこで？

――たぶん、久保さんと田辺さんのぎこちないやりとりで。

能町　友情が芽生えそうな芽生えなさそうな、あのあたりがグッとくるんですかね？

――でもテレビや配信で「友達じゃない人が友達になる瞬間」を見ることって、実はあんまりないですよね。というか、もう2人は友達になったと解釈していいんですよね？

久保　それはわからないです。

能町　まだ（笑）？

ヒャダ　ほんとにもう（笑）。

久保　だって友達になるのは結果論であって、今定義することじゃないし。

能町　まあね。「後々なるかもしれません」っていう。

久保　いったん会って「仲良くなろう」となったけれども、「やっぱりこの人ちょっと……」となることだって、ネットが発達した世の中ではたくさんあるから。「私のことが嫌になったら、遠慮なく離れていってもいいよ」っていう、そういうものでありたい。だから今、「友達でしょ？」という圧はかけたくなくて。でも最近の人たちって、どうやって友達になってるんだろう。さっぱりわからない。

ヒャダ　久保さん、ライブで「番組の企画で出会うのは、友達になる出会い方として不自然すぎる」と言ってたじゃないですか。でも最近の男女の出会いだって、もうPairsとかTinderとか、ケミカルになってきてますよね。だから友達との出会いだってケミカルでいいんです。「友達だけはオーガニックな出会いで」なんて時代はもう終わり。

久保　「結婚した相手は、登山のときに偶然出会った人です」とか。

ヒャダ　あー、オーガニックですね。

久保　「旅行先で足止めをくらったときに、偶然居合わせた人」とか。

ヒャダ　オーガニックすぎ（笑）。そこまでいくと、ヴィーガンの域っすよ。

能町　そんなこと、なかなかない。オーガニックすぎて、逆に不自然なくらい。

久保　でも私、出会い方はオーガニックだけれども、その出会いをつなげ

＊以前からぼる塾・田辺に興味があると公言していた久保。それを受けて番組側が2人による街ロケを企画。田辺おすすめの新大久保ツアーの模様が上映されたが、「お互い距離を詰めたいのになかなか詰められない」という2人のぎこちないコミュニケーションが反響を呼んだ。

ようとするときには、びっくりするぐらい不自然な行動をしてるはずなんですよ。

能町　久保さんと私だって、最初に会ってから、もうちょっと踏み込むまで1年半くらいかかってますからね。

久保　でも、あそこは焦んなかったな。

ヒャダ　そこはオーガニックにいったんですね。

久保　だから出会いが不自然だったら、その後はオーガニックに寄せていたかもしれない。

ヒャダ　全ケミカルでいいじゃないですか。もうそんなもんっすよ、世の中。

能町　全ケミでもいいですよ。

――オーガニックだろうがケミカルだろうが、どのみちどこかの段階で「今度どこそこに行きましょう」という話が出てくるわけですよね？

久保　でも、その「どっかに行きましょう」が、もうこの年になってくると、自然な形になることがないなって。コロナ禍というのもあるし。

能町　「どっかに行きましょう」の不自然さってどういうことですか。「おいしいものを食べに行きたい」は自然じゃないんですか？

久保　私、大学時代というものを経験してないから、やっぱり憧れるのは「大学時代、ほんと毎日のように飲みに行ってたよねー」みたいなやつで。

――そのシチュエーションだと、誘うことの不自然さはなさそうですね。

ヒャダ　いや、そんなのないっすよ。

久保　ない人はないらしいけど、ある人にはあるらしいじゃん。

ヒャダ　大丈夫ですよ。久保さんが大学に入ってても、そんなんなかったですって。自信持ってください。ないです。

能町　確かにそうだ。ないです。「大学に入っていたら充実してただろう」なんて思うなよ、ってことです。

久保　東大出た人と京大出た人から、そんなこと言われちゃったら（笑）。

ヒャダ　ほんとにそうです。

『ハートカクテル』の世界に行けると思ってた

久保　ちょっと藤井隆さんのキリンジ評を思い出しちゃった。

ヒャダ　何ですか、それ？

久保　藤井隆さんがキリンジを聴いて、「高卒だけど大学時代にいろんな思い出があったような気にさせてくれる」と感想を言ったという。ああわかるなって。私も東京に来て、そんな恋愛はしたことないのに、岡村ちゃんの歌を聴いて「夜の六本木では何かが起こる」というイメージをインストールしていたけど、「ねえな」って。

ヒャダ　ないっす。まさに「思ってたんと違う」ってやつです。僕も東京に行けば『ハートカクテル』みたいな世界が待っていると思ってましたもん。「大人になると僕はわたせせいぞうの世界に入るんだ」と思ってました。

能町　そうなんだ。

久保　ヒャッくんがニコニコ動画時代に、「大きい仕事が決まったから、そのお祝いでいいお酒を飲んでます」みたいな、夜景をバックにした写真を載せてて、「この人はわたせせいぞうみたいな世界に住んでいるのかな」って錯覚してた。

ヒャダ　一番憧れが強かった時期ですね。『ハートカクテル』憧れ期です。ただ、自分がそういうところに行っても、一人称の視点にしかならないわけじゃないですか。『ハートカクテル』みたいに、主人公を三人称の視点で見た絵にはならない。だから自分が飲んでる姿をカメラで撮ってもらって、その写真のほうを見たいんですよ。一人称の視点だと実感が全然湧かなくて、「こんなもん？」としか感じないです。わたせせいぞうの世界に行けなくて、ずっと絶望してました。

能町　なんでこの話になったんだっけ？　大学時代の話か。

久保　存在しない大学時代をイメージしたという話から。

ヒャダ　だから久保さんの大学生活憧れと、僕の『ハートカクテル』憧れは同じなんです。

久保　大学生になって毎晩飲んだり、新社会人になって同僚と飲んだりするのって、さぞや自然な出会いの世界だったんだろうなって。

能町　自然って何なんだろうね。

ヒャダ　それがつまりオーガニックということなんでしょうけどね。

久保　でもそういう層が今、オーガニックじゃなく、ケミカルに走ってるわけなんですよね。

ヒャダ　サラリーマンで「オーガニックの出会いがいくらでもあるだろうに」という人々が、結局オーガニックは無理で。

能町　ケミカルのほうで楽しくやってる人たちがいますよね。でもこの年になったら、自然に友達になるのは難しいですよ。

ヒャダ　もうケミカルでいいじゃないですか。

能町　これは久保さんを勇気づけない話になっちゃうんですけど。私の知人が、ツイッターでよく絡んでいた、趣味が合う人のオフ会に勇気を出して行ったらしいんです。話も合うし、友達になれそうだということで。そんなに多くない人数のオフ会に何回か行って、しばらくしてから最近気付いたらしいんですけど、その人からのフォローが外れてたらしくて……。

一同　うわーっ！

能町　本人にはまったく心当たりはないらしい。

ヒャダ　知らずに地雷を踏んでいた。

能町　そうなると、理由を聞くわけにもいかないじゃないですか。でも私はどうにかそれを聞き出せないかと考えていて、それでアドバイスしたのが「バカのふりして『フォロー外れてますよ』って言っちゃいなよ」って。

ヒャダ　いいっすね（笑）。「ツイッター社がバグ起こしてますよ」って。

能町　完全にバカなふりをして聞く。それしかないと思ったんだけど、結局聞けてないらしい。

ヒャダ　でもオフ会に行くだけですごいですよ。知ってるか知らないかみたいな関係性の、10人くらいの集まりに行くわけでしょう？　パッと見は並列、だけど暗黙の序列がある食事会に。

能町　この年になるとそれ、怖いですよね。だったら、まだ1対1のほうがいい。

ヒャダ　僕も基本サシですもん。

――序列が生まれないのって、3人までじゃないですか。5人以上だと、もう「はみご」が生まれそう。

久保　青春ハミーゴが。

ヒャダ　生まれますよね。ましてや10人とか考えられない。それでも打席に立つというのはすごいことです。で、今回、久保さんは久しぶりに打席に立ったわけですもんね。

久保　打席に立つって怖いね。気を使っても、「まだ使い足りてないんじゃないか？」とおびえてしまう。

プレゼント贈るの、難しすぎない!?

――でも一方的に憧れてた田辺さんとしゃべって、「しっくりくる」という感触はあったわけでしょ？

久保　「違う生き方をしてるけど、

共通の感覚がすごくある」というのは、一方的にYouTubeなりテレビなりで見てて知ってはいたんですけど。でも会う前から下調べしてる人って、ちょっと気持ち悪いんじゃないかなと思うし。

ヒヤダ　とはいえ、相手のことを何も知らないのも失礼ですよ。

久保　だから、YouTubeを見て仕入れた話をいっぱい聞いてたんだけど。

ヒヤダ　たぶん彼女はそれを「気持ち悪い」と思ってないです。むしろ「話が早くて助かるわー」と思ってますよ。

久保　そうなってはいました。でも「相手のことを調べすぎるのもどうなんだろう?」という懸念はずっとあって。たとえば相手にプレゼントを渡すときに、何が好みかわからないから、その人のSNSをずっとたどって調べたりするのって、果たしていい方法なんだろうか……みたいなことも思うわけだよ。今の若い子はどうしてるんだろうね。仲良くなる前から、相手の過去を異常にさかのぼれちゃう時代なわけだから。

――プレゼントのことで言うと、相手のニーズに合わせようとするとキリがない気はします。ある程度は考えるとしても、どこかの時点で「プレゼントなんて押し付けでいいんだ」って割り切りも必要なんじゃないですか?

ヒヤダ　僕、時々考えすぎちゃって、町を2時間くらいさまようときがあります。

能町　私もあげるのほんと苦手。

久保　物を贈るのも難しいけど、人からもらった物を使い切れないことでも悩むんですよ。

能町　もらうのも贈るのも、ほんと苦手だな。友達からもらうほうがまだいいんですよ。私の趣味をわかってるから。親からもらう物が、私のセンスに合わないというのが本当に困る。身につける小物とかだと特に。

ヒヤダ　カタログギフトってあるじゃないですか。僕、あれをもらっても手続きしないんですよ。結果的に辞退することになるっていう。

能町　めんどくさいしね。カタログに欲しいのが載ってるとも限らないし。

ヒヤダ　何かを選ぶって大変じゃないですか。だから、みんな宗教に入るんでしょ。選ばなくていいから。

能町　まあね。それに従ってればいいんだから。

ヒャダ　「明日歯医者行くかどうか迷ってるんです」「行きなさい」「わかりました」みたいなの、楽じゃないですか。「選ぶ楽しみ」って言うけど、実際はけっこうしんどいですよ。

能町　カタログギフトを贈るほうも、自分で選ぶのがめんどくさいから贈るのかもしれないしね。

久保　相手に何を贈るか悩んでる時間って、そんなに楽しくはないかもしれない。時間もかかるし。

――悩みに悩んで選んでも、喜んでもらえるとは限らないし。

ヒャダ　「これを選んで、後で後悔したらどうしよう」とか、「あっちのほうが良かったかもしれない」とか、そんなことばっかり考えてしまうんですよね。だったらもう、相手にとって要らないかもしれない物を送りつけて、本当に要らない物だったら「要らねえ、捨てる」でいいと思うんです。

「罰としてこれを捨ててしまうぞ！」

ヒャダ　僕、ちょっと薄情なところがあって。本当に要らないプレゼントをもらったら、その日に捨てちゃうんですよね。

久保　薄情だ。

能町　薄情ですね。

ヒャダ　でも（捨てるまでに）寝かせる理由ってなくないですか？

能町　ないんだけどね。

久保　私、もったいなくて捨てられない物……もらった物じゃなくて自分で買った物でも、捨てるときに「大事にしなかった罰です」って自分に言って捨ててる。「罰としてこれを捨てます！」「やめて！　もったいないから捨てないでーーっ！」って心の中で演技をして。「じゃあなんでそういう使い方をしなかったの？　罰です！」で、バーン！と捨てるみたいな。

能町　すごい（笑）。

久保　断捨離みたいな「いいこと」じゃなくて、「悪行」。「自分に罰を与えるために捨ててるんだ」っていう。

能町　それ、いいアイデア。

久保　マスクを捨てるときに、これ使ったりするんですよ。使用済みのマスクってどんどん出てくるじゃないですか。で、もったいないから「捨てる前にベランダの汚れを拭いてから」「犬の毛をこれで取ってから」と考えるんだけど、結局使わずにどんどん積み上がっていって。そんなときに罰魔人が現れて、「結局使い切れてないでしょ？　罰として捨てます！」「やめて――っ！」って。

ヒャダ　「やめて、まだ使えるのに！」

久保　「おめえが悪いんだよ！」「ぐすん、はい」

能町　いいお芝居。

――罰魔人、いい概念ですよ。こんまりの「スパーク・ジョイ」に続く鉱脈かもしれない。

久保　新著『罰魔人』。英語で何て言うの？

ヒャダ　パニッシュデーモン。自分で自分に演技する、そのワンクッションも大事なわけですよね。

久保　ワンクッションあると、もったいない物を捨てやすくなるっていう。「やめて！　その野菜、まだ食べられるかもしれない！」

能町　野菜もいくんだ（笑）。

ヒャダ　「待って！　罰魔人、待ってよ！」

久保　「あなたは、わざわざスーパーが地方から取り寄せた、この新鮮な野菜を、2週間も使わずにしなびさせました。『根菜だからまだ使える』と思ってるでしょうが……捨てます」バーン！

ヒャダ　「やめて、許して――！」

能町　これはいい。

久保　私は結局、自分に罰を与えちゃって、幸せを享受できない側の人間なんですよ。でもその考えを、もうちょっといい方向へ活かせないかなと。それが罰魔人なんです。

能町　罰魔人、私も使うかもしれない。

（♪ピコーン）

久保　智加からＬＩＮＥが来た。ちょっと見ていいですか……「金曜日よろしくお願いします」って言ってる。

ヒャダ　金曜日に約束してるんですよね。

能町　そうそう、待ち合わせ。

ヒャダ　どんどんやってください。犬を飼い始めたのに続いて、今度は田辺さんという友達ができましたね。

能町　私たち、優秀なカウンセラーになってます。

※久保さんにその後の話を聞いたところ、「田辺さんと最高に楽しい池袋おともだち会が出来ました」とのことでした。

TALK-32

チャレンジしてますか？

［2022年12月掲載］

今回のおしゃべりは、久保さんの報告にみんな沸き立つところから始まりました。中退して長年「翼の折れたエンジェル」だった久保さんが、翼を取り戻そうとする話です。

高校卒業以来、初めての学校

久保 皆さんに一つ、ご報告があります。

一同 ？

久保 自動車学校に通い始めました！

一同 おお――――！

能町 ついに。

久保 といっても、まだ1回しか実車やってないんだけど。今の段階では「私はコンビニに突っ込む老人とまったく同じ道をたどる」というイメージしかないです。

ヒャダ そりゃそうでしょ。まだ全然運転してないんだから。

久保 「みんな、なんであんなに運転できるんだ？」と思う。

能町 私もそう思う。怖い怖い、車怖い。

久保 オートマ限定なんだけど……何て言うんだっけ、クリープ走行(*)？

ヒャダ クリープ機能がない車を選びましょう。うちの車はカットを選択できますよ。

能町 車、運転したいけど怖い。

ヒャダ でも「怖い」という思いが運転では大切なんですよ。

久保 最初に適性テストがあるのね。OD式安全性テストといって、「この図の中からこれと同じものを選べ」とか、「この中にAというアルファベットを丁寧に書いていきましょう」とか、そういうやつをやったんですけど、適性が全然なかった（笑）。

能町 そんなこともあるんだ。

ヒャダ でも僕もDありましたよ。

久保 まずとっさの場面での決断力が弱いらしい。それは確かに思い当たるふしがある。で、1つだけAが付いてたのが「虚飾性」。自分を良く見せるっていう。

能町 Aというのは、虚飾性があるってこと？ ないってこと？

ヒャダ ないってことです。「格好つけない」ってことですよね。

能町 ですよね。いい意味でのAですよね。

久保 でも「自分はすごく面白いことがやれる」という項目に、でっかくマル書いてたような気がするんだけど（笑）。そんなわけで、学校というものに高校卒業以来、初めて通い始めました。行ったら卒業した有名人の色紙が飾ってあって、誰が卒業してるかというと、2014年に中村あゆみ。

＊ アクセルを踏まなくても車がゆっくり前に進む現象。

能町　え、2014年って遅くないですか？　バイクとか、とっくに運転してそうなイメージなのに。

久保　バイクは取ってたけど自動車は後で取った、みたいなことなのかな？　で、こっちは授業を受けることに慣れてないから、木の机と椅子だと猛烈に腰が痛くて。でも、私もババアの知恵があるから、腰が痛くならない補整クッションを持ってって。最初、どこに座ったらいいのかわからなくて、なんとなく一番前の席に座ったら、そんなところに座ったのは自分だけだったという。そういう劣等感、久しぶりに味わった。そういうのも含めて、全部新鮮。

ヒャダ　もう一生そんな経験ないと思ってたのに。

久保　自動車学校に通う動機づけになることがいくつかあって。「年を取ってからでも、いつでも自動車学校に行ける」という人もいるけど、ネットで「モチベーションが高いときに、モチベーションが低くなったときの準備をしておく」と書いてあったのを見て、「わかる！」と思ったんですよ。一人で生活してると、自分のモチベーションが低いときに手助けしてくれる人なんていないから、やる気があるときにいろいろやっとかないと。

ヒャダ　ほんとそう。

久保　それで「きっかけがあるうちに何か行動しとかなきゃ」と思うようになって。前に話したときは、まだ通うかどうか悩んでた段階だったじゃないですか。

能町　りゅうちゃんのためってことですよね。

久保　りゅうちゃんのためもあるし、「今後の人生、もし親の介護をするようになったら、（自動車免許は）諦めることの一つになっちゃうな」と思ったりもしてたかな。あと、「人生の中で間違ったなと思ってるところに立ち返って、そこからやり直せばいい」という考えもあって。それでいくと、「自分が挫折してやめたことで大きいものの一つって、自動車学校を中退したことだな」って。

――普通ってたことがあるんですか？

ヒャダ　自動車学校中退が最終学歴？

久保　そう。それが最終学歴。

能町　なんで中退したんですか？

久保　そのときは親から「マニュアルで取れ」と言われてて。でもマニュアルの操作がうまくいかなかったんだよね。

能町　マニュアルは難しいですよ。

久保　まずそこでつまずいて。で、ちょうどその時期、自動車学校の教習内容が変更になって、2段階までやっと進んだのに1段階に戻されちゃったんだよね。さらにその頃、（長崎から）上京してマンガ家を目指すことが決まっちゃったから。「東京に転校もできますよ」と言われたけど、「東京で路上教習やれる自信ないな」と思って、「ここでやめます」と言って中退しちゃって。それで諦めていたんですけど……。

――「今でしょ！」というマインドに。

久保　調べるだけ調べてはいたんだけど、しばらくは「お金もかかるし、どうしようかな」と踏みとどまっていて。そんなとき、久しぶりに友達との飲み会があったんですよ。たくさんの友達と、お高いイタリアンで食事するという。私が会計係で、みんなから現金を徴収して、カードで一括で払ったんですね。お店では酔っ払ってたから、とにかくお金を集めてカードで会計して家に帰って。で、翌日、ハッと気付いたら手元に30万円の現金が（笑）。

ヒャダ　すごい金額じゃないですか。

久保　けっこうお高い店に行ったから。で、その現金を見つめていたら、「このお金を自動車学校に持っていけば入学できるんだ……」と現実味が湧いてきて。「まごまごしてると学生の入学者が増えてくるし、行くならこのタイミングしかない！」と。

ヒャダ　12月になるとマジで予約取れないですからね。

久保　あと、「もう自分はババアだから、教官が怖くても我慢できるな」と思って。

ヒャダ　今の先生、怖くないですよ。

能町　今はヤバい人はそんなにいないはず。

久保　そう。最初の実車は若くて優しいお姉さんで、優しすぎるくらい優しかった。ただ、もうすでに予約がパンパンに埋まってて、キャンセル待ちをするしかない状況なんだよね。

ヒャダ　あれ、むなしいですよ。僕もペーパードライバー講習で、よくキャンセル待ちしてましたけど、全然キャンセル出なくて。

久保　運転、いつから楽しいと思えた？

ヒャダ　2年目くらいですかね。

能町　長くない？

久保　それまではどんな感じだったの？

ヒャダ　ずっと肩ガチガチで。実際、車買って2日目でこすりましたし。バコバコバコッてこすりました。

能町　私は一人で乗るのが怖くてしょうがない。「責任持てない」って思っちゃう。

――まだ一人で運転したことがないと言ってましたね。

能町　一回もないんですよ、一人で乗ったことが。免許あるのに。もうここ20年、運転してないんですけど。

久保　私、運転に力入りすぎて、筋肉痛になっちゃって。

ヒャダ　でも久保さん、2022年は大躍進ですよね。

久保　自動車学校に通ってるし、（ぼる塾の）田辺さんともつながろうとしてるし、おりゃあ、どうなっちまうんだ。

今のささやかな夢

――年内に免許取るのは無理そう？

久保　ちゃんと予約が取れたらいけると思います。

ヒャダ　12月に入って路上教習するのハーコーですよ。12月の街は（混んでて）ヤバいですからね。

久保　事故って死ぬ時期が早くなるのかもしれないけど。

ヒャダ　死ぬときは死にます。生きるときは生きます。

久保　でも能町さんも含めて、ペーパードライバーの人がびっくりするくらい「自信ない」って言うじゃないですか。それも免許取ろうと思った動機の一つかもしれない。「今取れば、自信がないペーパードライバーの人たちを超えられる！」と思って。

ヒャダ　人生の矛先がちょこっとズレていく感じ、いいですね。次は中退しないでくださいよ。

久保　次こそは免許を取る。今、ちょっとした夢があって、免許取ったら田辺さんとドライブしたいなって。

能町　最高じゃないですか。

久保　でもやっぱり死が近づくだけかもしれない。運転して田辺さんを危険にさらしたくないから、やっぱりかなわない夢かもしれない。

ヒャダ　免許取って1年たったらやりましょうよ。若葉マークが取れた頃に。いやしかし、新しいことに挑戦するってすごいことですよね。

能町　本当にすごい。私はここんとこ停滞気味だから。

ヒャダ　僕もちょっと新しいことを始めたんですよ。「海外に一人で行く」というのを。コロナのせいでずいぶんやってなかったので、リハビリじゃないですけど、とりあえずどこかに行こうと思って。マイレージがたまったんで、それで行けるところを探したらマニラしかなくて。それでマニラに行くことにしました。

能町　マニラの観光地って何も知らないな。

ヒャダ　実は僕もマニラにそこまで興味があるわけじゃないんですけど。グアムも考えたんですけど、今回は知らない町に行ってみようと思って。初めての場所って、それだけでワクワクしますし。とはいえ僕、海外で現地の人とコミュニケーション取るのはあまり好きじゃないから、今回もなるべく人と関わらない旅にしたいなとは思ってますけどね。

久保　でもマニラって首都だし、いろいろ文化が集中してるから、自分だけの何かを得られるかもしれない。

ヒャダ　そうですね。でも別に何も得られなくても、それはそれでいいかなと思ってます。

千葉ヒャダ旅のこれから

――今日のライブ、久保さんは田辺さんと友達になりたくて「微妙な距離感をどう詰めるか」という話をしていたのに、その後に上映された「千葉ヒャダ旅」では、ヒャダインさんと千葉さんの圧倒的な密接さを見せつけられて、ギャップにクラクラしました。

久保　私はまだ入り江でちゃぷちゃぷしてる人間だったんだなって。

ヒャダ　それはそれで楽しいじゃないですか。

久保　それが新鮮なのもわかる。でも（千葉ヒャダの）2人はもう遠くまで流されていったんだなって。

ヒャダ　流されすぎて、もはや陸みたいな感じですね。

能町　もはや陸。

久保　2人の関係がもう「友達としての仲の良さ」という次元を超えて、家族……いや、もはや家族という言葉さえ適切じゃないかもしれなくなってて。

ヒャダ　ね。何なんでしょうね。

能町　私、千葉ヒャダ旅見てて、あの映画を思い出したんですよ。『ひなぎく』って知ってます？

ヒャダ　『ひなぎく』名作ですね。

能町　女の子2人がめちゃくちゃするだけの、アート系映画ですけど、それっぽいと思ったんですよ。ちょっと現実離れした2人が、周りのこと一切気にせずに2人できゃあきゃあやってるだけの天国みたいな映画。

ヒャダ　ありがとうございます。

久保　夢は劇場版。

能町　「劇場版　千葉ヒャダ旅」。いいと思う。

久保　今日のライブでの上映も、みんなで応援上映してるみたいなもんだったから。新しいコンテンツをありがとう。

能町　ほんとに叫姉妹（さけびしまい）やってほしい（*）。

ヒャダ　でも問題は、どっちも恭子さんをやりたいことなんですよね。

久保　それでいいですよ。2人でやりたいことをやってるのがいいんだから。叫姉妹としてラジオをやってほしい。

ヒャダ　最近、「叶姉妹のファビュラスワールド」というポッドキャストをよく聴いてるんですよ。ずっと恭子さんが美香さんを否定し続けるという。

久保　何そのコンテンツ（笑）。

ヒャダ　恭子さんのアメとムチがすごくて。「世界で1番大切なのは美香さん、2番目が金で、3番目がシューズで、4番目がグッドルッキングガイ」とおっしゃってましたね。なので、「1番が美香さん」というふうに甘やかすんですけど、ずっと美香さんが言うことを「それは違うわよね、美香さん」と強めに否定するんです。美香さんは明らかに不服で、「違うんですか？」と言ったりはするんですよ。でも結局「そうよ、美香さん。違うわよ」「違うんですね」で終わるという。たとえば、「動物になるなら何がいい？」という質問で……。

久保　そんな話してんの（笑）!?

ヒャダ　恭子さんは「7つの頭を持った竜」と答えるんです。「7つの頭でものを考えられるでしょ。1つなくなっても6つあるじゃない。いいわよね」と言った後、美香さんが「だったら私は火の鳥がいいです」と言ったら、「火の鳥はダメよ、美香さん。体が燃えるでしょ」「でも、お姉さまのその考え方だったら火の鳥……」「全然違うわよ」っていう（笑）。

一同　（笑）

――大木こだま・ひびきみたい（笑）。

久保　それ、もはや漫才じゃん。

能町　漫才だよ。M-1に出てほしい。

ヒャダ　リスナーからの短い質問に

＊千葉ヒャダ旅で「（叶姉妹っぽいユニットとして）2人で叫姉妹やろっか」とノリで盛り上がったものの、特にそれ以上発展することなく終わった、幻のユニット企画。

答えていく人気コーナーがあるんですけど、「お聞きします。ふなっしーとくまモン、どちらと写真を撮りたいですか？」「撮りません」。

一同　（笑）

能町　そもそもその質問もどうかと思うけど（笑）。

ヒャダ　「撮りません」。これがいいんですよ。なので、僕らはどっちも恭子さんをやりたいんです。

久保　でも叶姉妹にも感じますけど、2人の間に第三者が入る隙がないじゃないですか。私たちでさえも2人の間に入れないかもしれない。

能町　入れない。

ヒャダ　確かに2人だけだと、クローズド環境になっていきますよね。

久保　そう。「あの2人の間にはもう誰も入れないからね」って、そっとされるよりかは、たまに誰かがコンコンって入ってくるといいと思う。

ヒャダ　今回の沖縄は楽しかったんですけど、粒立ったエピソードがない気がしてて、正直2人とも心配してたんですけど、楽しんでもらえて良かったです。

久保　どんな状況でもちゃんと拾えてるというのが、すごいと思う。そこ強みだわ。

もう飛べないエンジェルじゃない

——免許取ったら、またもうひと転がりしそうな雰囲気ありますね。

ヒャダ　田辺編、堂々完結！　新しくスタートする自動車教習所編も、楽しみにしててくれよな！

久保　頑張りたい。そして中村あゆみの隣に私の色紙を飾りたい。

——たぶん中村さんも久保さんくらいの年齢で取ったってことですよね(＊)。

ヒャダ　あんなにハスキーな人でも取れるんですから。

能町　ハスキーはむしろ運転しまくってそうですよ（笑）。

——勇気づけられますよ。16で初めてのキス、17で初めての朝を迎えた人なのに、47でやっと運転免許を取ったんですから。

一同　（笑）

ヒャダ　「♪ Forty-seven　初めてのライセンス」

能町　中村あゆみはすごいわ。

久保　だから自動車学校で中村あゆみのサインを見たときに思ったの、「♪ あ～たしも～～！」って。

一同　（爆笑）

＊ 教習所にサインを書いた当時の中村あゆみは、おそらく47歳。

TALK-33

行儀よくまじめにできますか？

［2023年1月掲載］

（いかりや長介風に）決められたルールに反抗する、というのは、言ってみれば若者の特権みたいなものでございます。反抗していた若者も、社会に出てもまれるうちにだんだん分別のつく大人になっていく……というのは建前でございまして、実は大人のほうが分別がつかなくて困る、ということもあるわけでございますね。今回はそんなテーマでのおしゃべりです。ご覧ください。

今も連綿と続く「あの世界観」

ヒャダ　こないだ初めて『東京カレンダー』を読んだんですけど、びっくりしちゃって。

――どんな内容？

ヒャダ　女性は基本、無料で飯食えるのが当たり前で、男性は若い美人とヤリたいだけという。そういうコンセプトなんですよ。

能町　ホイチョイっぽい。

――表紙のエレガントなイメージしかなかったです。

ヒャダ　面構えはおしゃれなんですよね。でもたとえばバーの特集があって、バーテンがお酒出してる写真があるとすると、キャプションに「この1杯でこの後の運命が決まる」みたいなのが書いてある。

一同　（笑）

久保　私もそれ、教えてもらって読んだんですよ。「こういう会話をすれば女の子を食事に誘える」というLINEの例文を出すんですけど、まあ女が都合のいい受け答えしかしてないわけです。「●●の新しい店ができたんだけど行こう」「何それ、興味ある。どうしよう、緊張しないかな」みたいな。

ヒャダ　マルチバースのその世界線では「女性が嫌がる」という発想がないんですよね。自分の誘いはみんな喜んで受けてくれるという。

能町　「金のある僕なら」っていう。

久保　ファッションについても「坊ちゃんぽさがどうこう」と書いてあったんだけど、それに対して能町さんが……何て言ってたんだっけ？

能町　「坊ちゃんも何も50代だろう」って（笑）。

一同　（笑）

久保　昔、雑誌で読んでたあのホイチョイの世界観が、今も続いているとかと思うと、いやあ……（あっけに取られた顔で）は――ってなる。

キャンディークラッシャー久保

久保　お金持ってて、やりたい人は交際費にじゃぶじゃぶお金使うけど、私は今、お金があったら、キャンディークラッシュに使いたいよ（笑）。

能町　それもどうかと思います。

久保　それで今、本当に「お金欲しい」と思ってて。

能町　それはもう、パチンコとそんなに変わんないと思う。

ヒヤダ　まったく一緒です。

――実際に課金してるんですか？

久保　しちゃった……「免許に合格したお祝いだよ！」って自分に言い聞かせて。本当はどこかでおいしいものを食べようと思ってたんだけど、その分のお金をキャンディークラッシュに課金して。

能町　久保さん、ちょっと本当に危ないんじゃない（笑）？　どのくらい使うの？

久保　言えない。

能町　言えないレベル？

久保　「今日は外でお昼ご飯を食べるのを我慢して、家で食べたから、その分を」とか言い訳して……でも、課金しない日もあるよ。

――「しない日もある」……？

久保　いや待って待って。

ヒヤダ　新たな火種が出てきましたね（笑）。

久保　しない日のほうが多いから！

能町　借金する人の典型的言い訳みたいになってきた（笑）。

久保　「キャンディークラッシュは、私の人生のすべてを奪っていきました」

能町　わが家の家訓じゃないけど、うちの父親が言った言葉の中で、私の中で今も強烈に残ってるのって、やっぱり借金の話なんですよ。前にも言ったんですけど、父親が金融系にいたことがあって、借金する人を見てきてるんです。それで「借金する人は絶対に最初嘘を言う」と言われたのが、私の記憶にすごく刻まれてて。借金する人が、もう首が回らなくなって、親とかに助けを求めるじゃないですか。そのときに、最初に言う借金の額は100％嘘らしいです。絶対ちょっと少なく言うんですって。

久保　私だ。

能町　そうですよ。

久保　今の私。

ヒヤダ　さっき「お昼ご飯を我慢したお金で」と言ってましたけど……あなた、それ本当は違うでしょう！

久保　違うです……。

能町　だから本当にごまかすらしいんですよ。

久保　でも確かに今、その領域にちょっといる。

能町　400万借金ある人が350万と申告したり、「もうそこまで来たら正直に言えばいいじゃん」というところでごまかす。

ヒヤダ　見栄を張るんですよね。

久保　でもまだ1万円は使ってない

です。

ヒヤダ　あ、そうなんですね。ホッとしました。

久保　でも本当に今、キャンディークラッシュをするお金が欲しい。

ヒヤダ　せっかく免許取ったのに。だって免許取ったら次は車じゃないですか。

大人は言うことを聞かない

久保　で、そうそう、私、免許取れたんですよ。

能町　おめでとうございます。

ヒヤダ　本当にすごいですよ。

久保　運転免許試験場で試験受けたんですけど、「机の上に何も出さないでください」と言われたり、「帽子を取ってください」と言われて、つい「いつまでならかぶっててていいんですか!?」って言い返したりして（笑）。

能町　態度悪い（笑）。

ヒヤダ　基本、非行少女ですよね。

久保　向こうがひどい態度を取ったわけではないけれども、やっぱりこの年になると、「規律をみんな同じように守れ」という命令に対して、反抗心が半端ないんですよ。免許の写真を撮るときも、「廊下沿いに順番に並んでください」と言われたりして、もう「縛られたくない！」って気持ちになって。

ヒヤダ　47の尾崎豊（笑）。

能町　「47歳の地図」

久保　「47の夜」っていう感じで、心の中にずっと尾崎が出てきて。

能町　でもその辺の19、20歳はそのルールを守ってるんですよね。

久保　そう。19、20歳の子は素直に「はい」って従ってるわけですよ。

ヒヤダ　久保さん一人だけ反抗して。

能町　でもそれわかる。だんだん中年って言うこと聞かなくなりますよね。それで思い出したんですけど、私、こないだ断髪式に行ったんですよ。土俵の上でやる断髪式じゃなくて、ちょっとした宴会場みたいなところでやったんですけど、元白鵬の宮城野親方も招かれてたんです。司会がNHKの元アナウンサーの方で。で、「しばしご歓談」みたいな時間になって、そのときに「マスク取って会話はしないようにしましょう」とか、「あまり密にならないように」とか、注意事項をアナウンスしてたんですけど、やっぱりみんな40～50代だし、酒も入ってるし、元白鵬もいるわけだから……。

ヒヤダ　テンション上がりますよね。

能町　次のイベントの時間になっても、誰一人として席に着かないんですよ。めっちゃワーワー言ってて、マスク取ってる人もいるし、ギュウギュウになって写真撮ってたりするし。で、NHKの元アナウンサーの方が、最初は「もうそろそろ次の催しにまいりますので……」みたいにおとなしく言ってたんですけど、だんだん本当に怒り始めて。「皆様が席に着かないと、私の責任にもなりかねません！」みたいな（笑）。

一同　（笑）

――校長先生の怒り方で（笑）。

ヒャダ　「皆さんが黙るまで●分かかりました！」みたいな。

能町　そうそう。それでも全然話聞いてない人もたくさんいて。騒いでる人の近くの人が少しずつご機嫌取ってやっと席に着かせる感じ。それ見て、「大人って本当に言うこと聞かないなー」と思っちゃったんですよね。

久保　思う。「俺は新人じゃねえんだよ！」って気持ちが出てくるから。自分の中にまさか、言うこと聞かない人間性があったなんて。尾崎がいたなんて。しかも大したことじゃないことに、「こんな囚人みたいなことさせて！」と思ってしまうという。

一同　（笑）

ヒャダ　でもそんな中に、素敵な先生もいたわけでしょ？

久保　そうですね。太った人のいいところを煮詰めた、煮こごりみたいな先生。

――煮こごりって（笑）。

ヒャダ　教習所エピソード、いっぱい生まれて良かったっすね。

久保　生まれたけれども、結局、別に「久保ミツロウ」ということで何か問いただされることもなく、中村あゆみの隣にサインを飾ることはできませんでした。

ヒャダ　でも久保ミツロウだとわかってないにしても、教官の間では話題になってたと思いますよ。

久保　「狂犬」として（笑）。

教習所すべらない話

ヒャダ　いや、でも免許って、自分の脳みそで考えて「え、おかしくない？」と思うこともありますよね。

久保　あるある。

ヒャダ　でも教習所では、それに甘んじなきゃいけないわけでしょ。小学校や中学校って、甘んじることに何の疑いもなかったじゃないですか。思考停止して。大人になって、思考停止をしなくなってから免許を取るのはしんどいですよね。

能町　そう、しんどい。

久保　縦列駐車もさ、教習所だと細かな印が付けてあって、「目印があるからうちでやるの簡単だよ」って言うけど、ないところでどうすればいいんだよって。

ヒャダ　その教習所の中では縦列駐車できるかもしれないですけど、外の世界では……。

久保　応用できる自信がないですよね。そういう質問に、答えてくれる先生がいなかったというか。

能町　「その場さえ良ければいい」みたいな感じですよね。

久保　それで、「ああ、この人たちは私を選別して落とすためにいるわけじゃなく、さっさと卒業させたいために存在してるんだ」とわかって。

ヒャダ　お金は前金でもらってますしね。

久保　別に敵というわけでもないんだけど、「こっちが納得いくまで付き合ってくれる人ではないんだ」というところに、大人の自分がだんだん「そうか」と気付いてきて。

能町　私も教習所行ってたとき、教官から今までいたヤバい人のエピソードを聞いたんですけど、今でも覚えてるのが、「おばあちゃんがヤバかった」という話で。路上教習に出て、交差点で右折するときに、曲がった先の信号は赤になってるわけですよね。

ヒャダ　まさか……（笑）。

能町　止まっちゃったんですって（笑）。目の前が赤だから。で、教官が「いやいや、行かなきゃ」と言っても、頑として聞き入れないんですって。なんなら教官がちょっとずるいこと言ってるくらいの感じで、「いや、赤なんでダメです」の一点張りで。で、交差点のど真ん中に止まったまま、青になるのを待った人がいたという。それ、超怖いなと思っちゃった。

ヒャダ　「そんなものだ」というのが理解できなくなるんですよね。自分のロジックのほうが勝っちゃうから。

久保　『オールナイトニッポン』のスタッフから聞いた話だと、普段は温厚な人なのに、教習所で2回「やめてくれ」と言われて、結局取れなかった人がいたって。

一同　（笑）

——教習所から「やめてくれ」って言

われることあるんですか⁉

ヒヤダ　退学処分。

久保　で、どんなことをしたのかというと、坂道発進で横転（笑）。

一同　（笑）

ヒヤダ　すごいっすね。

能町　急な坂なのに、入るときに片輪だけ乗り上げちゃって、そのまま直進して横転したらしい。

久保　それ、逆に才能あるね。スタントマンとして。

ちゃんと中年になる

ヒヤダ　教習所で運転してて、楽しかったですか？

久保　楽しくなかった。結局、運転しながら練馬大根の話とか野菜炒めの話とか、どうでもいい話を教官と話するのが一番楽しかった。そのくらい運転に余裕があるという設定で。（煮こごり先生の）他にも無駄な話ができる先生はたまにいたし。できない先生のほうが圧倒的に多かったんだけれども。

――取りたてのときにたくさん乗ったほうがいいと思いますよ。

久保　今は頭がすっかり運転脳になってるんで、道を歩いてても車の運転をしてる感覚になってて、目の前のカップルが急に手をつなぎ始めたら「速度落とす」って心の中で言って、距離を置いたりしてる。

ヒヤダ　それくらいがいいですよ。僕くらいのキャリアが一番事故を起こしやすいですから。なめちゃってて。

久保　でも今、教えてもらったことを全部ポカンと忘れても、免許はあるわけだよね。それって怖いなと思って。

能町　怖いね。前も言ったけど、私が行った教習所はゆるゆるで、エンスト4回したのにハンコ押してくれるんですよ。

ヒヤダ　だから久保さんがおっしゃったように早く出したいんですよ。僕は左折で2回ダブったことがあります。

能町　ダブってたんだ……しかも左折で⁉

ヒヤダ　左折で。「左折でダブる人、初めて見たよ」と教官から言われました。

能町　でもそこで落とすのは、ちゃんとしてると思う。

ヒヤダ　久保さんの2022年はすごかったですね。免許も取るし、犬も飼い始めるし。

久保　将棋にハマり始めたときも、

犬を飼い始めたときもそうですけど、「仕事につながるね」「仕事に活きるね」みたいに言われることに、ちょっと疲れちゃったんですよ。そういうこと、言いやすいじゃないですか。

ヒャダ 仕事も仕事ですしね。

久保 本当は「何でもマンガに活かすのがマンガ家の生き方だ」って、私もずっと思ってたんですよ。でも何か新しいことをするたびに「それはマンガに活きるし、マンガに描いてみれば」と言われることに、どこか疲れてしまってる自分がいたんだと思う。でもりゅうちゃんを飼い始めて、人生が予定よりズレていってる感覚はありますね。きっと免許も、何年かたってから「あのとき免許を取っておいて良かった」と思う瞬間が来そうな気がする……って、免許取ったくらいで何を私は自慢してるんだ（笑）。

一同 いやいや。

久保 だって免許取っても、誰も自慢してないじゃないですか。

ヒャダ でも僕も47で取ったら自慢するかもです。

能町 私もこれからもう一回ちゃんと教習やったら自慢しますよ。

ヒャダ じゃ、ペーパードライバー講習をぜひとも。

能町 いや、やっぱり怖い怖い。

ヒャダ でも、免許じゃなくても新しいこと始めるっていいなと思いました。

能町 うん。そうだね。

久保 知らないことを前提で教えてもらえる場所があるって、いいですよね。

ヒャダ 「え、こんなのも知らないの？ クスクス」って感じじゃないですもんね。

久保 「毎日毎日、大量の何も知らない、運転が好きでもない人にずっと教えてて、頭おかしくなりませんか？」って聞いたもん、教習所で。

一同 （爆笑）

能町 なんでそんなの聞けるの（笑）？

久保 「成長してくれるから教えがいがあるんですよ」みたいな答えだったんだけど。

能町 久保さん、思ったよりちゃんと中年やってますね。

ヒャダ そう、ちゃんと「久保美津子」ですよ。

久保 ちゃんと「久保美津子」。

能町 そんなに人って、中年になかなかなれないもんだと思いますよ。ちゃんと中年になってる。

TALK-34

逃げたい町はありますか？

［2023年2月掲載］

久保みねヒャダとテレビ朝日「イワクラと吉住の番組」が、テレビ局を超えたコラボを実現。お互いの番組に出演したのですが、久保さんと能町さんに番組に出演した感想を聞いてみました。

夢があるのは普通のこと？

ヒャダ 久保さん、「イワクラと吉住の番組」ではずいぶん気を吐いているように見えましたよ。久しぶりに「久保ミツロウ大暴れ」という感じがしました。

能町 あれは完全に大暴れでしたよ。

久保 でもあれは結果的にそうなっただけで、「力入れて暴れるぞ」と意識してたわけじゃないんだよ。

能町 「力入れて暴れるぞ」と意識しなくても、あれができるのはすごいですよ。

――出演したのが久保さんと能町さんだけで、場を仕切るヒャダインさんがいなかったから、収録が1時間半押したと言ってましたけど、いったい何をしゃべってたんです？

能町 何のテーマでもないことを、次から次へとしゃべってたんだと思います。ただの雑談です。

久保 本当は聞きたいことがたくさんあって。だから「自分の話はあんまりしないほうが良かったな」と後で思いましたね。あと能町さんが、最初からイワクラさんに引きずられて、すごいなまってたんですよ。

ヒャダ 確かになまってました。

能町 私、すぐ引っ張られるんですよ。宮崎なまりと青森なまりって似てるんです。私、青森に行くとあのなまりに完全に持っていかれるので、イワクラさんにも持っていかれちゃったんですよ。

久保 能町さんのなまりって茨城なまりと思ってた。青森だったんだ。

ヒャダ とろサーモンのお二人とイワクラさんが、宮崎弁丸出しでやってるYouTube、すごいっすよ。何を言ってるか、マジでわかんないです。

能町 とろサーモンは宮崎市とその隣の清武町だけど、イワクラさんはもっと山のほうの小林市だから、なまりが強いみたいで、とろサーモンのお二人もわからない言葉をけっこう言うんです。最初は普通にしゃべってるけど、途中からとろサーモンのお二人が「ついていけない」とか言い出して。

ヒャダ （宮崎出身&宮崎を捨てた）永野さんが言うには、「宮崎は夢追い人に石を投げるようなところだ」と。「だから東国原も（2022年の知事選で）当選しなかった」って。「1期で辞めて東京に行った(*)だけで、みんな根に持って許さない」と言ってました。

＊ 2011年、宮崎県知事を1期で任期満了した数カ月後、東京都知事選に立候補し落選した。

久保　イワクラさんと吉住さんとお話ししてて思ったけど、本当に2人ともキラキラしてて、「将来あれをしたい」という夢もしっかりあるんだよね。帰ってから「自分みたいな人間と関わらないほうがいい」という気持ちが、むくむく湧いてきちゃいました。夢がある人は、もうちょっとプラスになる人と会ったほうがいいと思うから。

能町　久保さん、それよく言ってますけど、「自分みたいな人間と関わらないほうがいい」と思わない人はいるんですか？　久保さんは誰に対しても基本、そう思ってる気がして。

久保　そう思ってる。「みんなの記憶から消えたい」というのが夢の一つだから。

能町　長いこと言ってますよね。

久保　だから夢や希望を持った人の背中を押すのって、私には無理だなと。

ヒャダ　高校生でも「誰かに夢を与えたいです」と普通に言ったりしますよね。あれ、すごくないですか？

能町　本当にすごい。スポーツ選手で「感動を与えたい」と言えるのも。イワクラさんと吉住さんは、基本的にテンションが同じくらいなので話は合うと思うんですけど、収録で「夢とか野心とかあるんですか？」と聞いたら、けっこうスッと答えてくれて。「ちゃんとやりたいことがある」ということに、何気にショックを受けちゃったんです。

——芸人はわりとそうなんじゃないですか？

ヒャダ　年齢もあるだろうし。

能町　でも私が30くらいのときに、「夢とか野心とかありますか？」と聞かれても、スッとは出なかったです。

久保　私も出ない。

能町　当時からやりたいことは特になかったと思う。あと、「好きな●●ベスト3」のテーマが「東京に来てよかったこと」だったじゃないですか。実は私、全然思いつかなかったんですよ。子供の頃から東京にはよく来てたから。茨城でもうちの実家って東京まで各駅停車で1時間ちょっとだから、「上京していっちょやったる！」という感覚が全然なかったんです。

「どの町に住みたいか問題」の本質

ヒャダ　「東京に来てよかったこと」、

久保さんの1位はよかったですね。

久保　「好きじゃないけど、困らない池袋」。池袋ってそんな感じしません？

ヒャダ　わかります。僕も「東京で好きな町」と聞かれても困るんですよ。ないかもしれない。

能町　そこは私は全然違う。町へのこだわりが強すぎて、「神楽坂には絶対に戻りたい」と思ってる。

ヒャダ　神楽坂はいいですよね。

久保　だから私はもうちょっと「自分の好きなものに近づく」ということをやらないといけない。

ヒャダ　町だったらどこでしょう？「好きな町に引っ越していいですよ」と言われたら。

能町　前は湯河原と言ってましたよね。

久保　あれはもういい。温泉にそこまでこだわりたいのか、よくわかんなくなっちゃった。信頼できる鍼の先生がいるとも限らないし。

能町　あんなに物件探したのに。

久保　でも「どの町に住みたいか問題」って、「すごく好きで一目ぼれした町」「ちょうどいいどうでもよさの町」どちらに住みたいのか、という問題でもあるよなって。「顔がすごく好みの男性」と「特に執着があるわけじゃないけど、なんだかリラックスできる男性」どっちがいいんだろう、というのと似てる。で、町に対して、「そこそこどうでもいいけど、住みやすそうだな」と思ったのが岡山だったんだよね。

ヒャダ　岡山？

久保　広島のほうが都会だし、文化的にも栄えてるけど、岡山いいなと思って。福岡にも広島にも大阪にも、新幹線で移動しやすいし。関西圏、四国、中国、九州圏が旅行の射程距離に入っているという。東京のロケ番組見てると、射程距離が短いわけですよ。もし岡山でドライブが好きになったら、行きがいがある場所が多いなって。あと、晴れが多い県だし(*)。

ヒャダ　そう言われてますね。

久保　『ぽかぽか』のジモTV（おすすめローカル番組の紹介コーナー）で、岡山の『金バク！』という番組を見てたら、「いざ住んだら、こういういい店もけっこうあるんだな」という発見があった。力を入れずに住める町だし、そこまで田舎でもないし。なので今、気持ちは湯河原より、岡山に傾いてます。私が言ってるだけ

＊
岡山県は「晴れの国おかやまチャンネル」「JA晴れの国岡山」「晴れの国おかやま検定」「晴れの国岡山駅伝」「晴れの国おかやま牛乳」など、総力を挙げて「晴れの国」を押し出している。ちなみに晴れの日数の都道府県ランキングでは、2022年で7位。降水量1mm未満の年間日数は30年平均で全国最多。

じゃなくて、本当にニュースで「今、岡山が熱い！」って話題になってるんですよ(*)。

――岡山に知り合いがいるわけではない？

久保　ないけど、私の場合、「友達がいるから移住する」はないだろうなと思う。「知り合いがいたから移住を決めました」というご家族もインスタで見るんだけど、それだと知り合いへの負担がでかいかなと思っちゃって。

ヒャダ　確かに、その人と仲が悪くなったら最悪ですよね。

犯罪を犯したら、みんなどこに潜伏する？

――岡山に住みたいのは引っ越し先として？　それとも2拠点生活の拠点として？

久保　2拠点か。考えもしなかったな。

ヒャダ　岡山行ったら、りゅうちゃん喜びますよ。

能町　（意味深に）「広い公園があるんでしょうねぇ……」。ヤクザみたいな言い方しちゃった（笑）。

ヒャダ　（意味深に）「娘さん、ずいぶん大きくなりましたねぇ……」

久保　言い方を変えよう。私が東京で失敗して逃げるなら、岡山です。今、すごい気が楽になった。犯罪を犯したら、岡山に逃げるわ。

能町　犯罪、犯すんだ（笑）。

ヒャダ　「逃げたい町ベスト3」

久保　能町さん、犯罪犯したらどこ行きたい？

能町　私は「犯罪犯したら新潟に行く」って決めてるんです。

――決めてる!?

ヒャダ　いいな。みんなちゃんと潜伏先があるんですね。

能町　青森に行くずっと前から思ってました。

久保　青森じゃないんだ？

能町　何かやっちゃったら青森じゃなくて、私の中では新潟なんですよ。

ヒャダ　なんで新潟なんですか？

能町　行ったこともないのに、新潟のことを「必要以上に寂しい町」だとずっと思ってて、「何かあったら新潟に逃げるぞ」と思ってたんですよ。それで一昨年、初めて新潟に行ってみたら、期待通りの寂しい町だったんですよ。

ヒャダ　ああ、それはいいですね。

＊ そうなの？と思い、「岡山が熱い」で検索すると、「藤井風・山本由伸…いま岡山勢が熱い！」「岡山が熱い！ 学芸館＆ウエストランド　W優勝パレード」「聖地・岡山が熱い！！ 原作コミック『推しが武道館いってくれたら死ぬ』の舞台、岡山での企画が目白押し！」などの記事がヒットした。

能町　もっと大きい町だと思ってたんですけど、人がとにかくいない。「こんなに寂しいんだ」って、びっくりして。そこで私はコンビニバイトをするんです。

ヒャダ　名前はどうしますか？

能町　偽名まで考えてなかったな。目立たない名前がいいですよね……中村セイコ。

一同　（笑）

久保　偽名っぽい（笑）。偽名、考えるの楽しいね。

能町　当然、髪なんか黒くしますからね。

久保　「中村さん？」

能町　「はい。何ですか？　すいません私、全然仕事できなくて」

久保　「東京からこんなところまで来て……」

能町　「え、東京？　私、元から新潟です」

久保　「なまりとか全然ないね」

能町　「親が関東だったんで」

久保　「生まれは新潟のどこ？」

能町　「新潟……市内です」

ヒャダ　「小学校はどこだったんですか？」

能町　「小学校は…………西小です」

一同　（爆笑）

——そりゃ絶対ありますけど（笑）。

ヒャダ　（検索して）「亀田西小学校のことですか？」

能町　「あ、そうです。地元では西小って言うんです」

久保　思ったより能町さん、設定が細かい。

ヒャダ　ちゃんと逃げる意思が感じられます。

能町　頑張ります。逃げ切ります。私の中では、雪が降る中を自転車でファミマに行く絵が見えてるんです。

ヒャダ　福田和子とすごいかぶりますよね。

——「中村セイコ」がすでに福田和子感ありますね。

久保　福田和子は逃走の模範ですね。

ヒャダ　岡山行ったら、今までの人生も捨てる形で？

久保　全部、捨てる形で行きます。

ヒャダ　名前はどうされますか？

久保　小島……ユキ（笑）。

能町　いい感じですね（笑）。「小島さん、お仕事は何されてるんですか？」

久保　「今、仕事できなくてだいぶ減らしてて」

能町「減らしてる？　じゃあおうちで何かやってる？」

久保「そそ、だいたいそんな感じ」

能町「じゃあもともとは忙しくされてた？」

久保「ん〜まあ、そうね〜」

ヒャダ　このコミュニケーションを拒絶する感じ（笑）。

能町「小島さん、怪しいな。だって仕事を減らすとか増やすとか。普通に勤めてたらないでしょ？　そんなこと」

久保「あ、もう犬の散歩の時間だから、ちょっとごめんなさい」

能町「小島さん、怪しいわ……」

ヒャダ「怪しいわよね。私、テレビで見たことあるもん、あの人」

能町「怖いわ。あんまり付き合わないようにしなくちゃ」

久保（じろり！）

ヒャダ　怖っ！　今にらまれた！

久保　ヒャックんはもし偽名を使うなら？

ヒャダ　何でしょう……西ユウヤですかね？

能町　西ユウヤ、若そう（笑）。

久保　ヒャックんはたぶん、マレーシアに潜伏するんだよね。「西さん、Facebookやってないの？」

ヒャダ「ふぇいすぶ？」

久保「Facebookだよ、Facebook」

能町「西さん、日本語は？」

ヒャダ「私、お父さん、お母さん、日本人。だけど生まれマレーシア。クアラルンプール。ちょっと日本語しゃべれる」

久保「SNS. Facebook. What's your account?」

ヒャダ「私の国では、SNSは許されてません」（嘘です）

能町「そんな怖い国だったの？」

久保「大変そうだね、いろいろ。でも仲良くしてあげよう。生活、大変そうだから」

ヒャダ「お友達、欲しい。仲良くしてください」

能町「じゃあぜひ仲良くしましょうよ」

ヒャダ「もし必要なものがあれば、何でも用意できます」

能町「たとえば？」

ヒャダ「＊＊＊」

一同（笑）

能町　西さん、せっかく潜伏してるのに、潜伏の意味がないくらい悪いことしてる。

久保 潜伏妄想、はかどるね。

ヒャダ ユウヤが潜伏先で生き延びるには、そうするしかなかったんでしょうね。

能町 そう簡単に闇に行けないですよね。

逃亡は自我との闘い

久保 でも自分の中で偽名が出てくるの、新鮮だった。小島ユキ。

能町 中村セイコ。

ヒャダ 西ユウヤの3人でお送りしております、「こじなかにし こじらせナイト」。

能町 「あれ？ もしかして小島って、こじらせから取って……」

久保 「あっ！」

ヒャダ 「おい、久保！」(*)

一同 （笑）

――逃げたい町を考えるの、いいですね。

久保 でも考えてて本当に切なくなったんで、今の人生を頑張ろうと思います。

能町 私たぶん、新潟で中村セイコとしてファミマで働いてるんですけど、やっぱり一人じゃ生きていけないんですよ。スナックとか行っちゃうと思うんですよね。

ヒャダ 寂しくなってね。

能町 どうしても誰かとしゃべりたくなっちゃって。

ヒャダ そこで他の客がお相撲の話をしてるんでしょうね。しかも知ったかぶりみたいなこと言って。

能町 そこで黙ってるわけにはいかないですもんね。

ヒャダ 「俺、若隆景に会ったことあんだよ」

能町 「（ボソッ）若隆景は、あんまりそういうことしない」

ヒャダ 「おいお姉ちゃん、お相撲、好きなの？ 俺、会ったことあるよ。紹介してあげようか？」

能町 「いえ、ちょっと好きなだけです。たまにテレビで見るくらいで」

ヒャダ 「若隆景はえーと、前頭七枚目だったかな？」

能町 「いや関脇です、確か」

久保 「本当？ 若い人がそんなのわかるわけないよ」

ヒャダ 「ねえ。適当なこと言って」

能町 「関脇ですよ。たまたまこの間、見たんで」

ヒャダ 「じゃあGoogleで調べてやるよ……ごめん、お姉ちゃん。本当

＊ 指名手配のポスターより。いろんな指名手配犯がいますけど、なんで小池だけ「おい、小池！」なんですかね。

だ、関脇だわ。詳しいじゃないの」
能町　「たまたまテレビで見ただけで」
ヒャダ　「本当に？　そういえばお姉ちゃん、相撲に詳しいあの人に似てるね？」
久保　「わかるわかる。でもあの人、失踪したんだって。ニュースで言ってた」
ヒャダ　「誰だったっけ……能町さん……能町みね子さんだ！」
能町　（話題をさえぎり）「私、サッカーも好きなんですよ!!!」
ヒャダ　強引な芝居（笑）。
久保　「アルビレックス応援してるの？」
能町　「アルビレックス、大好きです」
ヒャダ　「じゃあ誰が好きなのよ？」
能町　「…………10番」
一同　（笑）
能町　失踪ごっこ面白いですね。
久保　思いのほか楽しい。
ヒャダ　でもなかなか逃げ切れないもんですね。自我との闘いです。
能町　相撲の話をされたらつらいな。コンビニで「今日、中村さんって入られてないんですか？」って聞いて、「中村さん、ちょうど先週辞めちゃったけど」。そこから話が転がっていくんです。
ヒャダ　『逃走中』だ（笑）。
久保　その『逃走中』いいね。見たい。最初にその芸能人に気付いたら賞金がもらえるという。その町の中で逃走してもらって、必ず1日1回はどこかのスナックに行かなきゃいけないとか。
能町　引きこもってたらダメだから、何かの縛りは作らないとね。
久保　「あれ、ひょっとして……？」と言われたら終わり。
能町　ネトフリとかでやってくれないかな？　お金かけまくって。
ヒャダ　本当の『逃走中』。
能町　『逃亡中』（笑）。

TALK-35

怪しい勧誘をされたこと、ありますか？

［2023年4月掲載］

この日のライブで話題になった『ドキュメント72時間』のどこか抜けている若者の話から、3人が見聞きした詐欺や勧誘の話になりました。人生は夢だらけ、でも都会は罠だらけ。

長距離バスの思い出

――今日のライブで話題になっていた『ドキュメント72時間』のバスセンターの回(*)、僕はヒャダインさんと同意見でした。

能町　そうなんだ。

――「でっかいことをやりたい」と言うんだけど、その中身を全然考えていない様子で、なのに「成功する自信だけは100%あります」と言ってたから。

ヒャダ　そうなんですよ。そういう人が詐欺グループに勧誘されて、受け子みたいなのをやらされるんじゃないかと思って。

久保　私は「佐世保にいるよりかはマシなんじゃないか」という気持ちで見てた。他にも、定年過ぎても高速バスで通いながら働いてる人が出てきて、いろいろシビアだなって。あと、親族が亡くなって急に島根に向かう人がいたんだけど、その島根行きのバスはその後すぐ廃止になって、オンエアの時点ではもう存在していないという。そこもシビアだった。

能町　話はずれるけどバスと言えば、2年くらい前、久保さんと広島でイベントをやったじゃないですか。私、その足で広島からバスに乗って島根の益田という街に行ったんです。それがもう地の果てに連れていかれるような、すごいバスで。18時半に出て、21時半くらいに着くんですけど、ほとんど下道を走るんです。しかもそのバスの客、私とおじさんの2人だけだったんですよ。中間地点で運転手の休憩が入るんですけど、サービスエリアとも呼べない、トイレだけがあるスペースが山奥にあって、そこに停車するんです。山奥に運転手・私・おじさんの3人だけになったとき、「ここで何か起こったらどうしよう」と怖くなりましたね。

ヒャダ　能町さんが乗ってなかったら、客はおじさん1人ですよ。

能町　あと私、大学が地理系の学科で、現地調査の実習があったんです。ゼミのメンバーは全員静岡市に泊まるんですけど、調査する場所は各自バラバラで、静岡市内だったらどこでもいいことになっていて。でも静岡市ってめちゃくちゃ広くて、南アルプスのほうまで範囲に入ってるんです。それで山奥の集落に行くのに、当時は1日1本しかバスがなかったんですよ。市内なのに片道3時間以上か

*　「福岡・高速バスターミナル 年の瀬を走る」の回。佐世保の食品工場で働く若者2人が、高速バスで福岡に遊びに来て「将来成功したい」と夢を語る。しかし年末なのに宿泊先を確保していない、帰りのバスの手配もうまくいかないなど、いちいち危なっかしい。夢が大きいわりに状況判断が全然ダメな彼らの行く末を、ヒャダインは危惧していた。

かる道のりで。朝、そのバスに乗ったら客が私1人だったんですけど、なぜかクルーが2人いるんです。40歳くらいの男性運転手と、女性が1人。

——観光バス以外でワンマンじゃないバス、あるんですね。

能町　乗ってるうちに意味がわかったんです。道が狭くて、対向車が来たらバスのほうがバックして避けないといけないような場所がいくつもあるんですよ。そこで女性クルーが降りて誘導してて。私は一番後ろの席に座ってボーッと見ていたんですけど、なんだかその2人が妙に仲がいいんです。

ヒャダ　あらま。

能町　で、やっぱり途中で休憩があるんです。山の中のただの「人んちの前」みたいなところにあるバス停に止まったときに、「休憩です」ともなんとも言わずに2人とも降りちゃって、なかなか戻ってこないんですよ。「え、どうしたらいいの?」と思って。外を見たら、2人が夕バコを吸ってるんです。それで「これ、休憩ってことなんだ」とわかって。そのうち無言で戻ってきて、再出発したんですけど。私の中では、あの2人は不倫じゃないかと思ってます。お邪魔しちゃったかもしれない。

——能町さんが乗ってなかったら、ただの「不倫相手との長距離ドライブ」になってたわけか。

能町　あれ、すごい貴重な体験だったんですよね。田舎のバスはドラマがあるんですよ。あのバス、もう一回乗ってみたいな。

ヒャダ　皆さん、4列シートの長距離バスに乗ったことありますか?

能町　若い頃はありましたね。

久保　佐世保—福岡間ならある。2時間くらい。

ヒャダ　僕も昔は若かったから、東京—大阪間の4列シート5000円みたいなバスに乗ってたんですけど……あれ、マジで地獄なんですよ。

能町　腰が爆発しますよね。

ヒャダ　若いって、やっぱりすごいなと思いました。

久保　体に合わないところに、ずっといることができる……それが若さ。足に合わない靴をずっと履ける。自分に合わない場所にずっといられる。すごいですよね。

——今もあるのかな? 安くて有名だった、東京—大阪間の「青春ドリーム号」という夜行バス(*)。

＊ JRバスグループの「ドリーム号」シリーズは現在も運行中。その廉価版として「青春ドリーム号」シリーズが登場し、中でも東京ー大阪を結ぶ4列シート2階建て・定員86名(!?)の「青春メガドリーム号」は格安料金で人気を集めたが、車両火災を起こしたこともあり、2009年に廃止となった。

ヒャダ　あります。僕が乗ったの、それだと思います。

久保　「青春ドリーム」って、そんなギュウギュウのバスに夢ないじゃん（笑）。

能町　ドナドナじゃないですか、もう。

ヒャダ　狭い4列シートで寝るって、今では信じられないですよ。

能町　でも寝たんでしょ？

ヒャダ　寝ますけど、2時間ごとに目が覚めるんですよ。体勢がゆったりできないから。隣の人のいびきがうるさかったりして、しんどかった思い出がありますね。

一発逆転を狙う人々

久保　さっきの「72時間」の話に戻るけど、あれ見てると、やっぱり九州の人間は福岡を目指すんだなと思った。

能町　東京じゃなく、あえて福岡なんですね。

——福岡＝プチ東京というか、「東京よりも安全な都会」みたいな感じなんですよね。

久保　お金がなくなったとしてもギリ地元に帰れる場所。それが福岡。

——これが東京だったらあっという間に食い物にされて、もう地元に戻れなくなるかもしれないです。

能町　最近、特殊詐欺の本を読んじゃったから、捕まる人がどういうパターンで沈んでいくかがわかっちゃって。たとえば、奥さんと子供がいるんだけど、失業してパチンコで金使っちゃって、そのことを言えない人が一発逆転を狙うんですよね。で、SNSで「簡単に稼げます」みたいなのを見つけるという。

ヒャダ　闇バイトだ。

能町　それで相手から「身分証明書をお願いします」と言われたら、ホイホイ渡しちゃうんですよ。渡した後に「これをやれ」と命令されて、だいたい高齢者をだますやつなんですけど、拒否したら「お前の身元は全部わかってる。追い込みかけるぞ」と脅されて、どんどん追い詰められていくらしいです。

ヒャダ　そういう人って見栄っ張りだから、だまされたことを警察にも家族にも相談できないんですよね。

能町　そう。ていうか、「警察に言ったら、お前の家族がどうなるかわかってんだろうな」みたいなことになっちゃうという。

——ただ、佐世保の食品工場で働く

若者が夢を見る感じもちょっとわかるんですよ。以前、深夜のファミレスでネットワークビジネスの勧誘を見たことがあって。

ヒャダ　よくいますよね。

――勧誘する人が「●●さんって今、給料どれくらいですか？」と聞くんですけど、相手の給料はやっぱり安いんですよ。で、「そのままずっと真面目に働いて、生涯年収どれくらいになると思います？　だいたいこれくらいですよね？」とズバリ言うんです。今のまま働いても「生活」はできるけど、「裕福な生活」はできないと突きつけてくる。

ヒャダ　で、「そんなあなたに！」となるわけですよ。

――「真面目コースでは逆転はない」というのはたぶん当たっていて、その現実を突きつけられた人が一発逆転に飛びつく気持ちも、わかるっちゃわかるなと。

ヒャダ　そういうの、途中で2人目が登場するんですよね。

能町　「すっごい尊敬できる人がいて！」って（笑）。

久保　それで思い出したけど、犬の散歩中に「家にある高級品を買い取ります」みたいな訪問を見かけたことがあって。リーダーの下に4、5人の部下がいて、通り沿いの一帯を訪問していくんだけど、分担して一戸ずつ声をかけるだけじゃなくて、「この家は感触がいい」となったところに、わーっと行く感じで。「少しでも弱み見せたら、もう終わりじゃん！」と思って、怖かったんだよね。

――そんなジェットストリームアタックみたいな訪問が……。

久保　私は外から見てただけだから、それが悪いことしてると確定したわけじゃないけど。

ヒャダ　でもちょっとおっかないですね。

能町　「手相の勉強してます」って声をかけてくる人いるじゃないですか。

ヒャダ　出た！

能町　もちろん怪しいのはわかってたんですけど、暇すぎて手相を見てもらったことがあるんですよ。どんなことを言うのかなと思って。そしたら「勉強中だから詳しいことはわかんない」って言いながら、誰にでも当てはまるようなことを言うんです。で、気がついたら、3〜4人に取り囲まれてたんですよ。

一同　怖っ！

能町　「あなたの手相はちょっと特別な感じがするから、尊敬してる先生がどこそこにいるから、もしよかったら一緒に行って見てもらいませんか」と言われたときにはすでに囲まれていて。なんだかんだ理由をつけて逃げましたけど。「こう来るんだな」というのがわかった。

その出会い、本当に偶然？

ヒャダ　僕も思い出したんですけど、恵比寿の駅ってエスカレーターが3階まで行くんですよ。

能町　ああ、あの長いやつ。

ヒャダ　あのエスカレーターに乗って地上の様子を見てたら、道に迷って困ってる感じの男性が、女性に「すみません」と声をかけたんですけど、その女性は無視したんです。そのまま見てたら、その男性が真顔に戻ったんですよ。で、また女性が通りかかったら困り顔になって「すみません」と声をかけてて。だからその人、たぶん「困ってる詐欺」をしてたんですよ。

能町　なんでそんなことをしてたんだろう。気になる。

――ナンパの可能性もありますけど、もしかしてそれ、「事業家集団」では……。

能町　聞いたことある。

――それも仮の名称なんですけど。「この辺でおいしいケーキ屋さん知りませんか？」みたいに声をかけてきて、そこから話を広げて勧誘していくという。

久保　偶然知り合って、仲良くなってから行きつけの店に連れていってもらったら、店員も客も全員同じグループの人間だった……みたいな話も聞いたことある。都会で生きていくのって、なかなか難しいもんだね。

能町　いや、みんな本当に都会に出てきて、そういうのに引っかからずによく生きてこれましたよね。

ヒャダ　僕の友達の話なんですけど、そいつの友達が女の子をナンパして、3人でキャンプに行くことになったんですって。その子が「アウトドアに興味がある」と言ってたからということで。で、キャンプに行ったら、「私の仲間がここで偶然キャンプをしてるんだ！　一緒に合流しない？」と言われたらしくて。

能町　え？　その女の子に？

ヒャダ　そう。言われるがままに行ってみたら、そのグループは10人くらいだったらしいんですけど、行くやいなや「名前、何て言うの？」と聞かれて、出会って即、下の名前で呼ばれたんですって。

能町　怖い。その時点でもう怖い。

ヒャダ　それから夢を聞かれたらしくて。で、「この近くの飲み屋に、俺たちが尊敬する、成功してる人がいるから訪ねていこう！」と言われて、その人が泣きながら夢を語って、みんなで感動したという……。

――めちゃくちゃ怖くないですか。取っかかりのナンパさえ、仕組まれていた説ありますよ。

久保　よし、夢を語ろうか。私たち、そこに今、参加しました！

能町　夢……？

久保　「初めまして～！　下の名前は何て言うんですか？」

能町　「みね子です」

久保　「じゃあ、みね子って呼ぶね！　みね子、笑うとかわいいよね！」

ヒャダ　「かわいい！」

久保　「なんかクール系かと思ったけどさ」

能町　「いや全然そんな……すいません」

久保　「ここにいる人、みんないいやつばっかりだから！」

ヒャダ　「みんな夢を追いかけてるから、キラキラしてるんだよね！」

能町　「へえ……すごいですね」

久保　「みね子は夢を持ってる？」

能町　「一つもないです」

一同　（笑）

ヒャダ　「いや、やっぱそうなっちゃうよね。夢が持てない社会になってるのは、今の大人たちの責任だと思うんだよね。だけど、それを俺たちの世代で変えていかなきゃいけないと思うんだ！」

能町　「いや、別にそんなのは……」

ヒャダ　「ここだったら夢を口にしても誰もバカにしないし。だって、みんな夢を持ってるから！」

能町　「じゃあ私の夢いいですか？　地球が滅亡してほしい」

一同　（爆笑）

ヒャダ　「そうだよね。わかるよ。本当にそれくらい追い込まれるよね」

久保　「わかる！」

ヒャダ　「こんな地球なんか滅んじゃえって気持ちになるけど、だけど俺たちも、もう1ミリグラム、1ナノグラムの希望にかけて生きてるんだよね」

久保　「そういうのって、人前で恥ずかしくて話せなかったりするじゃん？」

能町　「まあ私、何でもしゃべれます」

久保　「強いね～！」

ヒャダ　「その強さを活かしたら、今までよりずっと成功できるようになるよ！」

久保　「みね子はさ、今の収入に満足してる？」

能町　「はい（笑）」

一同　（爆笑）

久保　終了～（笑）。

ヒャダ　ダメだこりゃ（笑）。

親しくなった人に冷たい態度を取れるか問題

能町　でも（「収入に満足してる？」と聞かれて）本当に「はい」と答えたら、その先どうなるんだろう？

久保　「ボランティアに興味ある？」みたいな方向に行くんじゃない？

能町　「美津子がすごいお金持ってるのはわかる。わかるんだけど、もうちょっと社会に貢献したいなって気持ち、本当はあるよね？」

ヒャダ　「それだけ価値のある人間だからね」

久保　「でも私、優先順位の中に自分しかいないんで。もう助けられるの、自分しかいない。自分は泥舟の中にいるのに、他の人を助けるなんて無理でしょ？　きれいごとだけじゃ生きていけないからさ」

ヒャダ　「ほんとそう。きれいごとだけじゃ生きていけないからこそなんだよね」

能町　「美津子の気持ちはわかった。そう言いながら、本当は助けたいのに助けられないつらさを、そうやってごまかしてるんだなって、すごいわかった」

ヒャダ　「つらかったよね、今まで」

久保　「うん、つらかった……」

能町　「ほんとつらかったと思う、美津子」

ヒャダ　「だからみんなでその悲しみをシェアしようよ！」

久保　「（急に冷めて）シェアは無理」

一同　（笑）

能町　みんな強い（笑）。

ヒャダ　「マルチやっつけるキラーフレーズ選手権」、面白いですよね。

久保　どのパターンもそうですけど、強引に行くわけじゃなく、まず「親しい友達」という付き合いのフォーマットを築いてから勧誘するわけですよね。いったん親しい関係を築いてしまった人に急に冷たくするのって、なかなか難しいと思うから。

能町　最初は親しく来て、普通に友達だと思ったところから、急に来られると怖いですよね。

久保　わかりやすく最初から怪しさ全開では来ないんだよね。

ヒャダ　関係性を築いた後に、「この人に対して180度違う、冷たい態度をしなきゃいけない」というのは、かなり酷ですよね。そういうのに引っかからない人生で良かった。

能町　たまたま人生うまくいったって感じですよ。

久保　でも何かのきっかけで、今後も出会う可能性もあるから怖い。

ヒャダ　われわれ、今はまだ40代だから、それをはね返せる実力がありますけど……。

能町　ねえ。だんだん体も心も鈍ってくると……。

——今回、とても春らしい話題になりましたね。新生活を始める人は本当に気をつけてほしい。

TALK-36

最近、取っ組み合いをしてますか？

［2023年5月掲載］

この日のライブで久保さんが放った、ずっと知人という意味の「ズッちじ」というフレーズが、妙に刺さりました。その「ズッちじ」の話から始まり、最後はあのパターンに。本当の取っ組み合いになりました。

ズッ友より「ズッちじ」

久保　ピーコさんの記事で一番良かったのは、親しい知人がいたことで(*)。その人にインタビューしたいくらい。

――ピーコさん、見つかったんですね。

能町　「実は高齢者施設にいます」という情報が入って、その後に、3月に万引で捕まっていたと発覚して。その万引というのが、どう考えても認知症によるものみたいな感じだったんですよ。

ヒャダ　カードも止められてて。

能町　セルフレジで会計して出ていこうとしたんだけど、実は払ってなかったらしいんです。何回もあるから店の人がさすがに見逃せなくて声をかけたら、「カードで払ってるじゃない」と言ったらしいですけど、そのカードは止まってるカードだったという。

久保　おすぎとピーコの話は聞くたびにせつなくなる。たとえ血がつながってても、あんなにしっかりしてても、そうなるんだなって。「血縁も結婚も友達も全部、老後には当てにならないじゃん！」という気持ち。でも、結局そこでそういう情報を共有し合えるのって知人だなっていうことで。

ヒャダ　知人を絶やしちゃいけない。

久保　たとえ何の連絡もしてなくても、知人の存在はありがたいのでは、という。そこにすごい親しさがなくてもいいし。タレントさんになると、もうファンの人はほぼ知人に近いんじゃないかなって思う。

能町　ファンがいなくなると、消息も追えなくなりますよね。

久保　だからファンも含めて、みんな知人と言っていいのかなって。

ヒャダ　今日、久保さんが「ズッちじ」って言ったじゃないですか。あれを言ったとき、お客さんが本当にうれしそうだったんですよ。笑いだけじゃなくて、本当に感動したような雰囲気があって。

能町　知人でいたいんですよね、きっと。

――僕も感動側でしたよ。孤独に対する不安が潜在的にあるからなんでしょうけど。

久保　「ズッ友っていないよね」みたいな、友達としての付き合いの耐久性にも限界があることを気付く年齢なのかもしれない。

その日はいつか来る

能町　知人で最近、ペット亡くした人

＊「ピーコが自宅からいなくなって行方不明」とのニュースの後、高齢者施設に入居していることが伝えられた。その際、ピーコの現状を詳しくマスコミに語ったのが知人だった。

がいて。ツイッターでしか見てないんですけど、「毎日泣いてる」みたいなことを書いてるから、やっぱりそうなるんだなだって。

ヒャダ　僕の知り合いもそうですね。犬を亡くして、本人は「思ったより平気」と言ってるんですけど、体にめちゃくちゃ異変が起きてて、食欲も全然ないらしくて。「元気だよ」と言ってるけど、「それ完全にやられてまっせ」っていう話はしてますね。

能町　考えたくない。終わりのことは。

ヒャダ　将来の自分がそこまで強度があるのか謎ですよね。唯一の解決策は、ネクストバッターを入れることなんでしょうけど。

能町　そうなっちゃうんですよね。私の知ってる人もみんなそうやって猫が増えていくんです。1匹だったのが2匹になっちゃったりするんですよ。死んじゃったら。

ヒャダ　今日、岡村（靖幸）さんに「（その怖さを）どうしてるの？」って聞かれましたけど、ただ考えないようにしてるという。未来の自分へのの押し付け、ペンディングですね。うちは今年で10歳だから、そろそろちゃんと考えなきゃいけないんですけど。

能町　人間だともう老人？

ヒャダ　50～60くらいですかね。でも全然ピンピンしてるし。まだまだ赤ちゃんです。走り回って。こないだ、家の玄関開けたら、ポンちゃんが好奇心でぺぺぺって外に出たんですよ。出たら、すぐ近くに野良猫がいて。人生初の……。

能町　他の猫。

ヒャダ　他猫見たら、ビビってババババーッて玄関に帰ってきて、僕に対して「シャーッ！」って言いました。なんで僕に言うのよ（笑）。

能町　「なんであんなのいるんだよ！」って。

久保　犬は散歩で毎日お友達と会えてるけど、猫は飼い主が世界のすべてなんだよね。

能町　そうなのよ。

ヒャダ　そうなんですよ。

久保　それつらくない？

能町　だから留守番がなおさら申し訳ない気分になっちゃう。

ヒャダ　まあ猫は一人の時間が好きというのが救いなんですけど。

能町　それが……私が毒親なもんで、うちのは一人が嫌いな猫になってしまいまして。過干渉なのはわかってるんですけど、やめられないですね。トイレ行ってもついてくる。寝るときも私のすぐそばじゃないと安心できないみたいで。同じ部屋で寝てて、私が別のところに行くと起きてきちゃう。完全に過干渉です。

ヒャダ その日のことは考えたくないですね。一番食らうと思います。愛が強すぎてつらい。

久保 もう同じ力で人を愛せない。

マッチングアプリ観には世代差がある？

能町 そこから急に話の展開を変えますけど。

久保・ヒャダ お願いします。

能町 最近の私のホットトピックはマッチングアプリなんですよ。私がやってるんじゃなくて、他人がやってるマッチングアプリが興味深いという。私からするとめっちゃハイスペックに見える、「普通に恋愛結婚すればいいじゃん」みたいな人がマッチングアプリで結婚するケースが、男女ともにめちゃめちゃ普通にあるんですよね。それがけっこうショッキングで。

ヒャダ 便利みたいですよね。いろいろ聞き出さなくていいとか、答え合わせしなくていいとかで。

能町 だから過去に（アプリ経由じゃない）恋愛もしてるんだけど、20代後半になって「よし結婚しよう」となったときに、すぐそこに行くんですよね。で、実際にそのまんまちゃんと結婚できちゃう。そんな時代になったんだと思って。

――わかります。昔の出会い系のイメージ、まだ根強くありますから。

久保 そういう話を聞くと、日常の生活圏で出会う人と付き合い始めて、でも向こうは結婚願望があるかないかもわからず、「もう何年も付き合ってるのに、どうするのかな……」みたいな悩みって、この時代では一番ダサいんだろうなって。

能町 10歳くらい下の友達がいるんですけど、本人の中では「恋愛は奥手」という意識があるらしいけど、普通にモテそうな感じなんですよ。彼氏はいたことがあって、1人目の彼氏と別れて、もう2人目からマッチングなんです。私の知ってる限りでは。その2人目の彼氏が、外資系IT企業に勤めてて、海外勤務も経て、今は日本で会社員を続けてて、趣味の分野でも活躍しているという高スペック中の高スペックみたいな人で、その人と結婚しました。
ヒャダ　おめでとうございます。
久保　その高スペックの人、今までの生活圏でちょうどいい人がなぜ現れなかったんだろうね。
能町　そう思いますよね。彼女がいなかったわけがないと思うんですけど。その女の子がマッチングアプリでうまくいったから、今度はその子が友達に「マッチングアプリいいよ」と勧めたらしくて。で、その女の子もこれまたなかなかのハイスペックな方と結婚まで至ったっていうのを聞いて、何だそれと思って。
久保　ハイスペックじゃない人の話はないの？
ヒャダ　ねえ、ほんとに。
能町　私の同世代の女友達がマッチングアプリを始めたんですけど、まあひどい人しか来ないらしいんですよ。その子はけっこう面食いなんですけど、いくつかアプリを替えてやっていたら、カッコいい人とやりとりできたんですって。そしたらＬＩＮＥの日本語がちょっと変なんです。それで「おや？」と思ったら、業者だったらしくて。
久保　何の業者なの？
能町　それがよくわかんないんですよ。1人目のイケメンがＬＩＮＥで連絡を取れなくなって、またしばらくたってイケメンな人がいて、その人ともやりとりできたんです。で、その人もＬＩＮＥの日本語が微妙に変なんですよ。
ヒャダ　日本語っていいですよね、正誤判定がわかりやすいから。
能町　そしたらある日、相手がＬＩＮＥ電話をかけてきたんです。で、話をしたら、やっぱり日本語がちょっと変だったんですって。だからその子も「日本人じゃないですよね？」と聞いて、向こうも素直に「日本人じゃないです」と答えたらしくて。「日本に来て何年目で……」みたいなことを言い出して、しゃべってみたら意外と面白かったらしいんです。「でも業者じゃないかな？」と疑っていたら数日後に電話番号のほうでかかってきて。
ヒャダ　電話番号を教えたんですか？
能町　教えてないんです。だから「え？」ってなるじゃないですか。
ヒャダ　♪テュッテュッ・テュテュテュン・テュテュテュン・テュテュテュン……

（『世にも奇妙な物語』でタモリが前説するときのBGM）。

能町　それで「これは絶対におかしい」と思って、ガンガン聞き出したらしいんです。「あんた結局何なんだ」って話を。そしたら、1人目の男と、自分と、もう1人スタッフがいて、3人で業者やってるって。

――友達の尋問テクニック、すごくないですか!?

能町　電話番号は1人目の男から教えてもらったと。その男になぜ番号がバレたのかは、私も覚えてないんですけど。「何の目的でそんなことやってんの？」と聞いたら、ちょっとごまかすんですって。本人は「まだLINEが返ってくるから、もう業者だとわかってるけど会ってみる」みたいなことを言ってるんですけど。

久保　やめなよ（笑）。「自分をだます人の顔が見たい」って一番良くないよ。

「良い出会いがあれば結婚しよう」ではもはや無理

――その業者って、昔あったテレクラや出会い系のサクラみたいなやつなんですかね？

能町　それにしてはクオリティが低すぎますよね。私も出会い系のサクラやったことあるんですけど。

ヒャダ　マジっすか!?

能町　22くらいのときに、「簡単なパソコン作業のお仕事です」というバイトに応募したら、会社が百人町にあって（*）。狭い部屋に何人も集まって、チャットだったと思うんですけど、こっちが女の子役で、相手の男性がこっちにメッセージを送るのにお金がかかるシステムなんです。私はちゃんとした設定でやりたいタイプなので、たとえば「ミツコ」という女性にしたら、「ミツコはどこそこでバイトしてて、学生で」みたいにちゃんとプロフィールを決めてやってたんですけど……。

ヒャダ　整合性を保つために。

能町　スタッフから「そんなのいいから、とにかくたくさん送って」と言われたんですよ。だから「ミツコ」だけじゃなく、10種類くらいの名前でいろんな男性に送って、そしたら最初の「ミツコ」に対して返信されてもわかんないじゃないですか。だから矛盾したことを言っちゃって、「お前サクラだろ」と言われたりして。ちょっと

＊ 歌舞伎町から車道を挟んで北側の、新大久保駅を中心とするエリア。

面白かったけど2日で辞めました。
久保　出会い系のピンキリはすごい。今まではあんまりうまくいかないほうの話ばかり信じてたけど、ハイスペックな成功例がどんどん出てきているのが、今の時代なんだね。
能町　それがちょっと衝撃です。昔は「とにかくどうしても結婚したい人」がやるイメージがあったけど。
ヒャダ　「男はセックス目的」「女は金目的・パパ活目的」みたいな考えはもう古いのかもしれないですね。
久保　明確に「自分はこういう人と結婚したい」というビジョンが持ててる。「出会う人と出会ったらそういう気持ちになるかもな……」じゃなくて、それくらいビジョンがしっかりした人がやれるんだろうね。「良い出会いがあれば結婚しよう」くらいの人はたぶん無理なんだなと。
能町　やっぱ明確な強い意志が必要ですね。「結婚をしたい」という100％の意志がないと。
久保　だからそこの意志さえあれば、マッチングであろうと、どんな出会い方であろうと、形になるんだろうね。そんなもの私にはないけど。犬にならあった。
――それで思い出したんですけど、この間、『#サーチ2』という映画を見たんです。
久保　それ、私も見たいと思ってた。『サーチ』が大好きだったから。
――そこにマッチングアプリで男女が知り合うシーンが出てくるんですけど、マッチングして最初のメッセージがもう自撮り動画なんです。
能町　いきなり動画なんだ。
――外を歩きながら「ヘイ、僕は●●だ。仕事は●●で……」みたいなことをしゃべる動画を送っていて、「初手でそれなんだ」とびっくりしたんですけど、でも理にかなってるなと思って。文面で駆け引きをするよりは、実際に自分の姿やしゃべりをさらしたほうが手っ取り早いんだろうなと。
能町　確かにめんどくさいんですよね、駆け引きみたいなのいらない。
久保　でもそれをやり始めるには、もう年を取ってしまった。こうやってテレビに出てはいるけれども、もう「初めての人と自撮りしながら話す」なんてできなくて震えるよ。むしろ何も自分の記録を残したくない。
能町　記録残りまくってますよ、テレビで。

ヒャダ だったら久保さん自身が、早くChatGPTになってください。

――マザーコンピューターから、今はChatGPTへ。

久保 そうだった。私、「マザーコンピューターになりたい」って言ってたね。時代はすごいことになってるね。

趣味が一緒であれば

能町 最近、「趣味が一緒だと、初対面の人とでもしゃべれちゃう」とわかっちゃったんですよ。

ヒャダ そういう経験があったんですか。

能町 相撲のことを面白く書いている人をツイッターでフォローしてるんです。一般の人を。で、リプライし合う関係になって、10歳くらい下の男性なんですけど、普通に仲良くなって、普通に一緒に相撲を見に行くようになったんですよ。

ヒャダ 趣味が一緒だと、一足飛びで仲良くなりますもんね。

能町 その人がまた別の相撲友達を連れてきて、3人で相撲見て、そのままご飯食べに行ったり。

ヒャダ スモフレだ。

能町 初対面だけど相撲の話しかしないから、かみ合わない部分がまったくないんですよ。

ヒャダ 最高ですよね。僕もずっとセーラームーンとポケモンの話だけしてたい。

久保 私は逆に、同じ趣味の異性でも合わない人とは合わないなって。YouTubeやAbemaで将棋の中継があると、コメント欄に品がない人が少なからず交じってて……。

能町 将棋でもやっぱりそういう人いるんだ。

久保 将棋が好きな人と無条件で楽しく話せるかというと、全然そうじゃなくて。それは犬を飼ってる人でも同じなんだけど。

能町 それはもちろんそうですよ。相撲の友達も、ツイッター上での人となりを見ているから大丈夫なだけで、相撲が好きというだけでは私もウェルカムじゃないです。

ヒャダ 千葉くんなんて、犬の散歩しててもどの犬家族とも触れ合わないですもん。公園に行くと、自然に4～5人のモッシュサークルみたいなのができるんですよ。犬飼いの人たちの。でも絶対に入らないんですよね。

久保 若い男性で犬の散歩してる人、

私があいさつしても90％は無視するんですよ。だから男性がそういうの苦手だろうなというのは、なんとなくわかる。

セルフネグレクト、どれくらい当てはまりますか？

久保　私の場合、ツイッターで先に知り合ってから実際に仲良くなるパターンって、あんまりないんですよ。能町さんか海野つなみ先生くらい。

能町　海野さんはそうなんですね。

久保　私がもともとファンで、ツイッター始めてから、会ったことない他のマンガ家さんとやりとりするようになったんですよ。なぜか私は相手が同い年だと勘違いをしてて、タメ口でやりとりしてて。あるとき、「同い年だよね？」と話しかけたら、「みっちゃん、私、万博生まれだよ」って（笑）。

ヒャダ　表現（笑）。

――1970年生まれだから、久保さんより5つ年上ですね。

久保　でも、もう今はネットに期待ができない。私が「一人で生きよう」と思ってるからしょうがない。

ヒャダ　無理ですよ。そんな修行僧みたいな真似できるわけないです。

能町　「一人で生きる」と言っても、どうせ人は絡んでくるんです。諦めてください。

久保　でもやっぱり、今一番自分のことが好きじゃない状態だから、そういう一番卑屈な時期に他人を巻き込んじゃいけないなって。たとえ仲良くなりたくても、そこで「自分の卑屈な話をしちゃいけない」というのを気にするようだったら、もう絶対会わないと決めたほうがいい。将棋でも会いたかった人と会う段取りしてないままだし、海野先生もずっと連絡取ってないままだし、（ぼる塾の）田辺さんともあれから連絡取ってないもん。

ヒャダ　だろうと思いました。

久保　いっそ「また会いましょう」の段階で、友達と会わなくなるのがちょうどいいのでは、と思うようになって。

――ずっと知人のレベルにとどめておくということ？

久保　そう、まさに「ズッちじ」で。そして、そのほうが負荷がないのではって思って。

能町　誰の負荷？

久保　お互い。

ヒャダ　うーん………久保さんがそう思うならしゃあないっすね。でも……あえて「絶対」って言いますけど……向こうは絶対にそうは思ってないですよ。

能町　向こうは仲良くしたがってるのに。

――話したい話題がないわけじゃないんでしょ？

久保　ないわけじゃないですけど、私が今、「自分のこのメンタル状態で会うの良くないな」みたいな……。

能町　良くなるんですか、この後。

久保　ならないです。

――「このメンタル状態」というのは、前に言ってたセルフネグレクトみたいな話ですか？

以前、雑談でセルフネグレクトについて話をしたことがありました。ここからその回想シーンに入ります。ほわんほわんほわん。

＊＊＊

（海外のどこそこに行ってみたい、という話で盛り上がり）

久保　今、話聞いてて「いいな」と思ったけど、もうそこに行くのはいろんな面で無理だなって気持ち。

能町　どうしたんですか？　ちょっと危ないですよ、久保さん。

久保　セルフネグレクトの項目見たら、「あれ？　全部当てはまってる」と思って。

ヒャダ　そういうのって普通、「●個以上当てはまったら要注意」じゃないですか。全コンプなんですか。

久保　ゴミがたまりすぎないうちに、頑張って捨てたりはしてる。でもお風呂の回数は明らかに減ってる。

ヒャダ　それはセルフネグレクトですね。

久保　散歩しながらも、しんどいって思っちゃうし。別にりゅうちゃんが私に無理をさせてるわけではなくて、私が家を出るのがしんどいという。

能町　それは大きな問題ですよ。

久保　だから私、セルフネグレクトなんだなって。

ヒャダ　（スマホで調べながら）セルフネグレクト……「人との関わりを拒否する」。

久保　はい。

ヒャダ　「病気があっても、治療や介護を拒否する」

久保　それはない。

ヒヤダ　「壁に穴が開いていたり、生活が不便だと感じる環境に住み続けている」

久保　それはない。

ヒヤダ　思ったより大丈夫じゃないですか？

久保　よかった。

ヒヤダ　「失禁しても、放置している」

久保　それはない（笑）。

能町　いく人はそこまでいくんだ。それはもうセルフネグレクトどころじゃないですよね。

久保　私が見たセルフネグレクトのチェックリストと、レベルが違う。

ヒヤダ　失禁しても、放置してないんでしょ？

久保　うん。

ヒヤダ　だったら大丈夫じゃないですか。

久保　それで大丈夫って言われても……（笑）。

ヒヤダ　（チェック項目を見て）郵便受けに郵便たまってないでしょ？

久保　まあ、ためるときはある。

ヒヤダ　玄関回りや室内の床に小銭が落ちていませんね？

久保　落ちてない。でも確かに、ゴミ屋敷動画を見ていると、部屋の中にめちゃくちゃ小銭落ちてる。あの小銭、やっぱりセルフネグレクトの特徴なんだ。

能町　たまたま落として、もう面倒くさいって感じなのかな？

久保　私が見たチェックリストって、ゴミ屋敷のセルフネグレクトチェックだった。「一人暮らし、または、一人で過ごす時間が多い」、イエス。「信頼できる友人や家族が周囲にいない」

ヒヤダ　いる。

久保　いない。

能町　いないの？

久保　まあここは置いといて、「歯磨きや洗顔、入浴などをさぼっている」。これはよくあるけど……。

ヒヤダ　歯磨きはしますよね？

久保　散歩するとき、マスクの中で口臭くなるのが嫌だから、絶対、歯磨きはする。

ヒヤダ　さっきから、ほぼ当てはまってなくないですか（笑）。ご自身のほうから当てはめにいこうとしてますよ。「私はセルフネグレクトなんだ」って。

能町　私が調べたチェックリストでやってみましょうか。

ヒヤダ　お願いします。

能町　「服を着替えない」

久保　着替えない。3日、同じ服着たりしてます。

能町　そうなんだ。

久保　でも寝るときはパジャマに着替える。

能町　着替えてるじゃん（笑）。

ヒャダ　で、次の日、また同じ服に着替えるってこと？　それは「着替えない」に入らないですよ。

能町　「洗濯をしない」

久保　1週間分たまるときがあって……。

能町　それはみんなあります。

ヒャダ　僕もあります。

能町　「風呂に入らない」。これは程度によると思うんだけどな。

久保　入らない。3日くらい入らないときがある。

能町　まあそれは入れていいか。次、「失禁を放置する」。

久保　またそれ（笑）!?

能町　「失禁を放置する」、必ずあるんだ。

久保　でも、ゴミ屋敷動画を見てると、トイレ使わない人が多いよ。トイレが使えなくなったからとか、その場でペットボトルにしたりとか。

――そう言われると確かに、セルフネグレクトと密接に関わってる感じがしますね。

久保　でも聞いてたら、意外と当てはまってないなって。私、セルフネグレクトに寄せようとしてたかもしれない。ワナビーすぎたか。

（回想ここまで）

＊＊＊

取っ組み合いの果てに

（今回のおしゃべりに戻ります。少し巻き戻し）

――「このメンタル状態」というのは、前に言ってたセルフネグレクトみたいな話ですか？

久保　そうですね。

能町　良くしたくもないんですか？

久保　良くはしたいけど。

能町　したいですよね。「良くしたい」という気持ちが芽生えるのを待ってられないから、もう良くするのは諦めようと思おうとしている？

久保　プレッシャーを自分にも他人にもかけてしまう感じがして。やり方がもうわからないし、ちょっと疲れてる。「自分を良くしたい」と思っても、口ばっかりで結局何も形にできてない状態が本当に嫌でしょうがないから、そういう状態のときに平気なふりをして、「役に立つ友達ですよ」という演技をするのがつらい。

能町　役に立つかどうかで判断してないです、人は。

――世の中には「役に立つかどうか」で友達をつくる人もいるでしょうけど、さすがに田辺さんは違うと思いますよ。

久保　私もそう思います。そういう人だからこそ、私が付き合っちゃいけないなっていう。

ヒヤダ　それなら、人の役に立てる人間になりましょう。

能町　いや、もう役に立ったんですよ。すでに。池袋のおいしい店に連れていったんですよね？

ヒヤダ　確かに。

久保　その後が持続してない。

ヒヤダ　何か役に立ちましょう！

能町　役に立つぞ、と思っていきましょう！

久保　できない、できない。役に立たない。

能町　松之助(*)を買っていきましょう。

ヒヤダ　絶対喜ぶと思う。

久保　そりゃあね。絶対あんなの、智加が喜ぶに決まってるわ。

ヒヤダ　それじゃ今、ＬＩＮＥしましょうよ。

久保　それはいい。「みんなに背中押されないと行動しない」という自分を、のちのち責めそうだから……。

能町　背中押されたら行動するんだから、背中押されたほうがいい。

久保　嫌だ（笑）。

能町　人に押されないと動かないなってときは人に押されたほうがいいです。動きたいんですよ、ほんとは。

ヒヤダ　ＬＩＮＥしましょうよ。

能町　ほんとは動きたいんだもん。

久保　やめて、やんない、やんない（笑）。

ヒヤダ　友達なんて唐突でいいんですよ、ＬＩＮＥなんて。

久保　やめて、やめて。

ヒヤダ　「松之助Ｎ．Ｙ．食べておいしかった」、写真、終わり。

久保　だって今まで連絡してないのに、なんでそこで連絡するの？

能町　昨日、中学の友達から3年ぶりにＬＩＮＥ来ましたよ。そんな感じでいいんですよ。

ヒヤダ　唐突でいいんですよ。

――重い話題でもないし。

＊
代官山にある「松之助 N.Y. 」。この日のゲスト・岡村靖幸さんがお土産にこの店のアップルパイを買ってきてくれて、取材中、みんなで食べていました。

能町　「久しぶり」だけでもいいんですよ。
久保　ノンノンノンノン……。
ヒャダ　「久しぶり。松之助N・Y・食べたけどおいしかったよ」
久保　嫌だ、嫌だ。絶対嫌だ。このパターンもうやめて（笑）。もうこのパターンはいいの（笑）。私はもうこれから谷の底に深く沈んでいくんだから。
ヒャダ　いいかげんにしてください。
能町　いいかげんにしてください。ほんとに。
久保　Wi-Fiが届かないところに行くんです。
能町　そんなことは無理なんです、あなたは。
ヒャダ　そんな仙人みたいなこと、無理です。
久保　最近はLINEの文言を考えるのもしんどくって。
ヒャダ　だったら僕たちで考えますよ。
能町　私、今書いてます。
久保　やめて、私のChatGPTやめて。
――「友達じゃなくてもいい。知人でいい」と思っていても、この感じだともう知人ですらなくなるかもしれないですよ。
能町　そうです。「ズッちじ」って言ったの誰ですか。
ヒャダ　自分の言葉に責任を持ってください。
久保　もういい。私はみんなの記憶から早くなくなりたいの。
ヒャダ　あなたね、今ちょっと疲れてるんですよ。
能町　疲れてるだけです。LINE送るのは、ただ体力がないだけです。
ヒャダ　今日のあなたは正直疲れてます。そりゃあ、ライブであんだけ八面六臂の大活躍したら。普段しゃべり慣れてない人が、昼も夜も何百人の前であんなに大見得切ったしゃべりをしたら、そりゃ疲れますよ。
能町　今グループLINEに送りましたんで、転送してください。
久保　しません。
ヒャダ　（読んで）いいですね。めっちゃいい。
久保　しません。
能町　じゃあちょっとやりますね。
久保　やめて。バカ、バカ、バカ。
（久保のiPhoneを能町が奪おうとする。久保は暴れて抵抗。2人、取っ組み合いのような格好になる）

ヒヤダ　（取っ組み合いを見守りながら）田辺さんにLINEを送りましょう！

久保　（iPhoneを死守して）うえーん、このChatGPT、怖い（笑）。

ヒヤダ　送ればいいのに。僕もそういう友達いますよ。ずっと連絡取ってなくて、急にLINEするような人。

能町　いやー、久保さんめっちゃ体力あるわ。

久保　ないよ。（ポチポチと文字を打ちながら）自分で文章考える。

能町　今回は体力勝負でしたね。

ヒヤダ　ヘレン・ケラーですよ（笑）。さっきの話の続きですけど、もう友達とも言えないかもしれないくらい、ずっと会ってない人がいるんですけど、とりあえずLINEだけはつながっておこうと思って。相手が人見知りなんで、LINE不精というか、嫌われてるのかなと思うくらい返ってこない。一応、返ってくるのはくるんですけど。相手は友達が全然いないと言ってたから、こうやってLINEだけでもつながっていようと思って。

久保　できた。（文面を朗読して）どう？　良くない？

能町　そのまま送っていい。

久保　「久しぶり」もなしで？

――そうしましょう。「久しぶり」と書くと久しぶり感が強調されちゃうから。

能町　そうだ、韓国のおすすめも聞かなきゃ。「久保さん、智加と親しいんでしょ？」

ヒヤダ　「智加に聞いといてよ」

能町　「久保さん、役に立つ」

久保　私は智加と最後に会ってから、異常に韓国好きになってて、ハングルも母音ぐらいは覚えてきました。

ヒヤダ　それは別れた女の影響じゃないですか。

――本人が知ったらうれしいと思います。語学まで勉強するなんて。

久保　（ついにLINEを送信して）今日は疲れた……。

ヒヤダ　でしょうね。昼も夜も大活躍で。

久保　私のさっきのやつ、写真撮っとかなくていい？

――撮りましょう。

ヒヤダ　宗教画みたい（笑）。

久保　こんなに人前で股を開いたことはない。今日は人生で一番、股を開いた。しかし今日は本当に疲れた。

能町　今日は久保さん大活躍すぎ

る。最後は心理的負担も強めで。疲れたって言うけど、「まだこんなに動けるじゃん」って感じですよ。

久保　この年で、あんな取っ組み合いをする日が来るとは……そうだ、次の連載タイトルこうしよう。「最近、取っ組み合いをしてますか？」

一同　（笑）

ヒャダ　してねえよ（笑）。あなたたちだけです。

久保　あ、田辺さんから返信が来た。

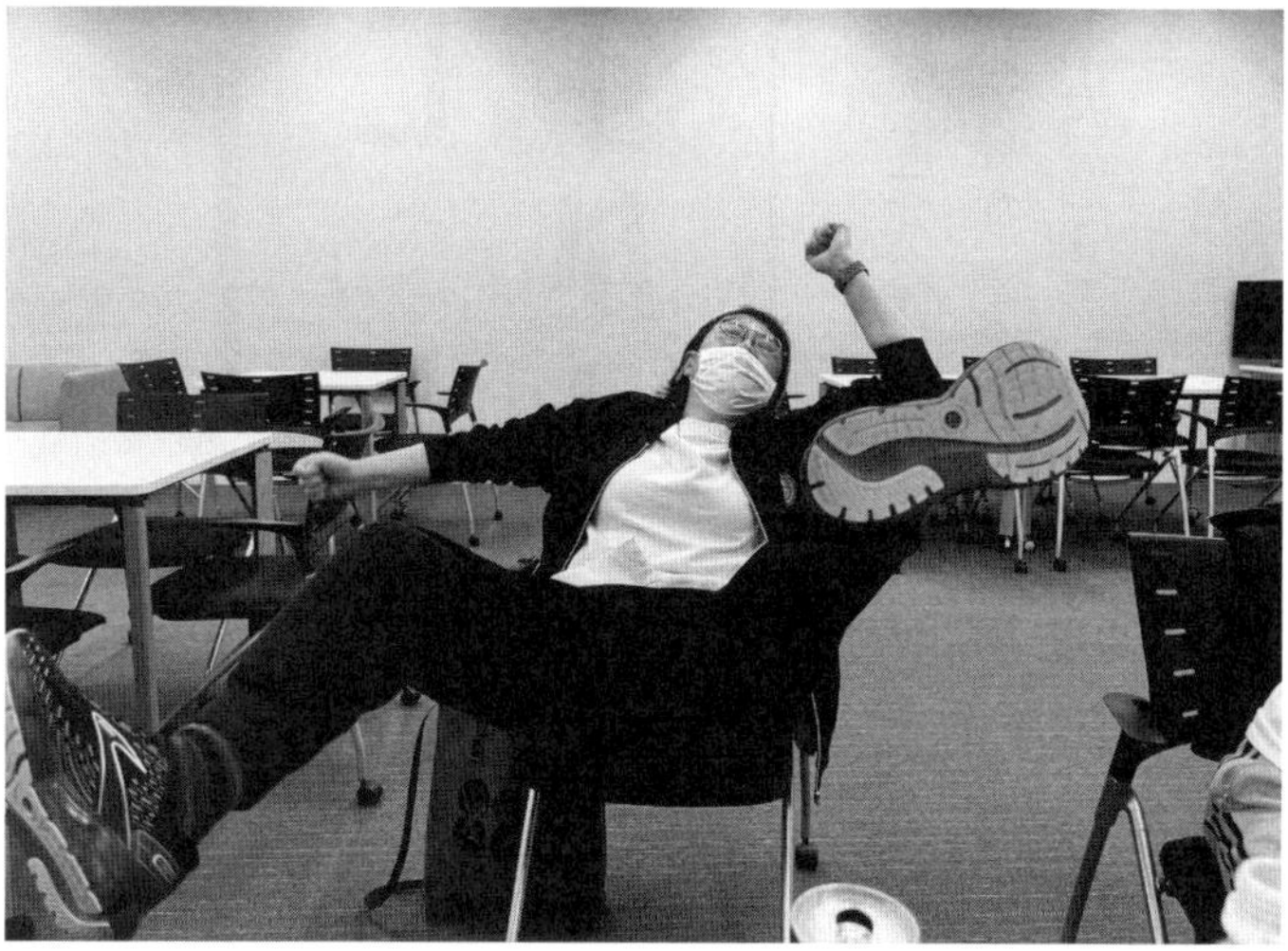

暴れたシーンの再現写真。右側で見切れているのは能町さん

TALK-37

自分のために生きていますか？

［2023年7月掲載］

連載の最終回。5年やってきた連載なので、最後は久保みねヒャダの3人といろいろ分かち合いたい思いもあったのですが、司会がコロナに感染してしまい、リモートでの参加になりました。うまくいかないものですね。

この子がそんなこと言うなんて……

（もうじき番組の韓国ロケを控えているので、3人とも浮かれ気味）

ヒャダ　韓国行ったらみんなで写真撮りましょう。（写真を撮るときのかけ声）「キムチ～！」って。「カクテキ～！」って。

能町　わかりやすい（笑）。

――久保さん、前は「ハングルは母音だけ覚えた」と言ってましたけど、そこからまた覚えたんですか？

久保　それが、パッチギは難しくて……。

能町　パッチギ？

久保　間違えた。パッチム(*)だ。あははは！

能町　パッチギは頭突きですよ。

久保　ダメだ。浮かれポンチになってる（笑）。

――久保さんがここまで浮かれてるの、珍しいですね。少し前は「消えてなくなりたい」とか言ってたのに。

能町　確かに。今日は明るい。

ヒャダ　最近の久保さんは、自分の中にネガティブな要素を見つけるのがお得意でしたが、今は違います。だって今日、この取材でいつもやってるように、我々で（ぼる塾の）田辺さんにLINEさせようとしたんですよ。ライブ本番のときに。

能町　そしたら「やだやだ！」と言ってたから、またいつもの感じになったと思いきや……。

ヒャダ　「そしたら、『韓国のお土産を買って自分で渡しに行くんだ！』って、うちの子が言ったんです（泣）。ウウウウ！」

能町　「ずっと子供部屋から出なかったあの子が……！」

――あとで自分から会いに行くんだから、今はそのタイミングじゃない。邪魔しないでくれと。

久保　田辺さんとそういう約束をしたわけじゃないけど、韓国のおすめとか聞いたからさ。

ヒャダ　「でもお土産は持っていくのよね？」

能町　「ずっと子供部屋にこもって、もう47になっちゃって……（泣）」

ヒャダ　「ウウウウ！」

久保　もうすぐ48だよ（笑）！

ヒャダ　「そんなあの子が自分から『持っていく』って言ったのよ……」

能町　「本当に良かった……田辺さんのおかげ……」

＊ 日本語の文字は「子音＋母音」で構成されているが、ハングルは「子音＋母音＋子音」で構成されている文字もある。この最後の子音を「パッチム」という。

久保　でも田辺さんと会った回数はまだ少ないっていう。
ヒャダ　とはいえ、もう3回会ってるじゃないですか。3回会ったらもう友達ですよ。
能町　田辺さんのYouTubeもめちゃめちゃ見てるし。
久保　でも、YouTubeを見て友達感が増してるって、ちょっと良くないかもなって。
ヒャダ　まあ現代っぽくていいじゃないですか。
久保　YouTubeを見始めるようになってから、勝手に知人と思い込む気持ちが激しいなと思い始めて。
能町　私、インスタでフォローしてるだけの、何やってる人かまったくわからないモデルらしき子が何人もいるんですけど、1回駅で見かけちゃって。めちゃくちゃテンション上がりましたよ。別にテレビタレントじゃなくても……というか、むしろテレビタレントじゃないからこそ、めっちゃテンション上がりますね。ああいうの。
ヒャダ　レア感はありますよね。
久保　私、前は本当に暗いこと言ってたよね。
能町　あっ。
ヒャダ　あらっ。
能町　そんな、昔の自分を客観視するほど……。
久保　いや、「お風呂入ってない」とか言ってたじゃん？
ヒャダ　言ってました。
久保　最近暑くて、散歩中にめっちゃ汗かくから、さすがに風呂に入る回数は増えました。
ヒャダ　あと、失禁も直りました（笑）？
一同　（笑）
久保　失禁はもとからしてません（笑）！
能町　失禁を放置はしてないですね。良かった。
久保　あのとき、「友達なんていらない」みたいな話をしてたんですけど、どういうわけか、あの話の後に、久しぶりの人から「会おう」というお誘いを受けて。
一同　ええ――！
久保　海野つなみ先生からも連絡が来ました。「ちょうど上京するタイミングがあるから、なかはら・ももたさんと一緒に会おう」って声をかけられて。
――偶然とはいえ、すごいタイミング

ですね。もしかしたら偶然じゃないのかもしれないですけど。

「まっすぐに楽しい」と言える旅行

能町　こないだ私、西表島行ったんですけど……。

ヒャダ　行ってましたね。なんで行かれたんですか？

能町　私の友達の旦那さんの本家みたいなところが、西表なんですよ。その夫婦は海外にいるんですけど、帰国することになって。そのときに「西表を一緒に旅行しませんか」と誘われて、「こんな機会じゃないと、なかなか西表って行けないな」と思って行ったんです。で、行ってみたら、やっぱり西だから日の落ちるのが遅い。それがいいんですよ。

ヒャダ　日の入りが20時前だったりするんでしょ？

久保　西はそうなのよ（誇）？

能町　長崎でそんなマウント取らないでくださいよ（笑）。

久保　ごめんごめん（笑）。でも（佐世保は）九州最西端だからそのくらい言わせてよ。

能町　私はむしろ日の落ちるのが早い土地にいた人間なので。西表島、20時くらいまでは明るかった気がする。南国、普通に楽しかった……。

久保　南国、楽しいよねえ。

ヒャダ　まっすぐに楽しかったんですよね。

能町　まっすぐに楽しかったんですけど、でも泊まった宿が「こんなに汚い宿はない」というくらいの汚さだったんですよ。

久保　そうなの？

能町　ネットの評価を見ると、もともと「オンボロの宿だけど楽しいですよ」みたいな感じだったんです。ただ、そこのお父さんがどうも大病を患ったらしくて、やっと動いてる感じで、酸素吸入までしてて。

一同　えええええ！

能町　「もう寝てていいですから」と言いたくなるくらい、めっちゃゆっくり動いてて。で、頼みの綱のお母さんも、前の日にギックリ腰になったという状況で。

ヒャダ　ちゃんと動ける人が誰もいない。

能町　だから掃除も全然できてないんですよ。まあ仕方ないんだけど。で、部屋も庭から窓をガラッて開けて入るような……。

ヒャダ　動線（笑）！

能町　宿はそういうところだったんですけど、でもそれを乗り越える楽しさはありました。部屋は自分でほうきかけましたけど。

ヒャダ　それでも楽しいって、いいですね。

能町　楽しかった。シュノーケリングとか普通に楽しかったな。まっすぐに楽しかった。

久保　「まっすぐに楽しい」って言えるのいいね。

ヒャダ　仲のいい友達と行ったというのも、でかいですよね。旅行はどこに行くかも重要ですけど、誰と行くかは本当に重要ですからね。

「自分で考えて決定する」という余地を増やす

久保　私も「一人で行きたいところを考えて、旅行に行かなきゃな」って思い始めた。

ヒャダ　あ、ついにそういうマインドになりましたか。

久保　今までも、友達に誘われて「そこもいいな」って感じで行ってたけど、残りの人生、「自分が考えて決めた場所に行く」ということをやったほうがいいなって。たとえそれが隣の街だったとしても、「自分で考えて決定する」という余地を増やしたほうがいい。最近はそういうことを考えてる。

ヒャダ　うわぁ～……。

能町　あぁ～……。

久保　えっ、ちょっ、何!?

能町　「この子がこんなこと言い出すなんて……（泣）」

ヒャダ　「本当にもう……（泣）！」

久保　私、どういうポジションだったの（笑）!?

ヒャダ　「もう消えたい」とか、「マザーコンピューターになりたい」とか、さんざん言ってたのが、「隣街でもいいから自分で決めたところに一人で行きたい」なんて……いや、本当にその通りですよ。それが生きてるってことなんですよ。

能町　それが生活ってことです。

久保　私、上京してきたのも、「マンガ家にならないか」と誘われてやって来たわけだし。「住みたい街」というより、「講談社に近い」という理由で住む場所も決めていって……。

ヒャダ　つまり、今は自分のために生きようとしている？

久保　そうですね。でも今は「犬のために生きなきゃいけない」という部分がすごく多いから。だからといって、「自分はどこに行きたいんだ？」「何がしたいんだ？」という部分はないがしろにせずに、ちゃんと自分で決めなきゃなって。

ヒャダ　その通りです！

久保　そういうのって、ヒャッくんは全然できてるもんね。能町さんも。

能町　私はむしろ一人で行きすぎて、「もう一人はいいや」と思い始めて、だんだん友達と旅行するようになってきたかな。

久保　そうかあ〜。

ヒャダ　僕も最近そうかもしれないです。最近、友達と旅行することが多くなりました。

能町　特に海外旅行は、一人だとつまらないんですよ（笑）。

ヒャダ　面白さをシェアできない？

能町　シェアできないし、一人じゃ楽しめないものもけっこうあるし。

ヒャダ　そうですね。一人じゃちょっと勇気が出ないところもあったりとか。あと純粋に、日本語をしゃべれないストレスもありますしね。あとはやっぱりご飯ですね。

能町　そうそう。私、デンマークに友達と行って、最終日だけ一人で行動したんですけど、もう一人って本当に食べるとこないの。ファストフードしかないんですよ。

ヒャダ　ですよねえ。チェコに行ったときも思いましたね。やっぱりご飯の量が……。

能町　一人じゃ食べきれない量、出ちゃうしねえ。

ヒャダ　一人でパブに行くとしても、話すのは全部英語じゃないですか。ずっと英語でしゃべればいいんですけど、やっぱり途中で疲れてくるんですよね。

能町　だから「友達と旅行すると楽しい」って結論に。

久保　まっすぐな結論だ（笑）。

イベントで買ったタオルはリマインダー

ヒャダ　だから今度の韓国旅行も楽しいはずですよ。

能町　なんなら韓国じゃなくても楽しいんですよ。

久保　そうなんだよね。友達と行くのは場所じゃないんだよね。
能町　久保さん、一人旅はしたことあるんですか？
久保　目的があっての遠征みたいなのはあるけど、純粋に「この旅を楽しみたい」というのはほぼない。
ヒャダ　あら。それはまだまだ人生いろいろと楽しむ余地がありますね。
能町　あ、でも久保さん、何年か前に一人でふらっとバスに乗って出かけましたよね？
久保　能町さんちに。
能町　最終的には私んちに来たんだけど、もともと私んちに来るつもりでもなく、ふらっとバスに乗ったんですよね。
久保　乗った乗った！　普段乗らないバスの終点に行きたくなって。それで一回終点まで行って、そこから出てるバスを見たら「赤羽行き」というのがあったんですよ。それで能町さんに連絡したら、能町さんは出かける予定があって。それで能町さんちに行ったんだけど、能町さんは引き継ぎのようにすぐ出ていって、そのあと家にいたアキラ（サムソン高橋）と一緒に台湾スイーツを食べに行ったっていう。
能町　謎のデート（笑）。
久保　あれは私の中ではめちゃくちゃ行動力があった日。でもあんなことはなかなか……。
ヒャダ　またやればいいんですよ。
久保　私、自分の好きだった食べ物とか、どこに行ったとか、だんだん忘れていってるなと感じることがあるんだけど、タオルで思い出したりするんですよ。お土産でよくタオル買うから。「藤子・F・不二雄ミュージアム行ったなあ」と思い出したり……。
能町　思い出すよねえ。
久保　「B'zのライブ見たなあ」とか、「このとき、Perfumeのライブ行ったなあ」とか。
ヒャダ　だから未来の「忘れる自分」へのリマインダーとして買ってるわけですよね。
久保　それはあるね。だから私は思い出になるものを買ってる。（お菓子などの）消えものよりかは、できるだけ思い出せるもの。
ヒャダ　それと同じ意味で僕、写真は積極的に撮るようにしてますね。
能町　写真ね。私も最近、人と写真撮ったほうがいいなと思うようになりました。「意外とこの人と写真撮ってないな」とか、たくさんあるんですよ。
ヒャダ そう。だから無理してでも撮ります。
能町 今になってみると、「親がやってること、意外と正しかったんだ」と思いますね。
ヒャダ そう！「なんでここまで執拗に写真を撮るんだ？」と思ってたけど。
能町 うちのお母さん、スマホどころか携帯もない時代から、カメラで食事を撮ってたんですよ。それが子供心にすごく恥ずかしかったんだけど……。
ヒャダ 逆に今っぽくないですか（笑）？
能町 ねえ。今や、みんな撮りまくり。
久保 今、「写ルンです」が流行ってるんだよね。修学旅行ってスマホ持ち込み禁止らしくて。まあ地方にもよるんだけど。だから修学旅行があると、その地域から写ルンですが消えるんだって。で、みんな写ルンですを持って修学旅行に行くという。
ヒャダ ああ、いいですね。
久保 だから韓国旅行も、写ルンですを買おう！ みんなでオバショット(*)撮ろう！
能町 普通のフィルムってだいたい24枚撮りなのに、たしか写ルンですって3枚くらい多めに撮れるんですよね。
ヒャダ プラス3枚！ ありましたね。
久保 頑張って無駄遣いしないようにしなきゃ。
ヒャダ 久保さん、今日はどんどんアイデア出てくるじゃないですか。
久保 や、待って。死ぬみたいだからやめよう（笑）。

毛づくろい、お互いにしませんか？

能町 私、許せないのが、世の中ではフレンチキスがちょっとしたキスだと誤解されてるじゃないですか。あれ何なんですかね？ フレンチキスって正しくはディープキスの意味ですよね？ なんであんな「チュッ」みたいなやつだと思われてるのかが謎です。
久保 まあいいよ。どっちにしろしねえし、誰とも。
一同 （笑）
能町 りゅうちゃんとしなよ。
久保 りゅうちゃんとは毎日おでこにしてる。（前足を上げさせて）こ

＊ おばさんにありがちな、ちょっと控えめなポージングでの写真。

うやって足を拭いたりしてるときに、チュッ、て。

一同　（中学生の冷やかし風に）フ――ッ！

能町　でも私もしますよ。

ヒャダ　僕もします。

久保　するんだ？

能町　します。猫好きな人が猫を呼ぶときに「チッチッチ」ってやるじゃないですか。あれがよくわかってなかったんですけど、猫ってあの音、めっちゃ好きなんですよ。私は毛づくろいをお互いにし合うときにあの音を出します。

ヒャダ　お互いにし合う……？

能町　毛づくろい、お互いにしませんか？

久保　お互い……？

能町　向こうがペロペロ舐めてくれたら、ザリザリして、ちょっと気持ちいいんですよね。それで私も、本当に舐めはしないけど、ずっと口で猫の頭をこうやって……（愛撫するジェスチャー）。

一同　ええええ。

能町　そういうときに、「チッチッチ」ってやってます。あれ……引いてる（笑）？　でも口と口はやんないですよ？　あとたまに、帰ってきたときの儀式として、私の口を嗅がせますね。

久保　向こうも嗅ぐの？

能町　ニャーニャーニャーって寄ってくるから、私が口をあーって開けて。顔入れてスンスンスンって嗅いできますよ。

ヒャダ　かわいい～。

久保　そこまではしないな……。

ヒャダ　それは共依存になっちゃいますね。

能町　うん。こういう毒親だから良くないのかもしれない。で、たまに口開けないまま様子見ることもあって、そのときはマジキスになってしまうことがたまにあります。

久保　それはしょうがないねえ。

能町　しょうがない話ですみません。

キレのいい終わり方は……ない!!

久保　まあ我々、こんな感じだったんですけど、前田さん、今までありがとうございました。

ヒャダ　ありがとうございました。

能町　ありがとうございました……と言いつつ、「なんとか続ける」という話にはならないんですかね？　この場って、ライブでテンションが上がった後の、いい感じのチルアウトタイムなんですよ。

――ここまで毎回フリートークでやり切る連載って他にないので、僕としても貴重な場でした。

久保　ないですね。他のインタビューでもここまでフリーに話さないですし。

ヒャダ　ほんとそうです。

――5年間、お疲れさまでした！

一同　お疲れさまです！

――…………（リモートを終わるのに手間取る）。

一同　…………。

能町　リモートの終わり方って難しいね（笑）。

ヒャダ　キレのいい終わり方なんてないんですよ。

久保　そう、キレのいい終わり方はない！

その後、『婦人公論．jp』で「久保みねヒャダこじらせ公論」がスタートしました。

韓国旅行に写ルンですを持っていった結果　©フジテレビ

司会担当による雑談後記

　座談会は、こじらせライブが終了したあとの楽屋で行われます。お弁当を食べながら、お菓子を食べながら、その日のライブの感想などを言い合っているうちに、気がついたら雑談が始まっている……毎回そんな調子で進んでいきます。

　テーマを決めない。質問も用意しない。それで話を進めるのは、取材者としてはかなりリスキーな行為です。たぶん他の現場では怖くてやれない。初期の頃は、「今まではたまたまうまくいっていたけど、今日こそは話が行き詰まって大失敗するかもしれない」とビクビクしながら現場に臨んでいましたが、いつからか気にならなくなりました。久保みねヒャダの3人とも引き出しが多く、頭の回転が速いからというのもありますが、テーマを決めないことで、その時々の関心や気がかりが出てきやすくなる……というのも

あるのだと思います。

話したいことを話せる／聞いてもらえる場って、大人になればなるほど実はレアになっていくのかもしれない。そのことはコロナ禍で、人と会わないのが当たり前になっていく時期を経験することで、強く感じるようになりました。こちらの意図しないかたちで、カウンセリングじみた展開になる回があったのも、きっとノンテーマで雑談をしていたからこそ、なのでしょう。

連載が終了するときに、「なんとか続けられないですかね？」と言われたときは本当にうれしかった。と同時に「本当に次の媒体が見つかるのだろうか」というプレッシャーでいっぱいだったのですが、運良く見つかって現在に至ります。

というわけで、もうしばらく3人とのおしゃべりを続けていこうと思います。

引き続き、お付き合いくださいませ。

画・能町みね子

画・久保ミツロウ

画・ヒャダイン

司会担当：前田隆弘

『TV Bros.』にて「久保みねヒャダ こじらせブロス」の連載を立ち上げ、連載終了まで担当。「こじらせ名場面」の選者として、『久保みねヒャダ こじらせナイト』に出演したこともある。こじらせブロス終了後、『婦人公論.jp』でスタートした「久保みねヒャダ こじらせ公論」でも、引き続き司会を担当している。

著者プロフィール

久保ミツロウ

マンガ家。長崎県佐世保市出身。愛犬りゅうちゃんと同居。代表作に『3.3.7ビョーシ!!』『トッキュー!!』『アゲイン!!』『モテキ』、アニメ作品『ユーリ!!! on ICE』(原案、ネーム、キャラクター原案)など。

能町みね子

文筆業。北海道生まれ、茨城県牛久市出身。夫(仮)のサムソン高橋(=アキラ)、猫の小町と同居。著書に『私みたいな者に飼われて猫は幸せなんだろうか?』(東京ニュース通信社)、『私以外みんな不潔』(幻冬舎文庫)、『皆様、関係者の皆様』(文春文庫)、『結婚の奴』(平凡社)、『ほじくりストリートビューザ・フューチャー』(交通新聞社)などがある。

ヒャダイン

音楽クリエイター。大阪府大阪市出身。猫のポンちゃんと同居。J-POPからアニメソング、ゲーム音楽まで幅広く手掛ける。初のピアノ・ソロ楽譜集『ヒャダイン[前山田健一] / ピアノ・コレクション』(ドレミ楽譜出版社)、『ヒャダインによるサウナの記録 2018-2021 -良い施設に白髪は宿る-』(白夜書房)が発売中。

久保みねヒャダこじらせナイト

マンガ家の久保ミツロウ、文筆家の能町みね子、音楽クリエイターのヒャダインによるフジテレビ系のトークバラエティ番組。それまでテレビ出演を断っていた久保ミツロウが『笑っていいとも！』に出演したことをきっかけに、同番組のディレクターだった木月洋介が企画を立ち上げた。2012年12月から不定期放送で久保・ヒャダインによる前身番組『久保ヒャダこじらせナイト』が開始。2013年から能町みね子が参加し、『久保みねヒャダこじらせナイト』としてレギュラー放送を開始するが、2017年に地上波放送が惜しまれながらも終了。放送は終了したが、その年の10月からトークイベント『久保みねヒャダこじらせライブ』として復活。2018年4月からは地上波放送も再開され、ライブの様子を月1不定期で放送。10周年を突破した現在は、2か月に1回、有観客のライブ（オンラインも同時配信）を行い、その「放送できる部分」だけを編集し、フジテレビ系で隔週土曜日深夜に放送している。地上波での放送や、地上波では放送できなかった部分などをフジテレビオンデマンド（FOD）にて配信中。

司会・本文構成　前田隆弘
装画・挿絵　久保ミツロウ
編集協力　貞本有紀
デザイン　カワチコーシ(HONA DESIGN)
校正　小出美由規
撮影　星 亘(扶桑社)
編集　秋葉俊二

カウンセリングするつもりじゃなかった
〜久保みねヒャダこじらせ雑談〜

発行日　2024年4月29日　初版第1刷発行

著者　久保ミツロウ　能町みね子　ヒャダイン
発行者　小池英彦
発行所　株式会社 扶桑社
〒105-8070
東京都港区海岸1-2-20　汐留ビルディング
電話　03-5843-8842(編集)
03-5843-8143(メールセンター)
www.fusosha.co.jp
企画協力　株式会社フジテレビジョン
印刷・製本　図書印刷株式会社

Printed in Japan　ISBN978-4-594-09716-5